KB207339

테크노
인문학

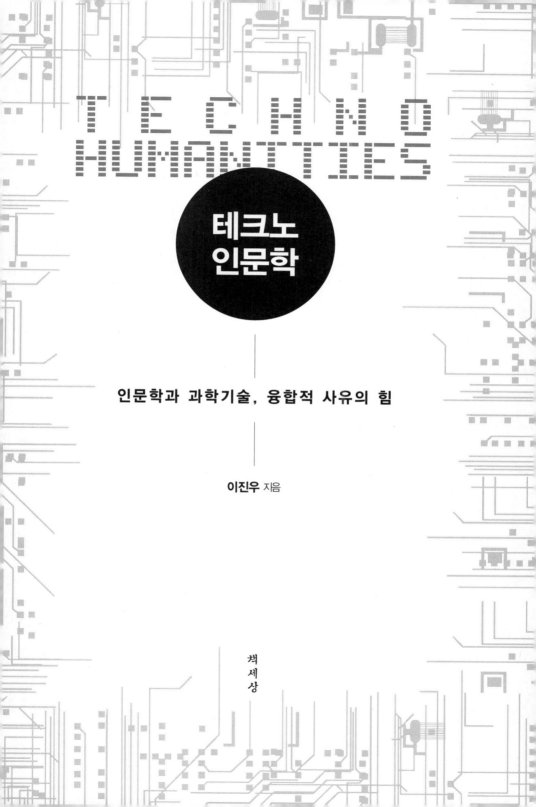

TECHNO HUMANITIES

테크노 인문학

인문학과 과학기술, 융합적 사유의 힘

이진우 지음

책세상

일러두기

이 책은 저자가 발표한 다음의 글들을 토대로 했음을 밝혀둔다.

〈인문학과 과학기술, 그 융합적 사고의 힘〉,《힘, 그 숨은 코드를 말하다》, 학문소통연구회 창
　　립 4주년 기념 제3회 심포지엄(고려대학교 학문소통연구회, 2011. 11. 15), 57~72쪽.

〈"인간학적 기계": 몸, 미디어 그리고 상상력—21세기 이미지 테크놀로지는 왜 형이상학을
　　필요로 하는가〉, *Imagination is National Competitiveness*, TIF International Forum
　　20089(Institute of Media Arts, Yonsei University, 2008. 11. 4.~7), 1~15쪽.

〈이미지의 권력과 권력의 이미지〉,《이미지와 권력》, 포스텍 인문기술융합연구소 학술대회
　　(2011. 12. 2.~3), 1~21쪽.

〈영상 인문학은 가능한가—이미지의 '실재성'과 '초월성'을 중심으로〉,《동서문화》제32집
　　(계명대학교 인문과학연구소, 1999), 1~21쪽.

〈멀티미디어 정보 시대의 정신과 육체—사이보그의 인간학은 과연 가능한가〉,《영상문화》
　　창간호(한국영상문화학회 2000. 6), 15~47쪽.

〈사이보그도 소외를 느끼는가—디지털 시대의 자아와 정체성〉,《사이버 시대와 철학》, 새한
　　철학회 정기학술대회(2000. 11. 4), 33~55쪽.

〈하버마스의 담론윤리와 책임—개별적 인간은 인간 종種 전체에 대해 책임이 있는가〉,《東
　　西哲學硏究—한국동서철학연구회논문집》제36호(2005. 6), 71~89쪽.

〈생명공학 시대의 '주체' 또는 '탈주체'〉,《과학사상》제47호(2003년 겨울), 167~184쪽.

〈인간과 기계의 융합—휴머니즘, 포스트휴머니즘, 그리고 트랜스휴머니즘〉,《과학기술의
　　발전과 철학》, 한국철학회 60주년 기념 춘계학술대회(사단법인 한국철학회, 2013. 5.
　　31~6. 1), 45~60쪽.

TECHNO HUMANITIES

왜 테크노 인문학인가

모든 기술techne과 탐구, 또 모든 행동과 추구는 어떤 선을 목표로 삼는 것이라 생각된다. 그러므로 선이란 모든 것이 목표로 삼는 것이라고 한 주장은 옳은 것이라 하겠다.[1]

—아리스토텔레스

기술은 인간 권력의 행사이다. 그것은 하나의 행위 형식으로서 모든 인간 행위가 그런 것처럼 도덕적 시험을 받아야 한다.[2]

—한스 요나스

300년 전 기술과 휴머니즘을 떼어놓았을 때, 우리는 큰 잘못을 저질렀다. 이제는 이 둘을 함께 제자리에 되돌려놓을 때이다.[3]

—마이클 더투조스

---

1 아리스토텔레스,《니코마코스 윤리학》, 1094a 1~3, 최명관 역주(서광사, 1984), 31쪽.
2 Hans Jonas, "Technology as a Subject for Ethics", *Social Research* 49, Nr. 4(1982), 891~898쪽 중에서 891쪽.
3 Michael L. Dertouzos, *Scientific American* (July 1997).

1

　우리는 신화가 현실이 되는 과학기술 시대에 살고 있다. 고대 그리스 신화에서 프로메테우스는 인간을 창조한 신이다. 그는 지상으로 내려와 흙으로 인간을 빚은 후에 자신의 창조물에게 여러 동물의 특성 하나씩을 부여하고 친구인 아테네로 하여금 이성을 불어넣게 해서, 마침내 인간에게 생명을 부여한다. 인간이 희생 제물을 요구하는 제우스를 속인 벌로 불을 가질 수 없게 되자, 프로메테우스는 제우스에게서 불을 훔쳐 인간에게 전해준다. 이에 대한 대가로 프로메테우스는 암벽에 묶여 낮 동안에는 독수리에게 간을 쪼아 먹히고 밤에는 그 간이 새로 생겨 고통이 계속되는 형벌을 받게 된다.

　오늘날 과학과 기술로 무장한 인간은 스스로 프로메테우스가 되고 있다. 1818년 메리 셸리Mary Shelley가 오늘날 사이언스 픽션의 선구가 된 《프랑켄슈타인》을 발표하면서 소설 속 괴물의 창조주인 빅터 프랑켄슈타인을 "현대의 프로메테우스The Modern Prometheus"라고 부른 것은 대단히 많은 것을 암시한다. 두말할 나위 없이 현대의 프로메테우스는 신이 아니라 과학자이다. 현대의 과학기술자들은 하나같이 인간에게 행복을 가져다줄 기술을 말한다. 죽은 조직에 생명을 불어넣기 위해 전기를 활용한 프랑켄슈타인처럼 현대의 과학기술자들은 생명과학, 나노과학, 로봇공학과 같은 첨단 과학기술을 활용하면 인간에게 불로장생과 궁극적으로는 불멸의 삶을 선사할 수 있다고 호언한다. 그런데 왜 현대의 프로메테우스인 프랑켄슈타인은 자신이 창조한 괴물에 혐오감을 느끼고 도망친 것일까? 여기서 우리는 현대의 괴물이 프랑켄슈타인에게 내뱉은 말에 주목할 필요가 있다. 괴물은 프랑켄슈타인이 사랑을 거부한 대가와 그가 창조한 존재에 대한 도덕적 책임을 거부한 비용을 언급한다.

누가 신화를 만드는가? 마법과 주술을 합리성의 이름으로 축출한 현대의 과학기술은 신화를 완전히 파괴했는가? 아니면, 현대의 과학기술은 아테네로부터 부여받은 이성을 절대화함으로써 그 자체 신화가 된 것은 아닌가? 이런 질문은 어쩌면 공허한 메아리가 될 수도 있다. 알 수 없는 것은 내버려두고 일단 알 수 있는 것에만 집중했던 과학적 계몽주의가, 이제는 알 수 없거나 할 수 없는 것은 궁극적으로 아무것도 없다는 과학맹신주의로 변질되어 신화적 마력을 발휘하고 있다. 과학기술 시대에 '우리가 알 수 없는 것'과 '우리가 해서는 안 되는 것'은 무의미한 것처럼 보이기 때문이다.

우리는 과학이 새로운 신화가 된 시대에 살고 있다. 오늘날 미래기술로 각광받고 있는 생명공학, 나노공학, 정보공학, 로봇공학의 융합은 인류 역사상 그 어느 때보다 빠른 속도로 인간의 삶을 변형시키고 있다. 새로운 기술들은 인공지능, 인터페이스공학 등을 통해 글자 그대로 인간과 기계를 융합시킴으로써 인간의 지적, 신체적 능력을 향상시키고, 질병과 노화를 현저하게 약화시키고, 사람들의 욕망, 기분, 정서적 상태마저 통제할 수 있게 되었다. 어디 그뿐인가? 유전공학 덕택에 인간은 자기 자신과 미래 세대를 디자인함으로써 이제 진화 과정을 스스로 통제할 수 있다고 믿는다. 간단히 말해, 이제까지 자연의 통제를 받았던 인간이 자연의 통제자가 된 것이다.

21세기의 인간은 근본적으로 '사이보그cyborg'다. 이 말은 더 이상 우리를 위협하지 않는다. 사이보그는 결코 사이언스 픽션에나 등장하는 낯설고 이질적인 '기계인간'이 아니다. 어느 누가 질병과 노화가 불러오는 고통에서 벗어나고 싶지 않겠는가? 건강한 몸과 예리한 정신을 가지고 오랫동안 살고 싶어 하지 않는 사람은 없을 것이며, 이 모든 것을 바라는 사람은 과학과 기술의 도움을 받지 않을 수 없다. 사이보그가 과학기술의 힘을 빌려 긴 수명과 건강, 신체적·인지적 능력, 감정의 통제에서 '강화된 인간'이라고 한다면, 우리 모두는 이미 사이보그나 마찬가지다.

21세기의 인간은 이처럼 '인간 이상의 것more than human'을 꿈꾼다. 과학기술을 통해 인간을 바꿀 수 있다고 믿는 일련의 기술 낙관주의자들은 성급하게 '포스트휴머니즘'과 '트랜스휴머니즘'의 깃발을 들고 기술적 유토피아의 팡파르를 소리 높여 울린다. 그러나 이러한 유토피아가 실현될 것인지 아니면 불행의 디스토피아로 변질될 것인지는 아무도 모른다. 우리의 삶을 철저하게 바꿔놓을 과학기술의 발전 속도가 가속화될수록 그 방향은 더욱 가늠할 수 없게 되었다. 우리는 어디로 가고 있는가? 그동안 과학기술이 선사한 편의와 효율에 취해 과학기술자들에게 모든 것을 내맡겼던 사람들이 어느 날 문득 현기증 나는 과학기술의 발전 속도를 느끼고는 이렇게 자문한다. 인간의 한계를 넘어서고자 하는 이 기술들은 정말 우리를 '더욱 인간답게more human' 만드는가?

인간과 자연, 인간과 기계의 관계가 근본적으로 변화한 21세기 과학 기술 시대는 새로운 인문학을 요청한다. 이런 점에서 '테크노 인문학 Techno-Humanities'은 인간과 기계의 융합을 꿈꾸고, 인간 능력을 강화하고, 인간의 생물학적 한계를 넘어서고자 하는 21세기 과학기술 시대에 '무엇이 과연 인간적인가?'를 성찰하고자 한다. 테크노 인문학은, 자연을 이용하고 지배하는 기술은 과학기술자들에게 맡기고 인간 본성만을 사변적으로 성찰하려 했던 고전 인문학과 달리, 우리의 삶과 사회에 심각하게 영향을 미치는 과학기술을 진지하게 받아들인다.

목표 없이 질주하는 것처럼 보이는 과학기술의 방향에 관해 진지하게 성찰하고자 한다면, 지난 300년 동안 서로 상관하지 않고 제각기 발전해 온 인문학과 과학기술의 접점을 찾을 필요가 있다. "300년 전 기술과 휴머니즘을 떼어놓았을 때, 우리는 큰 잘못을 저질렀다." MIT 컴퓨터과학 연구소의 마이클 더투조스Michael L. Dertouzos가 언급한 커다란 잘못은 무엇을 의미하는가? 여기서 우리는 고대 그리스의 인문학 전통을 상기할 필요가 있다. 아리스토텔레스는 인간 행위에 관한 철학적 성찰을 담고 있는 《니코마코스 윤리학Éthika Nikomacheia》을 매우 인상적인 말로 시작한다. "모든 기술technê과 탐구, 또 모든 행동과 추구는 어떤 선을 목표로 삼는 것이라 생각된다." 우리는 그동안 인간 행위의 일종인 '테크네' 역시 하나의 선을 지향한다는 아리스토텔레스의 말을 잊고 있었던 것이 아닐까? 테크노 인문학은 이렇듯 우리가 과학기술을 통해 실현하고자 하는 선善에 관한 성찰이다.

테크노 인문학이 시급한 이유는 간단하다. 독일의 생태철학자 한스 요나스Hans Jonas가 말하는 것처럼 "이제까지 전혀 알려지지 않았던 힘을 과학을 통해 부여받고, 경제를 통해 끊임없는 충동을 부여받아 마침내 사슬로부터 풀려난" 현대의 프로메테우스가 인간에게 불행이 되지 않으려면, 오늘날 엄청난 힘을 발휘하는 기술권력을 제어할 수 있는 새로운 윤리를 요청하기 때문이다. 사이보그를 키메라로 만들지 않으려면, 우리는 이제 '이것이 사이언스 픽션인가?'라는 질문으로부터 '우리는 이 사이언스 픽션을 실행해야만 하는가?'라는 질문으로 옮겨 가야 한다.

이제까지의 전통 인문학은 과학과 기술을 '바깥의 관점'에서 바라보았다. 테크노 인문학은 오늘날 자연환경과 인공 환경을 구별할 수 없는 것처럼 우리의 삶을 과학기술과 분리해 생각할 수 없다고 전제한다. 테크노 인문학은 과학기술에 의해 주조된 '지금 그리고 여기'라는 안의 관점에서 출발해 인간다운 삶의 정체를 밝히고자 한다. 그렇기 때문에 테크노 인문학은 전통 인문학과는 달리 다음의 세 가지를 전제한다. 첫째, 인간은 과학기술과 함께 진화한다. 인간은 자신의 본모습을 알고 실현하기 위해 과학기술을 발전시키고, 이러한 과학기술은 동시에 인간성의 조건을 만든다. 둘째, 과학기술의 세계는 인공적으로 만들어진 세계 이상의 것이다. 인간의 모든 지적, 정신적 활동의 표현이라고 할 수 있는 과학기술은 근본적으로 기술적이기보다는 문화적이다. 셋째, 과학기술은 개인의 문제가 아니라 인류라는 집단의 문제다. 가공할 만한 힘을 발휘하는 기술권력을 통제할 수 있는 새로운 윤리가 제도적으로 구축되어야 하는 까닭이 여기에 있다.

21세기의 과학기술은 분명 우리의 삶과 사회를 움직이는 핵심적인 동력이다. 우리 시대가 과학기술 시대인 까닭은 과학기술이 아무런 통제를 받지 않고 스스로 움직이는 자동기계가 되었기 때문이다. 오늘날 테크놀로지는 대체로 '생각하지 않는 활동unthinking activity'이 되어버렸다. 가장 똑똑하고 가장 영리한 인재들이 모여드는 곳이 과학기술 분야라는 점을 생각하면 이보다 무례하고 도전적인 말도 없을 것이다. 여기서 생각한다는 것은 일종의 행위로서의 과학기술이 추구하는 공동의 선을 성찰한다는 것으로, 경제적 이익으로 환원될 수 있는 성과를 계산한다는 의미가 아니다. 과학기술이 경제적 이익이 될 수 있는 성과만을 추구한다면, 현대의 프로메테우스인 과학기술자들이 과연 선을 생각할 여유가 있을까?

오늘날 우리에게 무엇보다 긴박하게 필요한 것은 생각할 수 있는 여유다. 테크노 인문학은 현기증 나는 속도로 질주하는 과학기술에 제동을 걸고자 한다. 그리고 이렇게 묻는다. 무엇을 위한 과학기술인가? 발전된 과학기술의 대가로 치러야 하는 희생 제물은 무엇인가? 물론, 테크노 인문학은 고전 인문학자들에게도 이렇게 묻는다. 당신이 추구하는 인간성을 과학기술의 도움이 아니라면 어떻게 실현할 것인가? 지금, 과학기술이 어떻게 작동하고 있는지 알고 있는가? 테크노 인문학은 과학기술의 도전으로 인문학이 바뀌기를 바라고, 동시에 우리가 꿈꾸는 사회의 방향을 함께 성찰함으로써 과학기술이 '생각하는 활동'이 되기를 기대한다.

2

'기술은 권력이다.' 오늘날 막강한 영향력을 발휘하고 있는 과학기술의 힘을 생각하면, 이 명제가 그다지 낯설게 느껴지지 않는다. 그렇지만 이 경우에도 사람들은 대체로 '권력'보다는 '힘'이라는 낱말을 더 친숙하게 생각한다. 기술을 '힘'으로 이해할 때, 우리는 기술을 단순한 수단과 도구로 파악하는 경향이 있다. 쟁기와 트랙터를 사용하여 밭을 경작하면

성과, 즉 수확량에서 기술의 힘을 확인하게 된다. 그러나 권력은 관계를 변화시킨다. 쟁기로 경작할 때 자연을 대하는 태도가 트랙터를 사용할 때의 그것과 다르다는 점을 인정한다면, 우리는 기술권력을 말할 수 있다. 기술권력은 근본적으로 인간과 자연의 관계를 변화시키는 특정한 인간의 행위다.

내가 이런 인식을 하게 된 것은 꽤 오래전이다. 1980년대 초반 독일에서 유학할 때 나의 박사과정 지도교수는 아르노 바루치Arno Baruzzi였다. 그는 하이데거Martin Heidegger 철학의 영향을 많이 받은 정치철학자였는데 인간존재의 다양한 모습을 늘 관계의 관점에서 고찰하곤 하였다. 철학이 인간과 자연의 관계와 그 근본에 관한 성찰을 한다면 근본적으로 형이상학일 수밖에 없다는 그의 주장은 대단히 인상적이었다. 우리가 살고 있는 세계가 사물들의 단순한 집합 이상인 것처럼 인간존재의 의미 역시 단순히 존재하는 것으로 환원될 수 없지 않은가. 이런 관점에서 보면 "기술의 본질은 결코 기술적이지 않다"는 하이데거의 말은 어렵지 않게 이해될 수 있다.

권력으로서의 기술은 근본적으로 인간과 자연, 인간과 인간의 관계를 변화시킨다. 그렇다면 '기술권력'은 어떻게 세계를 변화시키는가? 인간의 진화 과정이 기술권력을 통해 이루어졌다면, 기술권력을 필요로 하는 인간은 도대체 어떤 존재인가? 삶이 있는 곳에는 반드시 권력에의 의지가 있다는 니체Friedrich Nietzsche의 통찰은 내가 평생 동안 싸워야 할 철학적 문제와 주제를 제공하였다. 내가 인간 실존을 둘러싼 모든 문제를 그 극단까지 철저하게 사유한 니체의 실험 정신을 본받아, 인간의 자유, 생명과 기술의 문제를 '권력'의 관점에서 재조명함으로써 인간다움의 새로운 의미를 찾고자 한 것은 이때부터였다. 인간 행위는 철저하게 권력을 추구하지만, 권력은 동시에 자유를 억압하는 경향이 있다. 나는, 자유를 위해 추구하는 권력이 자유를 억압한다는 역설로부터 출발하여 여러 형태의 권력관계에도 불구하고 실현될 수 있는 인간 자유의 가능성을 찾았다.

기술권력도 여느 권력과 마찬가지로 인간에게 자유의 힘을 부여하는 동시에 특정한 방식으로 삶을 주조한다. 기술에 관한 성찰이 필요한 것은 바로 이러한 역설적 이중성 때문이다. 우리가 기술권력을 자유의 수단으로 활용하려면 기술의 본질과 작동하는 방식을 이해할 필요가 있다. 아르노 바루치 교수가 쓴 《인간과 기계—기계적 형태의 사유Mensch und Maschine : Das Denken sub specie machinae》[4]는 기계가 단순한 도구가 아니라 특정한 사유 방식에 대한 모델이라는 점을 명쾌하게 서술하였다. 근대에서 기계의 발견은 "영원의 관점에서sub specie aeternitatis"이루어졌던 사유 방식을 "기계의 관점으로sub specie machinae" 변화시켰다는 것이다. '신' 중심에서 '인간' 중심으로 이동한 사유 패러다임의 변화를 기계를 중심으로 분석하고 서술한 바루치의 기술철학은 매우 인상적이었다. 우리는 인공두뇌학의 출현에 관해 대화를 나누면서 인간과 기계의 관계를 새로운 관점에서 정리할 필요가 있다는 점에 동의하곤 하였다.

300여 년 전 우리의 삶을 바꿔놓은 과학기술은 이제 새로운 변곡점을 맞고 있다. 오늘날 과학기술은 기존의 패러다임으로는 더 이상 설명할 수 없는 방향으로 발전해가고 있다. 이 책은 광기의 속도로 진행되고 있는 과학기술에 대한 '대응적 성찰'의 결과물이다. 우리 삶에 대한 과학기

---

4 Arno Baruzzi, *Mensch und Maschine : Das Denken sub specie machinae*(München : Wilhelm Fink, 1973).

술의 영향과 의미를 탐구한다는 점에서는 성찰이지만, 그 작동 방식을 면밀히 분석하기보다는 과학기술 발전의 속도 때문에 간과되거나 지나칠 수 있는 문제점을 드러내려고 노력하였기에 대응적이다. 그러나 권력이 증대할수록 그에 비례하여 윤리적 책임도 증대한다는 관점은 모든 글을 관통하고 있다. 자유는 문제의식과 함께 시작된다. 이 책을 읽고 왜 우리가 21세기의 첨단 과학기술에 관심을 가져야 하는지를 깨닫게 된다면, 과학기술의 도전과 문제 속에서 어쩌면 그 문제를 해결하고 자유를 실현할 수 있는 잠재력도 발견할 수 있으리라고 확신한다.

철학은 문제제기의 학문이다. 이제까지 외부의 자연환경을 대상으로 하였던 과학기술의 시선은 이제 인간 내부로 향해 있다. '인간의 한계를 넘어서려는transhuman' 현대의 과학기술은 '인간 이후posthuman'를 꿈꾼다. 포스트휴머니즘과 트랜스휴머니즘에 관한 논쟁은 철학적으로 성찰되어야 할 많은 문제들을 제공한다. 지난 수백 년 동안 인류는 놀랄 만한 과학기술적 변화를 목도하였다. 이런 변화가 21세기에도 더욱 가속화된다면, 우리가 살아가는 생활 터전인 지구와 우리의 존재 자체는 가공할 정도로 변화할 것임에 틀림없다. '변화'와 '변형' 자체가 성공으로 인식되고 있는 현재 상황에서 '변하지 않는 인간 본성'의 이념은 심각하게 위협받고 있다. 21세기 과학기술 시대에 우리 자신이 문제가 된 것이다.

그러나 우리는 이것을 하나의 문제로 받아들이지 않고 있는 것처럼 보인다. 일상적으로 우리는 자동차를 몰고, 인터넷을 사용하고, 텔레비전을 본다. 인공위성을 쏘아 올리고, 로봇을 만들고, 유전자 치료를 하는 것이 조금도 이상하게 여겨지지 않는다. 21세기 과학기술 시대에 이 모든 것들이 습관적으로, 자동적으로 이루어진다. 깊이 생각하지 않고 하는 행위가 '습관'이라면, 자동적으로 이루어지는 일을 잠시 멈추고 그 의미를 생각하는 것이 '성찰'이다. 그렇다면 인간의 생명과 실존에 커다란 영향을 주는 과학기술 행위를 습관적으로 과학자와 기술자에게만 맡겨도 될까? 과학기술의 영향이 크면 클수록 오히려 '과학기술에 대해' 더 진지하게 생각해야 하지 않을까? 과학기술이 우리의 삶과 사회를 주조하고 있다면, 우리는 한 걸음 더 나아가 '과학기술을 통해' 실현해야 할 인간다움을 성찰해야 하지 않을까?

3

인간과 인간다움을 연구하는 인문학에 대한 현대 과학기술의 도전은 크게 두 가지로 압축된다. '가상현실virtuality'과 '사이보그'. 언어, 문학, 역사, 철학, 문화, 종교, 예술 등을 다루는 전통 인문학은 인간에게 선천적으로 주어진 두 가지 조건에서 출발한다. 정신과 육체, 이성과 감성, 의식과 몸으로 표현되는 이원론적 세계관은 사실 전통 인문학을 떠받치고 있는 기본 조건이라고 해도 과언이 아니다. 만약 인간이 이성적 존재라고 한다면, 우리는 어떻게 몸으로 인해 은폐되고 왜곡된 이성을 실현할 수 있는가? 이러한 인문학적 물음은 가상현실과 사이보그의 출현으로 심각하게 흔들리고 있다. 현실보다 더 현실 같은 '가상현실'은 이상The Ideal 과 실재The Real의 경계를 무너뜨리고 있으며, 몸과 기계를 유기적으로 결합한 '사이보그'는 인간의 생물학적 조건인 사멸성mortality마저 극복하려 하고 있다. 가상현실과 사이보그의 경향을 극적으로 표현하자면, 21세기의 인문학은 이제 구체적 현실이 아닌 가상현실에서 죽지 않고 영원히 살 수 있는 새로운 종류의 인간을 마주하고 있는 것이다.

테크노 인문학은 가상현실과 사이보그가 21세기 과학기술의 근본 방향을 상징적으로 대변한다고 전제한다. 이런 관점에서 이 책은 2부로 구성되었다. 제1부는 현대의 디지털 이미지 기술이 현실을 어떻게 해석하고 구성하는지를 집중적으로 조명하였다. 첨단 디지털 기술에 의해 만들어지는 사이버스페이스에서 '이미지'는 결정적 역할을 한다. 사이버스페이스는 일차적으로 컴퓨터와 인터넷 네트워크로 구성되는 온라인 세계이다. 오늘날 '가상현실은 도대체 무엇인가?'라는 인식론적 질문보다는 '사이버스페이스를 어떻게 활용할 것인가?'라는 실천적 질문이 우세할 정도로 온라인 세계는 현실에서도 보편화되었다. 이런 상황에서 컴퓨터와 인터넷의 온라인 세계는 감각적인 현실 세계에 속하지 않을뿐더러 오히려 현실을 억압한다는 '순박한 실재론'의 관점은 설 자리가 없는 것처럼 보인다.

이런 맥락에서 제1부는 컴퓨터를 통해 구성된 가상현실이 이미 구체적 현실이 되었다는 인식에서 출발하여 가상현실의 '이미지'와 이런 이미지를 만들어내는 '미디어'의 관계를 비판적으로 추적할 것이다. 이미지를 부정적으로 평가한 플라톤조차도 이미지 없이는 현실을 인식할 수 없다는 점을 인정한다. 플라톤이 직접적으로 인식할 수 있는 순수한 이미지를 추구하였다면, 현대의 디지털 기술은 이미지를 만들어낼 수 있는 다양한 미디어를 발전시킨다. 여기서 우리는 왜 인간이 이미지를 만들어낼 수밖에 없는 존재인지를 살펴보고, 이미지가 현실에서 어떤 힘을 발휘하는지를 분석하며, 현실을 강화해서 보여주고 동시에 현실을 초월하는 힘을 가진 이미지의 이중성을 조명함으로써 영상 인문학의 가능성을 탐색할 것이다. 이 과정에서 가상현실, 시뮬라시옹, 이머전, 하이퍼리얼리티와 같은, 오늘날 이 시대의 문화적 기호로 회자되고 있는 용어들이 철학적으로 어떤 의미를 갖는지가 밝혀질 것이다.

제2부는 사이보그로 상징되는 현대 과학기술의 경향을 집중적으로 조명한다. 생명공학, 나노공학, 로봇공학을 결합하여 인간 능력을 급진적으로 향상시키고자 하는 현대의 첨단 융합 기술은 우리 인간의 신체성 corporality뿐만 아니라 우리의 몸에서 기인하는 사멸성마저 극복할 수 있다고 전제한다. 현대의 첨단 과학기술을 환영하는 기술 낙관론자들과 인간의 본성을 중시하는 생명 보수주의자들이 첨예하게 대립하는 지점은 두말할 나위 없이 '몸'이다. 우리의 몸을 어떻게 인식하고 해석하느냐에 따라 현대의 첨단 기술을 어떻게 평가할 것인가가 달라진다. 이러한 두 입장을 비판적으로 조명하는 과정에서 사이보그의 함의가 드러날 것이다. 우리의 몸을 기계로 대체하거나 제거한다고 해서 우리가 순수 의식에 도달할 수 있는가? 인간이 이 세상에 태어나 정해진 기간 동안 살다 죽는다는 것은 아무런 의미가 없는 것인가? 인간 능력을 향상시키는 다양한 기계와 유기적으로 결합되어 있는 사이보그의 시대에 주체성은 어떻게 형성되는가? 현대의 첨단 과학기술이 던지는 이러한 질문들은 결국 우리를 정신과 육체의 관계를 성찰하였던 전통 인문학으로 다시 인도한다.

이 책의 서론과 결론은 모두 테크노 인문학의 근본 문제를 다룬다. 우리는 첨단 과학기술에 의해 급진적으로 변화하고 있는 환경 속에서 어떻게 인간다움을 실현할 수 있는가? 서론은 오늘날 유행처럼 요구되고 있는 인문학과 과학기술의 융합의 관점에서 이 문제에 접근한다. 왜 우리는 인문학과 과학기술을 융합해야 하는가? 언뜻 단순해 보이는 이 물음은 인문학과 과학기술에 각각 다른 과제를 부여한다. 인문학은 과학기술에 대한 과장된 공포와 두려움을 버리고 인류는 항상 기술과 함께 진화해왔다는 사실을 인정해야 하며, 과학기술은 인간다운 사회를 실현하기 위해서도 그 발전 방향에 대해 성찰해야 한다.

이 책은 휴머니즘 자체가 과학기술과의 관계에 따라 어떻게 변화할 수 있는지 조명하는 결론으로 갈무리된다. 휴머니즘, 포스트휴머니즘, 그리고 트랜스휴머니즘. 이 용어들은 '인간이 기술을 통제할 수 있는가?' 아니면 '기술이 인간을 만드는가?' 또는 '인간이 기술과 함께 진정한 인간이 되어가는가?'와 같은 질문에 대한 대답들이다. 우리가 이러한 질문에 관심을 가지는 한 테크노 인문학은 지속될 수밖에 없다. 이 책은 서로 연결된 문제의식의 산물이어서 어디에서부터 읽어도 상관이 없지만 서론과 결론을 먼저 읽고 관심 있는 주제를 골라 읽는 것도 나쁘지 않을 것이다.

이 책은 과학기술이 발전할수록 인간에 대한 성찰이 더욱더 필요하다는 문제의식의 결과이다. 문제의식이라는 것이 본래 수많은 질문과 반문을 통해 형성되는 것처럼 이 책도 문제의 담론에 기꺼이 동참하였던 많은 사람들에게 빚지고 있다. 이 자리를 빌려 그동안 나의 학문 세계에 관심을 기울여주고 후원을 아끼지 않은 동료들에게 진심으로 고마운 마음을 전하고 싶다. 나의 문제의식이 더 많은 사람들에게 전파될 수 있도록 이 책을 정성껏 만들어준 책세상에도 감사를 표하고 싶다. 그리고 내가 학문의 길을 묵묵히 걸어갈 수 있도록 언제나 사랑과 배려로 함께 걸어준 아내 미애에게 이 책을 전하고 싶다.

2013년 10월
포항에서 이진우

TECHNO HUMANITIES

서론

인문학과 과학기술, 그 융합적 사고의 힘

나는 너희들에게 위버멘쉬Übermensch를 가르치노라. 사람은 극복되어야 할 그 무엇이다. 너희들은 너희 자신을 극복하기 위해 무엇을 했는가?[1]

—프리드리히 니체

기술은 자연지배가 아니라 자연과 인류의 관계에 대한 지배이다.[2]

—발터 베냐민

존재하고 있는 것이 무엇인지를 사유하면서 체험하지 못하는 한 우리는 결코 장차 존재하게 될 것에 속하지 못하게 될 것이다.[3]

—마르틴 하이데거

---

1 프리드리히 니체, 《차라투스트라는 이렇게 말했다》, 니체전집 13 (책세상, 2000), 16쪽.

2 Walter Benjamin, "Einbahnstraße", *Gesammelte Schriften*, Rolf Tiedemann · Hermann Schweppenhäuser (Hrsg.), Bd. IV/1, *Kleine Prosa, Baudelaire-Übersetzungen*, Tillmann Rexroth (Hrsg.)(Frankfurt am Main : Suhrkamp, 1972), 83~148쪽 중에서 147쪽.

3 Martin Heidegger, *Die Technik und die Kehre* (Pfullingen : Neske, 1962), 46쪽. 한국어판 : 마르틴 하이데거, 《기술과 전향》, 이기상 옮김(서광사, 1993), 131쪽.

1. 왜 인문-기술의 융합인가

사람들이 인문과 기술, 인문학과 과학기술의 관계를 이야기하기 시작했다는 것은 이 관계에 문제가 있다는 것을 의미한다. 우리는 매일 들이마시는 공기를 의식하지 못하고, 생명을 유지시켜주는 심장의 박동을 지각하지 못한다. 숨 쉬기가 힘들 정도로 오염되었을 때 공기를 느끼고 몸에 이상이 있을 때 심장 박동 소리를 듣는 것처럼, 자연스러운 것이 더 이상 자연스럽게 느껴지지 않을 때 우리는 비로소 그것을 의식하게 된다.

왜 21세기 들어와서 갑자기 인문과 기술의 관계를 말하고, 심지어 인문학과 과학기술의 융합을 말하게 된 것일까? 우리가 '인문학과 과학기술, 그 융합적 사고의 힘'을 논하려면 우선 이 질문을 진지하게 받아들일 필요가 있다. 오늘날 우리가 자연스럽게 받아들이고 있는 것은 두말할 나위 없이 테크놀로지의 힘이다. 기술은 더 이상 단순한 삶의 도구로서가 아니라 거꾸로 우리의 삶을 결정하는 막강한 힘으로서 작용한다. 우리는 자동차 없이는 움직이지 못하고, 휴대폰 없이는 소통이 불가능하며, 컴퓨터 없이는 글도 쓰지 못한다. 우리가 누리고 있는 생활수준이 온전히 과학과 기술의 덕택이라면, 어느 누가 테크놀로지의 현실적 힘을 부정하겠는가?

과학기술은 단순한 도구 이상의 것이다. 과학기술이 현대문명이 발전시킨 편의 수단에 지나지 않는다면 우리는 결코 인문-기술의 관계와 융합을 논하지 않을 것이다. 현대사회는──자본주의 체제든 사회주의 체제든──근본적으로 과학과 기술의 체계에 의해 움직인다. 진리를 탐구하는 학문은 기술적 응용과 결합되어 있으며, 테크놀로지는 경제적 평가와 연결되어 있다. 과학과 기술은 21세기 후기자본주의 체제의 생산관계와 사회관계를 결정하는 핵심적 요소이다. 그렇기 때문에 학문의 결과는 자연스럽게 기술적으로 응용되고, 이러한 응용을 통해 이루어지는 테크놀로지 사회의 발전은 자연스럽게 새로운 연구로 이어진다.[4] 사회 전체가 과학과 기술의 역동성에 의해 발전한다면, 과학기술은 21세기의 사회적 힘이다. 과학은 이미 테크놀로지를 통해 지배의 힘과 융합된 것이다.

그렇다면 이렇게 과학과 기술의 독자적인 논리에 따라 사회를 지배하는 힘으로 군림하고 있는 테크놀로지가 왜 인문학을 필요로 할까? 인문학은 근본적으로 인간 본성에 관한 성찰의 학문이다. 인간이 이성과 언어를 갖고 있기 때문에 다른 동물들과 본질적으로 구별된다면, 인문학은 인간 본성을 표현하는 이성과 언어에 관한 성찰이다. '무엇이 인간적인가?', '어떤 것이 인간화와 인류 문명에 기여하는가?'를 묻는 인문학은 인

---

4 Jürgen Habermas, *Technik und Wissenschaft als 'Ideologie'*(Frankfurt am Main : Suhrkamp, 1981), 111쪽. 독일의 비판철학자 위르겐 하버마스는 20세기의 과학과 기술을 진리 탐구라는 학문의 차원에서만 접근하면 그 성격을 올바로 파악할 수 없다고 말하면서 사회제도의 모든 영역에 영향을 미치는 지배의 이데올로기로 이해해야 한다고 주장한다.

간다움humanity의 관점에서 사회 현상을 고찰하는 까닭에 과학과 기술의 발전에 대해서도 대체로 비판적인 입장을 견지한다.

21세기의 테크놀로지는 단순한 도구적 기술이 아니다. 정보기술IT, 생명공학BT, 나노공학NT, 로봇공학Robotics 등으로 대변되는 첨단 과학기술은 이미 인간 자체를 대상으로 삼고 있다. '기술은 이미 권력이다'라는 관점에서 기술권력을 제어할 수 있는 새로운 미래 윤리를 발전시킨 한스 요나스는 과학기술의 발전으로 말미암아 "인간 행위의 본질이 변화하였다"[5]고 말한다. 요나스가 인간 본성을 변화시킬 정도로 증대된 기술권력을 통제할 새로운 윤리적 힘을 제고할 수 있다고 믿었던 것은 두말할 나위 없이 인문학이다. 인문학자들은 오늘날 우리가 겪고 있는 심각한 문제들이 대부분 "기술적 능력과 윤리적 능력의 불일치"[6]에서 기인한다고 본다. 이처럼 기술적 힘보다는 윤리적 힘에 우선성을 부여하는 인문학은 대부분 과학기술에 대해 비판적이다.

그렇다면 요즘 유행처럼 과학기술과 인문학의 융합을 요구하는 것은 인문학의 비판을 필요로 해서일까? 과학자와 기술자들이 21세기의 기술권력이 인류에게 심각한 불행을 초래할 수 있다는 인식을 하게 되어 자신의 권력을 제어할 수 있는 윤리적 통찰을 인문학에 요구하고 있는 것일까? 이 물음에 대한 대답은 명확하다. 인문-기술의 융합은 결코 윤리적 요청이 아니다. 기술적 성공을 지향하는 현대의 테크놀로지가 내부

---

5 한스 요나스, 《책임의 원칙 : 기술시대의 생태학적 윤리》, 이진우 옮김(서광사, 1994), 40쪽. 이에 관해서는 이진우, 〈한스 요나스의 생태학적 윤리학〉, 《탈현대의 사회철학》(문예출판사, 1993), 119~147쪽을 참조할 것.

6 Hans Lenk · Günter Ropohl, "Einführung : Technik zwischen Können und Sollen", Hans Lenk · Günther Ropohl (Hrsg.), *Technik und Ethik* (Stuttgart : Reclam, 1987), 20쪽.

논리, 즉 과학기술의 논리에 묶여 있는 한 더 이상 생산적이지 않을 수 있다는 한계의식과 문제의식이 자리 잡고 있다. 과학과 기술이 다른 학문, 즉 인문학 및 예술과 소통할 때 비로소 더 큰 성공을 보장할 수 있는 새로운 가치를 만들 수 있다는 것이다.

이러한 입장은 인문-기술 융합의 구루로 인식되고 있는 스티브 잡스 Steve Jobs의 유명한 명제에서도 분명하게 드러난다. "애플이 아이패드와 같은 상품을 창조할 수 있는 이유는 우리가 '테크놀로지와 인문학이 교차하는 지점'에 있으려고 노력하고 양자에게서 최선을 얻으려고 노력했기 때문이다."[7] 스티브 잡스는 물론 과학기술과 인문학을 어떻게 융합시킬 수 있는가에 관해서는 구체적으로 말하고 있지 않지만, 인문-기술 융합에 대한 그의 생각이 경제적이며 성공 지향적이라는 사실은 분명하다. 여기서 우리는 인문-기술의 융합이 윤리적 요청이 아니라 기술적 요청이며, 비판적 성찰이 아니라 경제적 계산이라는 점을 분명히 알 수 있다.

그러나 내가 주목하는 것은 결코 인문-기술 융합에 대한——인문학자와 과학기술자 사이의——기대의 불일치가 아니다. 우리는 융합에 대한 시대적 요청에서 21세기 테크놀로지에 대한 몇 가지 변화된 태도를 읽어낼 수 있다. 첫째, 기술 우호적 태도의 확산이다. 20세기 핵무기의 발전과 적용으로 야기되었던 기술 비관론은 점차 약화되고, 기술에 대한 우호적 태도가 확산되고 있는 것처럼 보인다. 기술의 권력을 생명의 영역에까지 확장하여 신의 자리를 넘본다고 비판받았던 수명 연장, 행동 통제, 유전공학은 오늘날 '인간 능력을 향상시키는 기술'로 환영받고 있

---

7 "The reason that Apple is able to create products like iPad is because we always try to be at the intersection of technology and liberal arts, to be able to get the best of both." Steve Jobs, *Fortune*(January 27, 2010).

다. OECD 한국정책센터의 발표에 따르면 2009년 한국 여성의 기대수명
은 83.8세로 OECD 32개국 중 6위라고 한다. 어느 누가 오늘의 삶을 포
기하고 평균수명이 51.1세였던 1960년대로 되돌아가려고 하겠는가. 예
전이라면 치명적이었던 심근경색, 암과 같은 병들도 오늘날에는 과학기
술의 발전 덕택으로 점차 극복되고 있다. 오늘날 기술권력은 우리가 어
떻게 살 것인지를 결정하는 핵심적인 힘이다. 다시 말해 과학기술은 단
순한 도구의 차원을 넘어 우리의 삶을 결정하는 사회적 권력이다.

둘째, 기술진화론의 인정이다. 인류는 기술의 발전으로 진화한다. 사
람들은 인간과 기계를 더 이상 대립적인 것으로 파악하지 않는다. 인간
이 생명체로서 진화의 과정에 예속되어 있는 것은 사실이지만 도구를 만
들 수 있다는 점에서 인간은 다른 동물들과 근본적으로 구별된다. 어느
누가 오늘날의 인류가 수렵 채취 생활을 하던 만 년 전의 인류와 동일하
다고 생각하겠는가? 인터넷의 발달로 정보를 무한하게 저장하고 유통시
킬 수 있는 현대인이 과연 입에서 입으로 정보를 전달하고 저장하던 고
대 사회의 인간과 동일하다고 할 수 있는가? 문명의 여명기에서부터 현
대에 이르기까지 인류는 기술의 발전과 함께 진화해왔다. 도구를 통해
자신의 삶을 변화시켜왔다는 점에서 인간은 항상 사이보그였다.[8] 기술의
진화를 배제하고 인류의 진화를 생각할 수 없다는 점에서 과학기술은 인
간의 생명 과정에 직접 개입할 수 있는 진화론적 권력이다.

셋째, 휴머니즘의 자기 수정이다. 전통적인 휴머니즘은 우리에게 주어
진 인간의 본성이 변화하지 않는 것으로 전제하고 인간다움을 성찰하였
다. 21세기의 생명공학은 질병 없는 생명을 연장시키는 데 기여할 뿐만

---

8 Andy Clark, *Natural-Born Cyborgs* (Oxford · New York : Oxford University Press, 2003).

아니라 우리가 어떤 생명을 원할 것인지를 결정할 수 있는 무시무시한 힘을 갖고 있다. 인간 자신을 변화시킬 수 있는 기술권력은 '인간으로 존재한다는 것이 도대체 무엇을 의미하는가?'에 관한 인문학적 성찰의 성격을 근본적으로 바꿔놓는다. 만약 문화가 '인간다움'이라는 이름으로 자연 속에서 인간의 영역을 구축하고 확장하고 보존하는 것을 의미한다면, 이것은 기술권력이 막강한 문화적 권력으로 성장하였음을 말해준다.

이러한 세 가지 특성을 갖고 있는 21세기의 기술권력은 우리로 하여금 인간다움과 기술 발전의 관계를 다른 각도에서 고찰하게 한다. 21세기의 과학기술은——인류에게 불행을 가져올 수도 있다고 생각하는 기술 비관론자들의 종말론적 경고에도 불구하고——인간다움의 실현에 기여해야 한다는 요청을 포기할 수 없다. 이 글은 과학기술이 인류 진화 과정의 필연적 결과일 뿐만 아니라 인류 진화의 핵심 동인이라는 사실에서 출발하여, 인문학과 과학기술이 왜 융합되어야 하며 또 그 융합적 사고의 힘이 어떤 것인지를 밝히고자 한다. 이 과정에서——도구를 만드는 인간이 항상 사이보그였다는 사실에서 알 수 있는 것처럼——인간다움을 해명하는 인문학과 인간다움을 실현하는 과학기술은 늘 유기적으로 연결되어 있었다는 사실을 새삼 인식하게 될 것이다.

2. 휴머니즘의 새로운 도전—인간 향상 기술과 트랜스휴머니즘

소통과 융합을 이야기할 때 우리는 항상 서로 다른 것을 전제한다. 설령 동일한 학문적 태도와 방법을 사용한다고 해도 전자공학과 기계공학처럼 '다른 영역'에서 이루어지던 과학기술이 융합되면 새로운 융합 기술이 생긴다. 물론 인문학과 과학기술처럼 대상을 바라보는 시선과 방법, 근본적인 학문적 태도가 '다른 분야'도 존재한다. 그렇다면 오늘날 공포와 기대감의 모순감정을 갖고 대하는 '인간 향상 기술'은 어떠한가? 이제까지 인류가 발전시킨 과학기술을 인간 자신에게 적용하여 인간과 기계를 융합시키겠다는 발상을 어떻게 평가해야 하는가?

이 물음에 대한 답변은 잠시 접어두고 우리가 왜 인문학과 과학기술의 융합을 생각해야 하는지를 우선 살펴보자. 융합이 항상——그것이 방법이든 영역이든 분야든 간에——서로 다른 것을 전제하는 것처럼, 인문학과 과학기술은 방법과 대상 영역에서 근본적인 차이가 있다고 여겨져왔다. 지난 19세기부터 진행되었던 정신과학과 자연과학의 논쟁을 떠올리지 않더라도, 인문학은 '인간'을 성찰 대상으로 하고, 과학기술은 '자연'을 연구 대상으로 한다는 것은 오랫동안 상식이었다. 세계는 수학적으로 읽힐 수 있다는 전제에서 출발한 과학기술은 '설명'의 방법을 사용하고, 인간의 본성은 규정할 수 없는 영역에 속한다는 전제에 기초한 인문학은 '이해'의 방법을 선호한다. 두 학문이 독립하면 할수록, 즉 학문으로서 체계화되면 될수록 둘 사이의 간극은 더욱더 벌어졌다.

그런데 이렇게 독립적으로 각각의 세계를 확보한 인문학과 과학기술이 융합되어야 하는 까닭은 무엇인가? 과학기술자들이 문학작품을 읽고 철학을 하고 예술을 감상할 정도로 '부드러워지고', 인문학자들은 전통에 대한 해석뿐만 아니라 21세기 첨단 과학기술의 미래에 관심을 가질 정도로 이해의 폭이 '넓어진' 것인가? 현실은 오히려 정반대다. 두 학문 사이의 거리가 더 넓어졌을 뿐만 아니라 언제부터인지 그 속에는 오해와 공포의 감정이 짙게 드리워져 있다.

인문학과 과학기술의 융합의 필요성은 학문 내부의 성찰로 제기된 것이 아니라 외부적 도전의 결과인 것처럼 보인다. 오늘날 우리가 피부로 느끼고 있는 새로운 테크놀로지의 진화가 인문학과 과학기술의 융합을 요구한다. 왜냐하면 새로운 테크놀로지는 인간 자신을 연구와 적용의 대상으로 삼음으로써 인간과 자연이라는 전통적 이원론을 거부하기 때문이다. 이러한 진화 과정의 도전은 오늘날 두 가지 용어, 즉 '인간 향상 기술Human Enhancement Technology'과 '트랜스휴머니즘Transhumanism'으로 압축되어 표현된다.

여기서 복잡하게 진행되고 있는 트랜스휴머니즘 논쟁에 얽혀들 생각은 없다. 인문학과 과학기술이 융합되어야 할 필요성을 분명히 하기 위하여 21세기 첨단 과학기술인 인간 향상 기술이 왜 새로운 휴머니즘을 요구하는지를 간단히 짚어보려 한다. 인간 향상 기술은 글자 그대로 인간의 능력을 향상시켜 사람들을 정신적 질병, 육체적 노쇠와 죽음으로부터 해방시키고 또 그들과 그들 자식의 본성natures을 의식적으로 선택할 수 있도록 하는 과학기술을 일컫는다.

테크놀로지가 인간의 삶과 생명을 예전보다 훨씬 더 빠르게 변화시키고 있는 것은 사실이다. 나노테크놀로지, 바이오테크놀로지, 로봇공학, 정보테크놀로지, 인지과학의 융합은 "인간 자신이 디자인 프로젝트가 된"[9] 새로운 상황을 만들었다. 인공지능과 새로운 인터페이스 기술이 결합된 새로운 인지 도구가 출현하고 있으며 분자생물학, 나노테크놀로지, 유전공학의 융합은 인간의 육체적 능력뿐만 아니라 인지능력을 향상시키고, 질병을 퇴치하고 노화 과정을 지연시킬 뿐만 아니라 심지어 죽음

---

9 Hava Tirosh-Samuelson, "Engaging Transhumanism", Gregory R. Hansell · William Grassie (eds.), *H+/- : Transhumanism and Its Critics* (Philadelphia : Metanexus Institute, 2011), 19~52쪽 중 19쪽.

마저 정복의 대상으로 설정할 정도다. 죽음의 정복이 유토피아적 망상으로 여겨지거나 디스토피아적 공포로 다가오는 사람들조차도 인간의 욕망, 기분, 정신적 상태를 통제할 수 있는 첨단 과학기술의 위력을 인정하고 또 이용한다. 더 오래 살고 더 잘 살고자 하는 인간의 오랜 욕망을 충족시켜주는 인간 향상 기술 시대에 우리는 자연의 통제를 받는 상태를 넘어 자연의 통제자가 된 것처럼 보인다.

트랜스휴머니즘은 이러한 인간 향상 기술이 인간 본성을 변화시킬 수 있는 잠재력을 갖고 있다는 점을 긍정적으로 인정하고 과학기술의 발전으로 가능해진 새로운 인간의 품위를 모색하는 태도를 일컫는다.

그렇다면 트랜스휴머니즘은 구체적으로 무엇을 지향하는가? 세계 트랜스휴머니트스 연합World Transhumanist Association은 트랜스휴머니즘을 다음과 같이 정의한다.[10]

(1) 응용이성applied reason을 통해, 특히 노화를 제거하고 인간의 지적, 육체적, 심리학적 능력을 크게 향상시킬 수 있는 테크놀로지를 발전시키고 광범위하게 활용함으로써 인간 조건을 근본적으로 개선할 수 있다는 가능성과 바람직함을 인정하는 지적, 문화적 운동.

(2) 우리가 근본적인 인간의 제약을 극복할 수 있도록 만들게 될 테크놀로지들의 추이, 축복의 약속과 잠재적 위험에 관한 탐구, 그리고 이러한 테크놀로지들을 개발하고 사용하는 것과 연관된 윤리적 문제들에 대

---

10 이 내용은 세계 트랜스휴머니스트 연합의 초기 홈페이지 사이트(www.transhumanism.org)에 게재되어 있었다. 이 사이트는 2008년 www.humanityplus.org로 대체되었다.

한 탐구.

트랜스휴머니즘은 인간 능력을 향상시키는 첨단 과학기술이 결국엔 인간 본성마저 변화시키는 진화론적 힘을 갖고 있다고 믿는다. 그뿐만 아니라 트랜스휴머니스트들은 인간 향상 기술이 궁극적으로 인간 품위의 실현에 기여할 수 있다고 주장한다. 이들의 이러한 주장은 다음과 같은 근본적인 전제 조건에서 출발한다.

(3) 미래의 인류는 테크놀로지로 철저하게 변화할 것이다. 우리는 노화의 필연성, 인간 지성과 인공두뇌의 제약, 선택하지 않은 심리 태도, 고통, 우리가 행성 지구에 구속되어 있다는 사실과 같은 지표를 포함한 '인간 조건을 새롭게 디자인하는redesigning the human condition' 가능성이 실행될 수 있을 것으로 예견한다.

트랜스휴머니즘은 인간 향상 기술이 가져올 수 있는 잠재적 위험의 윤리적 문제까지 탐구한다고 하지만 근본적으로 인류의 미래가 더 나아질 것이라고 믿는다는 점에서 기술 낙관적인 태도를 취하고 있다. 쇠퇴하는 기억력을 향상시키고, 우울증을 치료하고, 삶의 활력을 얻음으로써 고통으로부터 해방된 삶을 살고 싶지 않은 사람이 어디 있겠는가? 우리가 이렇게 기술이 제공하는 일상적 편의에 취해 있을 때에도 기술을 통한 진화는 계속된다.

21세기 융합에 바탕을 두고 있는 인간 향상 기술의 막강한 힘은 '인간 자체가 기술에 의해 철저하게 변화할 것이다'라는 명제에 압축되어 있다. 인간 향상 기술은 우리에게 창조된 대로 사는 대신 스스로 자신의 삶과 생명을 창조할 수 있는 힘을 부여한다. '인간 조건의 재디자인', 이것이 바로 인간 향상 기술과 트랜스휴머니즘의 힘이다. 대표적인 트랜스휴머니스트인 영Simon Young은 미래의 인간 향상 기술이 "다윈의 진화를 디자이너의 진화로, 즉 이기적 유전자에 예속되어 있는 노예 상태를 인간 정신에 의해 의식적으로 스스로 통제하는 상태로 대체할 것"[11]이라고 말한다.

대부분의 인문학자들은 이러한 기술 낙관적 사상과 이데올로기에 불편함을 느낀다. 그들은 인간의 삶과 생명, 그리고 삶의 터전인 지구 자체를 위험에 빠뜨릴 수 있는 테크놀로지의 힘에 대해 윤리적 문제를 제기한다.[12] 이렇게 거꾸로 질문할 수도 있다. 늙어가는 것은 과연 가치가 없는가? 죽음의 불가피성이 오히려 생명의 진화에 도움이 되지 않는가? 망각은 인지적 능력의 결함에 불과한가? 이러한 질문에도 불구하고 한 가지 부인할 수 없는 사실은 21세기의 과학기술은 인간 밖의 자연뿐만 아니라 인간 안의 자연에까지 그 힘을 미치고 있다는 것이다.

문제는 인간 향상 기술로 표현되는 테크놀로지의 힘을 어떻게 인간의 존엄과 품위에 기여할 수 있는 방향으로 조정할 수 있는가 하는 것이다. 인간 향상 기술은 과연 '인간 존엄 향상 기술'이 될 수 있는가? 이것이 바로 21세기에 막강한 힘을 떨치고 있는 테크놀로지가 인문학과의 융합을 요구하는 핵심적 이유다. 기술의 힘을 믿는 트랜스휴머니스트들조차 인간 품위 향상이라는 방향 설정에는 적극 찬성한다. 그들은 오히려 "인간

---

11 Simon Young, *Designer Evolution : A Transhumanist Manifesto*(Amherst, N. Y. : Prome-theus Books, 2006), 149쪽.

12 이에 관해서는 Leon Kass, *Life, Liberty, and the Defense of Dignity : The Challenge for Bioethics*(San Francisco : Encounter Books, 2002)를 참조할 것.

향상 기술들이 심오하게 가치 있고 또 인간적으로 유익하게 사용될 수 있는 엄청난 잠재력을 제공할 것"[13]이라고 주장한다. 단, 인간 본성은 넓은 의미에서 역동적이고 부분적으로는 인간에 의해 만들어진 것이고 또 개선될 수 있기 때문에, 이제 "포스트휴먼 존엄posthuman dignity"을 논해야 한다고 말한다.

여기서는 새롭게 요청되고 있는 인간 존엄의 모습에 관해서는 논하지 않겠다. 우리가 확인하고자 하는 것은 인간이 기술과 함께 진화해왔으며, 인간에 의해 발전된 과학기술이 이제 인간에게 영향을 미치기 시작했다는 점이다. 어쩌면 수렵 채취를 하던 원시인들의 눈에는 갖가지 인공 사물에 둘러싸여 살아가는 현대인들이 사이보그로 보일지도 모른다. 우리가 스스로를 이성적 인간homo sapiens으로 이해하든 도구를 만드는 인간homo faber로 이해하든 우리는 항상── 발터 베냐민Walter Benjamin 이 말한 것처럼──"자연과 인간의 관계"를 스스로 규정하고 통제하려고 노력해왔다.

이런 점에서 기술의 생성 과정은 항상 인간에게 달려 있고, 또 인류의 형성 과정은 기계와 기술에 의존한다.[14] 인류의 역사는 실제로 인간과 자연의 관계를 새롭게 설정하는 새로운 테크놀로지의 출현으로 그 단계가 결정되었다고 해도 과언이 아니다. 현재 우리는 새로운 인간 향상 기술에서 비롯된 패러다임의 전환기에 있다. 기술의 방향은 외부의 자연에서 내부의 자연(본성)으로 바뀌고, 인간의 유형은 호모파베르homo faber에

---

13 Nick Bostrom, "In Defense of Posthuman Dignity", Gregory R. Hansell · William Grassie (eds.), H+/- : Transhumanism and Its Critics, 55~69쪽 중 56쪽을 참조할 것.

14 이에 관해서는 Andrew Pickering, The Mangle of Practice : Time, Agency, and Science (Chicago : University of Chicago Press, 1995)를 참조할 것.

서 호모사이버네티쿠스homo cyberneticus로 변형되어가고 있다. 인간은 스스로를 어떻게 이해하려 하는가? 인간과 자연의 관계를 어떻게 규정할 것인가? 인간 존엄에 기여할 수 있도록 새로운 인간 향상 기술을 어떻게 활용할 것인가? 새롭게 제기되는 이러한 물음들이 결국 인문학과 과학기술의 융합을 요구하고 있다.

3. 기술 기반 인간 조건의 변화와 인문학적 상상력

21세기 지식 기반 사회에서 과학기술이 인간의 육체적, 인지적 기능의 복잡한 체계 속으로 영향력을 확장하고 있다는 사실만큼 분명한 것은 인간과 기술의 상관관계 역시 복잡해졌다는 점이다. 인간과 기술은 상호작용을 통해 진화한다. 인류가 기술과 함께 진화하였다면, 기술은 어떤 의미에서 '항상' 인간 향상 기술이었는지도 모른다. 쟁기, 자전거, 책, 전화기, 안경은 우리의 능력을 향상시키지 않았나? 농사를 잘 짓는 기술, 이동을 잘할 수 있는 기술, 지식과 지혜를 잘 저장하고 유통시킬 수 있는 기술, 소통을 잘할 수 있는 기술, 감퇴된 시력을 보완할 수 있는 기술. 설령 우리가 이러한 외부적 도구를 통해 어떤 일을 잘할 수 있다고 할지라도, 이 기술은 인간의 기본 조건을 변화시키지는 않는다.

그렇다면 이러한 기술들은 어떤 점에서 오늘날 트랜스휴머니스트가 추구하는 인간 향상 기술과 구별되는가? 새로운 인지과학과 유전공학은 인간 향상 기술을 우리의 두뇌나 유전자 속에 직접 장치하여 내면화하거나 번식시킨다. 과거에는 전통적·도구적 기술을 인간 '외부'의 자연에 응용하였다면, 오늘날 우리는 인간 향상 기술을 인간 '내부'에 적용함으로써 인간 조건을 새롭게 디자인하려 한다. 인간은 인지 능력을 향상시키기 위하여 약물을 먹고, 신체 능력을 개선하기 위하여 도핑을 하고, 병에 걸리지 않기 위하여 백신을 주사한다. 이러한 과학기술의 효용을 인정한다면, 인간 능력을 향상시키기 위하여 유전자를 조작하고, 체세포를 복제하고, 인간 유기체와 기계를 합성하여 하이브리드 사이보그를 만드는 인간 향상 기술을 수용하는 것도 어렵지 않을 것이다.

물론 과학기술의 연구 및 적용 대상이 외부에서 내부로 전환된다는 것은 많은 문제점을 야기한다. 인간 향상 기술에 관한 비판적 문제제기는 대체로 두 가지로 압축된다. 하나는 인간 향상 기술이 과연 인간 존엄의 향상에 기여하는지를 문제시하는 윤리적 관점이며, 다른 하나는 인간 조건을 변화시키는 인간 향상 기술이 궁극적으로는 우리의 사회제도를 위협할 수 있다는 정치사회적 관점이다.[15] 전자는 이렇게 묻는다. 인간 향상 기술은 과연 '보다 나은 인간성better humanness'을 실현하는가? 이 물음에는 과학기술이 양적으로 확대되고 또 더 효율적으로 발전한다고 해서 반드시 더 좋은 사회를 실현하는 것은 아니라는 의심이 자리 잡고 있다. 정치사회적 관점은 인류의 진화 과정에 영향을 미치는 어떤 기술도 기술 내부의 문제로 끝나지 않고 정치, 사회 체계에 획기적 영향을 미친다고 전제한다. 후자는 따라서 이렇게 묻는다. 새로운 인간 향상 기술은 환경에 어떤 영향을 미치는가?

우리는 복잡한 윤리적 문제는 괄호 안에 넣고 21세기의 과학기술이 환

---

15 이에 관해서는 Francis Fukuyama, *Our Posthuman Future : Consequence of the Biotechnology Revolution*(New York : Picador, 2003) ; Michael Sandel, *The Case Against Perfection : Ethics in an Age of Genetic Engineering*(Cambridge, Mass. : Belknap Press of Harvard University Press, 2007)을 참조할 것.

경에 '어떻게' 영향을 미치는지를 세밀하게 분석함으로써, 한편으로는 융합이 이루어지는 공간이 어디인지를 밝히고 다른 한편으로는 인간다운 사회를 발전시키기 위해서는 어떤 과학기술이 필요한지를 거꾸로 성찰하고자 한다. '기술에 기인한 인간 능력의 변화가 환경에 어떤 영향을 미치는가?'라는 소박한 질문을 던짐으로써, 기술 낙관적 미래주의자와 기술 비관적 문명 비판가 사이의 진부한 논쟁에서 벗어나 인문학과 과학기술의 융합 문제를 다룰 수 있다.[16] 우리가 기술의 발전과 함께 진화해 왔다면 인간 조건은 항상 "기술-인간 조건Techno-Human Condition"이기 때문이다.

기술이 우리가 살아가는 환경에 미치는 수준은 대체로 세 단계로 구별된다. 첫 번째는 우리가 특정한 것을 성취하기 위하여 사용하는 기술이 직접적으로 효과를 미치는 수준이다. 이 경우 테크놀로지는 특정한 목적을 성취하기 위한 수단으로 여겨진다. 테크놀로지는 기계에 심어진 기능을 통해 인간의 의도를 실현한다는 점에서 '인과관계 기계cause-and-effect machines'이다. 대구에 살고 있는 내가 서울까지 오는 방법은 여러 가지다. 걸어올 수도 있고, 자전거를 탈 수도 있고, 자동차나 기차를 이용할 수도 있고, 비행기를 탈 수도 있다. 서울로 움직인다는 나의 의도를 효과적으로 실행하는 것은 다름 아닌 자전거, 자동차, 고속열차, 비행기로 대변되는 기술이다.

수준 1에서 이루어지는 과학기술은 근본적으로 효율성과 생산성을 지향한다. 어떤 기술이 주어진 목적을 더 잘 수행하는가 하는 것이 기술혁

---

16 이에 관해서는 Braden R. Allenby·Daniel Sarewitz, *The Techno-Human Condition* (Cambridge, Mass : MIT Press, 2011)을 참조할 것.

신의 원동력이 되는 것은 이 때문이다. 자동차는 자전거보다 이동속도가 훨씬 빠르다. 물론 그만큼 자동차는 자전거보다 훨씬 더 복잡한 기계다. 2만 5,000개가 넘는 부품으로 이루어진 자동차는 다양한 부분들을 하나의 체계로 결합시키는 고도의 기술을 필요로 한다. 그렇지만 아무리 복잡한 기술이라고 할지라도 수준 1의 복잡성은 특정한 목적을 효율적으로 수행하는 "정태적 복잡성"[17]이다. 우리는 자동차나 비행기가 아무리 복잡해도 통제할 수 있다고 믿는다.

　기술은──그것이 아무리 위험해 보일지라도──인간이 사용하는 것이다. 테크놀로지를 발전시키고 사용하고 혁신하는 것은, 먹고 자고 상상하고 번식하는 것처럼 인간이 행하는 일이다. 그렇다면 인문학자들이 의심의 눈초리로 바라보는 인간 향상 기술 역시 테크놀로지에 불과한 것은 아닌가? "발명의 시대는 또 다른 이름의 인간의 시대를 의미"한다는 멈퍼드Lewis Mumford의 말이 트랜스휴머니즘 시대에도 적용될 수 있을까?[18] 대부분의 사람들은 오늘날 과학기술의 혁신을 이런 관점에서 바라보는 듯하다. 21세기의 첨단 기술들은 인간이 설정한 목적을 효율적으로 수행하는 새로운 기술일 뿐이다.

　그렇다면 수준 1에서는 어떤 융합이 요구되며, 또 실제로 융합이 일어나고 있을까? 수준 1에서 요구되는 융합은 대부분 기술 내부적 융합이다. 서로 다른 영역에서 발전한 과학기술들이 새로운 문제와 과제를 해결하기 위하여 서로 융합하는 것을 기술적 융합convergence of technology이라고 부른다.[19] 텔레매틱스telematics, 메카트로닉스mechatronics와 같

---

17 Braden R. Allenby · Daniel Sarewitz, *The Techno-Human Condition*, 108쪽.

18 Lewis Mumford, *Technics and Civilization*(New York : Harcourt, Brace and Company, 1934), 60쪽. 한국어판 : 루이스 멈퍼드, 《기술과 문명》, 문종만 옮김(책세상, 2013), 106쪽.

은 신조어가 말해주는 것처럼 다양한 학문들이 통합되고 융합되어 새로운 테크놀로지를 발전시키고 있다. 이 단계에서 필요한 것은 두말할 나위 없이 주어진 문제를 어떻게 잘 해결할 수 있을까 하는 '기술적 상상력 Technological Imagination'이다. 이제까지의 기술혁신이 이러한 상상력을 토대로 이루어졌다는 것을 부인할 수는 없지만, 21세기의 인간 향상 기술이 요구하는 것은 기술적 상상력 이상의 것이다.

융합의 두 번째 단계는 테크놀로지가 복잡한 체계를 통해 사회제도 및 사회관계를 변화시키는 수준이다. 이 수준에서의 테크놀로지는 이미 인간이 통제할 수 있는 단순한 도구 수준을 넘어선다. 오늘날 우리는 자동차가 없는 생활을 상상하기 어려울 정도로 자동차로 대변되는 교통 체계에 의존한다. 그뿐 아니라 자동차 테크놀로지는 연료 때문에 세계적 에너지 체계와 밀접하게 결합되어 있으며, 매연가스 때문에 환경 체계와도 연결되어 있다. 체계적 연쇄 고리는 여기서 끝나지 않는다. 이산화탄소 배출량과 기후변화 사이의 인과관계가 과학적으로 증명된 이후, 테크놀로지는 이제 인간의 삶의 터전인 지구 체계와 직접적으로 연결된다.

수준 2에서 테크놀로지는 결코 독립적으로 실행되지 않는다. 테크놀로지는 다른 테크놀로지들과 결합되어 있을 뿐만 아니라, 사회제도와 체계적으로 연결되어 있다. 이러한 상호 연관과 상호작용은 어느 누구도 예측하거나 통제할 수 없는 방식으로 이루어지기 때문에 수준 2의 테크놀로지는 비의도적 결과를 산출한다. 이러한 복잡성은 수준 1과는 달리 "역동적인 체계의 복잡성systemic complexity"[20]이다. 이 수준에서의 테

---

19 이에 관해서는 이인식,《지식의 대융합》(고즈윈, 2008) ; 이인식 기획,《기술의 대융합》(고즈윈, 2010)을 참조할 것.

20 Braden R. Allenby · Daniel Sarewicz, *The Techno-Human Condition*, 37쪽.

크놀로지는 연쇄적으로, 즉 체계적으로 인간 사회의 패턴을 변화시킨다. 자동차 중심의 교통 시스템은 도시의 중심과 교외를 구분하고, 하이웨이 망을 구축하고, 쇼핑몰을 출현시키고, 자동차를 이용하는 도시인의 태도를 변화시킨다. 어디 그뿐인가? 교통 테크놀로지는 자원 및 환경 시스템과 상호 의존적으로 진보하고, 대형 마켓 중심의 소비자본주의 체제를 발전시키며, 자유에 대한 인간의 의식을 변화시킨다. 이런 관점에서 보면 현대의 사회 체계는 근본적으로 "기술-사회 체계techno-social system"[21]이다.

과학기술이 발전할수록 테크놀로지는 사회 체계와 융합한다. 여기서 테크놀로지는 단순히 특정한 목적을 효율적으로 수행하는 수단의 수준을 넘어서 사회를 구성하는 힘을 갖게 된다. 수준 2에서의 융합이 기술적 상상력 이상의 것을 요구하는 것은 이 때문이다. 여기서 중요한 문제는 효율성이 아니라 사회적 적합성이다. '우리는 어떤 사회에서 살기를 원하는가?'라는 결정적 질문에 따라 적정기술이 결정된다. 인간이 기술을 통해 자신의 삶의 조건을 결정해왔다는 트랜스휴머니스트들의 주장을 액면 그대로 받아들인다면, 수준 2에서 요구되는 융합은 '사회학적 상상력Sociological Imagination'을 필요로 한다.

끝으로, 세 번째 단계에서의 테크놀로지는 인간 조건에 직접적으로 영향을 미치는 수준이다. 인간이 기술과 함께 진화해온 것이 사실이라면 수준 3의 테크놀로지는 인간과 자연의 관계를 규정하고 결정하는 패러다임의 역할을 한다. 인류의 진화 과정을 패러다임의 변화로 서술할 수 있다면, 이 혁명적 변화에는 항상 인간과 자연의 관계를 근본적으로 변

---

21 Braden R. Allenby · Daniel Sarewitz, *The Techno-Human Condition*, 32쪽.

화시키는 기술 문화가 자리 잡고 있다. 그것은 처음으로 불을 다룬 기술일 수도 있고, 최초의 문자 기술일 수도 있고, 정보를 무한히 축적하고 유통시키는 인터넷 기술일 수도 있고, 생명 질서에 직접 개입하는 생명공학 기술일 수도 있다.

기술을 단순한 삶의 편의 수단으로 사용하는 수준 1은 말할 것도 없고, 상호 연결된 네트워크의 복잡한 형태로 작동하는 수준 2의 기술도 우리에겐 어느 정도 익숙하다. 우리는 근본적으로 테크놀로지들이 행하는 것을 볼 수 있기 때문이다. 그렇지만 수준 3의 기술은 인간 생명에 직접 적용되어 인간과 자연의 조건을 바꿔놓을 수 있기 때문에 우리가 볼 수 없고, 예측할 수 없는 결과를 산출한다. 이러한 복잡성은 전혀 예측할 수 없는 새로운 문제를 야기한다는 점에서 "사악한 복잡성wicked complexity"[22]으로 불릴 수도 있다. 인간 향상 기술은 우리의 기술이 이러한 단계까지 왔음을 분명히 말해준다. 인간을 생로병사의 근본적인 인간 조건으로부터 해방시켜 자신의 삶을 스스로 디자인하도록 만들 수 있다고 믿는 트랜스휴머니즘은 수준 3의 기술을 추구하고 있음에 분명하다.

본래적 의미의 인문-기술 융합은 수준 3의 단계에서 요구되는 융합이다. 오늘날 기술이 실제로 인간 조건을 변화시키고 있다면, 이런 질문을 던질 수 있다. 우리는 어떤 종류의 인간으로 존재하기를 원하는가? 진정한 인간성은 도대체 무엇인가? 이 질문들에 대한 인문학적 접근은 '문화적 상상력Cultural Imagination'에 기초한다. 인간다움에 관한 성찰과 상상력을 통해 자연에 대한 인간의 관계를 설정하는 것이 문화라면, 21세기에 필요한 것은 다른 무엇보다 문화적 상상력일 것이다.

---

22 Braden R. Allenby · Daniel Sarewitz, *The Techno-Human Condition*, 109쪽.

우리는 근본적으로 인간이 기술과 함께 진화해왔다는 사실을 인정한다. 만약 인간 조건을 스스로 결정할 수 있다는 인간 향상 기술과 트랜스휴머니즘의 주장을 긍정적으로 받아들인다면, 우리는 우선 인간다움에 관한 성찰을 먼저 해야 할 것이다. 이러한 주장은 어찌 보면 단순하고 소박해 보일지도 모른다. 그렇지만 개인의 능력을 도구적으로 향상시킨다고 해서 반드시 사회가 향상되는 것은 아니며, 인간 능력을 기술적으로 향상시킨다고 해서 반드시 인류가 향상되는 것도 아니다. 이제 우리는 융합의 단계를 거꾸로 생각해야 할지도 모른다. '인간다움은 도대체 무엇인가?'라는 수준 3의 물음에 답하기 위하여 인간-기술 관계를 새롭게 규정하고, '어떤 사회가 인간다움을 실현할 수 있는가?'라는 물음을 통해 기술 조건을 서술하며, '이런 사회를 실현하려면 어떤 기술이 가장 효율적인가?'라는 물음을 통해 적정기술을 결정한다. 이렇듯 인간이 자기실현을 위해 기술을 필요로 하듯이, 기술은 자신의 진화를 위해 인문학적 상상력을 가장 필요로 한다. 인문학과 과학기술, 그 융합적 사고의 힘은 인간 조건을 변화시킬 정도로 크다.

4. 인문학과 과학기술, 어떻게 융합할 것인가

21세기의 지식 기반 사회에서 일어나고 있는 일은 그것이 아무리 새롭게 보일지라도 어떤 점에서는 결코 새로운 일이 아니다. 인류는 이제까지 항상 기술로 자신의 삶을 변화시키려는 게임을 해왔기 때문이다. 이러한 인간-기술 또는 기술-인간의 공동 진화는 항상 긍정과 부정의 변증법적 상호작용을 통해 이루어졌다. "해방의 도구이기도 하고 억압의 도구이기도 한" 기술의 "모순"은 어쩌면 인간-기술 진화의 필연적 조건 인지도 모른다.[23] 기술은 인간의 에너지를 경제적으로 사용하기도 하고, 잘못 이용하기도 한다. 기술은 광범위한 질서의 틀을 만들기도 하고, 혼란과 혼돈을 생산하기도 한다. 기술은 인간의 목적에 종사하기도 하고, 그것을 왜곡시키기도 한다. 오늘날 첨단 기술로 평가받고 있는 인간 향상 기술 역시 이러한 이중성을 갖고 있다.

그렇지만 이러한 사실에 놀라거나 불편해할 필요는 없다. 이러한 모순 자체가 바로 인간 조건이기 때문이다. 우리가 발전시킨 과학기술이 과연 인간성의 실현에 기여하는지를 비판적으로 고찰하는 인문학적 상상력은 역설적으로 과학기술의 발전에 기여한다. 이제까지의 인간-기술의 진화 과정은 항상 이러한 피드백을 통해 이루어졌다고 해도 과언이 아니다. 오늘날 우리는 이산화탄소를 많이 배출하는 전통적 에너지 체계와 탄소 배출량은 적지만 위험한 원자력 에너지 사이에서 대체에너지를 개발해야 한다는 압박을 받고 있지 않은가? 인간다움을 성찰하는 인문학은 효율성과 생산성만을 추구하는 수준 1의 테크놀로지와 사회관계에 영향을 미치는 수준 2의 기술 체계 사이에서 매개 역할을 한다.

이런 관점에서 보면 오늘날의 문제는 인문학과 과학기술 사이에서 작동하던 피드백의 회로가 단절되었다는 데 있다. 인문학과 과학기술은 각각의 논리에 따라 독립적인 학문 체계로 발전하는 과정에서 상호작용의 기능을 상실했다. 근본적으로 인간 조건을 성찰해야 하는 인문학은 인간의 삶과 사회에 대해 사유하기보다 내부적 학문 체계에 갇혀 있고, 과학기술은 '무엇을 위해서'라는 인간의 목적을 상실하고 내부적 문제 해결

---

23 Lewis Mumford, *Technics and Civilization*, 283쪽.

에 매몰되어 있다. 이것이 바로 관계의 단절인지 모른다. 우리는 21세기의 과학기술을 통해 축적한 엄청난 힘을 인간성 실현이라는 목적을 위해 사용하기 위해서라도 이러한 단절을 극복하고 인문학과 과학기술을 융합하는 창조적 사고를 발전시켜야 한다.

그렇다면 어떻게 인문학과 과학기술을 융합할 것인가? 여기서 어떤 해결책을 제시하기보다는 우리가 선택할 수 있는 해결의 방향을 암시하고자 한다. 첫째, 인문학은 과학기술이 제공하는 해결책에 대해 끊임없이 의문을 제기함으로써 선택 공간을 확대해야 한다. 효율성을 추구하는 과학기술은 항상 주어진 문제에 대한 기술적 해결책을 제공하는 경향이 있다. 우리는 과학기술을 통해 모든 것을 해결될 수 있는 문제로 전환하려 한다. 그렇지만 이것이 바로 문제다. 왜냐하면 어떤 것들은 해결되기보다 받아들여야 하는 조건들이기 때문이다. 기술-인간 조건, 즉 인간과 기술은 함께 진화한다는 조건은 해결될 수 있는 문제가 아니다. 우리가 테크놀로지 체계를 건설했다고 해서 기술의 진화 과정 자체를 계획한 것은 아니다. 실제로 예측할 수 없는 미래의 변화와 궤도, 급속도로 변화하는 과학기술은 인간에게 '새로운 조건'에 적응할 수 있는 능력을 끊임없이 요구한다. 따라서 인문학은 새로운 과학기술로 열린 가능성이 과연 인간 조건에 부합하는지를 비판적으로 검토해야 한다.

둘째, 인문학은 과학기술을 총괄적으로 파악하는 대신, 앞에서 언급한 세 가지 수준으로 세분해서 접근해야 한다. 모든 기술은——그것이 외부적으로 활용되든 인간 유기체의 내부에 직접 적용되든——세 가지 차원에서 파악되어야 한다. 인간의 몸에 투여하는 백신의 경우를 생각해보자. 백신이 질병을 예방하고 퇴치하기 위한 수단으로 사용된다면, 이것은 수준 1의 기술이다. 질병을 억제할 수 있는 효과적인 백신을 개발하는 데 반대할 사람은 아무도 없을 것이다. 만약 백신이 인구를 증가시키고 동시에 경제 성장을 이루는 수단으로 이용된다면, 이것은 사회관계와 사회제도를 변화시키는 수준 2의 기술이다. 가난한 나라의 사람들이 많이 걸리는 말라리아와 에이즈AIDS에 대한 백신을——비록 개발자에게는 경제적 이익이 되지 않는다고 할지라도——개발할 경우에 그것이 미칠 사회적 영향을 생각해보면 수준 2의 복잡성은 분명해진다. 그뿐 아니라 만약 백신이 장기적인 인구 동향에 영향을 미쳐 어떤 사회의 정치적, 문화적 진화 과정을 변화시킨다면, 백신은 수준 3의 기술적 영향을 갖고 있다고 할 수 있다. 인문학적 상상력이 필요한 곳은 바로 이 지점이다. 과학기술이 인간의 삶과 사회에 영향을 미쳐 인간 조건을 변화시킬 수 있는 지점, 그곳이 어디인가를 밝힘으로써 과학기술의 발전에 영향을 주는 것이 인문학의 과제이다.

셋째, 인문학과 과학기술이 21세기에 필요한 상상력을 통해 서로에게 영향을 주기 위해서는 인문학과 과학기술의 네트워크를 구축해야 한다. 여기서 결합이나 융합 같은 강한 용어 대신에 네트워크라는 부드러운 용어를 사용하는 까닭이 있다. 이제까지 인류 문명에 영향을 미친 획기적인 과학기술들을 보면 그것이 아르키메데스의 유레카Eureka처럼 어떤 천재의 창조적 영감에 의해 발전된 것이 아니라, 기존의 지식과 기술들의 새로운 결합에 의해 이루어진 것이라는 사실을 쉽게 알 수 있다. "좋은 아이디어는 하나의 네트워크이다"[24]라는 명제는 이러한 사실을 잘 말해준다. 기존의 다른 지식 및 기술과 연결되지 않은 영감은 단지 영감으

---

24 Steven Johnson, *Where Good Ideas Come From : The Natural History of Innovation* (New York : Riverhead Books, 2010), 46쪽.

로 머물 뿐이다. 따라서 우리는 인문학과 과학기술이 서로 연결될 수 있는 열린 공간을 만들어주어야 한다.

이러한 대안은 이론적으로는 지극히 간단하지만 실천적으로는 대단히 어렵다. 오늘날 인문학과 과학기술은 너무나 독립적으로 발전하여 서로에게 영향은커녕 관심조차 없는 것처럼 보이기 때문이다. 그러나 인문학은 인간다움의 성찰이라는 본래의 목적에 충실하기 위해서라도 인간의 삶을 혁명적으로 변화시키는 과학기술에 보다 적극적인 관심을 가져야 한다. 물론 과학기술 역시 끊임없는 혁신을 위해서 인문학적 상상력을 필요로 한다. 우리는 인문학과 과학기술의 융합적 사고만이 인간의 진화 과정에 역동적으로 기여해왔다는 것을 새삼 인식하고, 인간 조건이 과학기술의 발전에 의해 어떻게 변화하는가에 더욱 예리한 시선을 던져야 한다. 우리가 기술을 통해 진화해왔다는 사실을 깊게 믿는다면, 인간 조건마저 변화시키려는 과학기술의 힘을 더욱 강하게 회의해야 할지도 모른다. 과학기술의 힘은 인문학적 사유의 힘과 결합할 때에만 인간의 진화에 기여하기 때문이다.

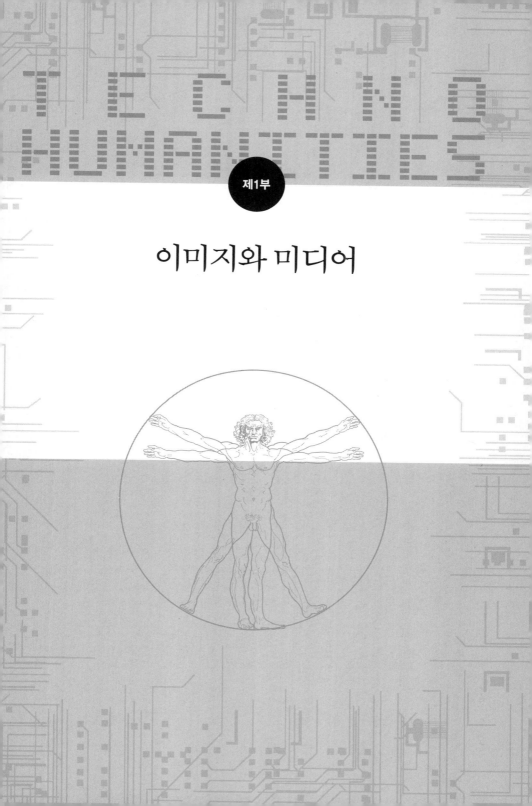

제1부

이미지와 미디어

TECHNO HUMANITIES

1장

인간학적 기계 :
몸, 미디어 그리고 상상력

─21세기 이미지 테크놀로지는 왜 형이상학을 필요로 하는가

우리는 이미 꿈꾼 것만을 연구할 수 있다.

　　　　　　　　　　　　　　　　　　　　—가스통 바슐라르

도구가 많을수록, 매개가 많을수록, 현실을 더욱더 잘 파악한다.

　　　　　　　　　　　　　　　　　　　　—브뤼노 라투르

1. 영상 시대의 바빌론 신화 — 이미지는 어떻게 생성되는가

"모방 기술은 진실한 것에서 어쩌면 가장 멀리 떨어져 있으며, 바로 그 때문에 모든 것을 만들어낸다."[1] 이미지에 관한 부정적 의견을 가장 극명하게 드러내는 플라톤의 이 말은 오늘날 현실이 된 것처럼 보인다. 플라톤이 말하고 있는 모방 기술mimike은 의심의 여지 없이 이매지네이션 기술이다. 오늘날 일반화된 디지털 기술은 수많은 영상과 이미지들을 만들어냄으로써 현실 세계와 가상 세계의 경계를 불분명하게 만들고 있다. 이런 상황에서 플라톤이 추구하였던 현상과 본질의 형이상학적 구별은 무의미한 것처럼 보인다. 플라톤은 우리에게 진짜와 가짜, 진실한 것과 거짓된 것, 현상적인 것과 본질적인 것, 간단히 말해서 이데아와 이미지를 구별할 것을 형이상학적으로 요구한다.

이미지는 현실을 왜곡함으로써 우리를 현실에서 멀어지게 한다. 이미

---

1 플라톤, 《국가》, 598b-c, 박종현 역주(서광사, 1997), 618쪽 이하.

지에 관한 플라톤의 간단명료한 언명은 쉽게 지워버릴 수 없는 신화로
굳어졌다. 이성으로써만 현실을 인식할 수 있고 또 현실을 변화시킬 수
있다는 믿음은, 이미지를 신화의 영역으로 추방시켰다. 그렇다면 우리는
이미지를 완전히 제거하고 현실을 있는 그대로 인식할 수 있는 것일까?
현실의 인식수단으로 여겨졌던 과학과 기술이 오히려 새로운 신화적 이
미지로 부상한 것은 아닐까? 이성은 실제로 자연을 지배할 수 있는 온갖
기술을 발전시켜왔지만, 현대 기술은 우리에게 더 많은 현실을 부여하
기보다는 오히려 더 많은 이미지로 현실을 덮고 있다. 여기서 이미지 또
는 이매지네이션 기술은 단순히 사진, 영화, 디지털 영상만을 가리키는
것이 아니라 인간의 모든 인식 영역을 포괄한다. 오늘날 이미지 또는 이
미지 기술 없이 과학적 연구를 상상할 수 있을까? 신화mythos보다는 이
성logos에 우선성을 부여해왔던 인류 문명의 역사는 결국 전도된 결과에
직면하고 있다. 이미지의 최대 적이 플라톤이라면, 영상 시대는 니체가
말한, 전도된 플라톤주의의 실현이다.[2]

우리는 전도된 플라톤주의로 표현되는 문명의 전환을 진지하게 받아
들여야 한다. 전도된 플라톤주의는 현실 세계에 대한 가상현실의 우위
를, 본질에 대한 이미지의 우선성을 의미한다. 많은 사람들은 영상 시대
의 도래를 의심의 눈으로 바라보면서 기존의 신화를 인용한다. "현실을
환상으로 변화시키는 인공의 빛"과 새로운 이미지가 흘러넘치는 우리
시대는 "새로운 바빌론Babylon"이라는 것이다.[3]

---

2 이에 관해서는 〈영상 인문학은 가능한가—이미지의 '실재성'과 '초월성'을 중심으로〉,《동서
   문화》 제32집(계명대학교 인문과학연구소, 1999), 1〜21쪽을 참조할 것.
3 Paul Virilio, *La Machine de vision*(Paris : Editions Galilée, 1988). 여기서는 독일어판 *Die
   Sehmaschine*(Berlin : Merve Verlag, 1989), 31쪽.

우리는 이제 이런 질문을 던져야 한다. 이미지 없이 생각할 수 있는가? 이미지 없이 세계를 인식할 수 있는가? 새로운 이미지 없이 과연 세계를 변화시킬 수 있는가? 문명의 발전은 이미지의 전환에 불과한 것이 아닌가? 신화와 진리는 분리될 수 있는가? 이 글은 이 물음들에 답함으로써 인간과 기계의 발전을 모두 포괄할 수 있는 새로운 형이상학에 관한 이미지를 그리고자 한다. 우리는 이성적 사유와 감성적 상상을 여전히 이원론적으로 '구별'함으로써 새로운 현실의 출현을 인식하는 데 어려움을 겪고 있는 것처럼 보인다. 이제까지 인간과 동물, 인간과 기계, 몸과 도구, 즉 인간적인 것과 비인간적인 것의 구별이 형이상학의 핵심이었다면, 새로운 형이상학은 이러한 구별이 무엇을 의미하며 또 어떻게 작용하는지를 서술할 것이다.

2008년 베를린에서 열린 한 전시회를 예로 들어 이야기를 시작하고자 한다. 2008년 6월 26일부터 10월 5일까지 베를린 페르가몬Pergamon 박물관에서 "바빌론—신화와 진리"라는 전시회가 열렸다. 인류가 발전시킨 위대한 문명 중 하나인 바빌론은 왜 마법의 의미를 가진 단어가 되었을까? 바빌론을 둘러싼 진리와 신화를 대비시키면 이러한 비밀이 밝혀질까? 박물관 1층의 '진리관'은 바빌론 문명에 관한 역사적 유물을 전시하고 2층의 '신화관'은 바빌론에 관한 이미지의 생성 과정을 인상적으로 보여주었지만, 이러한 대비는 바빌론 신화를 해체하기는커녕 오히려 강화하는 것처럼 보였다.

바빌론 신화는 우리 머릿속에 들어 있는 이미지다. 바빌론이라는 말을 들으면 인간의 오만함을 대표하는 바벨탑과 그 파괴, 종말론적 파국, 광기에 이르는 쾌락과 절대적 폭력, 언어 혼란과 연결되는 이미지들이 떠오른다. 이러한 연상 이미지들은 역사적 바빌론과 거의 아무런 연관이 없음에도 독특한 방식으로 매우 현실적인 힘을 발휘한다. 정확한 역사적 출처를 제시할 수 없음에도 불구하고, 우리는 이러한 이미지들을 직관적으로 확실한 것으로 간주한다. 바빌론을 다문화 문명의 정수로 그릴 수 있는 고고학적 유물과 역사학적 사실들이 신화의 힘에 전혀 대항할 수 없는 것처럼 보이는 까닭이 여기에 있다. 여기서 다시 한 번 진지하게 묻게 된다. 신화와 진리는 과연 구별될 수 있는가? 플라톤의 모방 기술처럼 신화의 이미지들은 사실로부터 멀어지면 멀어질수록 오히려 현실성을 획득하는가?

바빌론 전시회가 분명하게 말해주는 것은 신화 자체는──본질 또는 사실로서──존재하지 않는다는 것이다. 순수하게 존재하는 것은 오직 신화에 관한 이미지 또는 텍스트뿐이다. 신화는 이미지와 텍스트들이 끊임없이 재생산됨으로써 스스로를 재생산한다. 바벨탑 서술의 역사가 보여주는 것처럼, 신화는 스스로를 재생산함으로써 동시에 외적인 현실을 함께 재생산한다. 진리와 신화의 구별은 새로운 신화의 창조에 기여할 뿐이다. 신화와 진리를 대립시키면 시킬수록 오히려 신화는 다양한 형태로 발전한다.

여기서 우리는 이미지의 문제와 관련된 신화의 특성을 발견할 수 있다.[4] 첫째, 신화는 확실한 출처와 대상이 없는 이야기로서 일종의 네트워크를 통해 조직된다. 신화는 특정한 매체에 고정된 것이 아니라 텍스트, 이미지, 소리와 같은 모든 매체를 관통한다. 둘째, 신화는 그 자체 다른

---

4 Moritz Wullen, "Mythos Babylon", Moritz Wullen · Günther Schauerte (Hrsg.), *Babylon : Mythos & Wahrheit—Eine Ausstellung der Kunstbibliothek Staatliche Museen zu Berlin mit Unterstützung der Staatsbibliothek zu Berlin* (München : Hirmer ; Berlin : SMB · Staatliche Museen zu Berlin, 2008), 11~21쪽.

이미지와 텍스트의 이미지와 텍스트의 지속적인 복제와 재생산을 통해 생성된다. 여기서 중요한 것은 다른 이미지와 텍스트의 연관성이지 현실과 진리에 대한 연관성이 아니다. 셋째, 신화는 스스로를 재생산하는 '동적인 작품work in process'이다. 재생산 비율이 높으면 높을수록 현실성이 높아진다는 점에서 신화의 과정은 생명체의 진화 과정에 비교될 수 있다. 간단히 말해서 신화는 자기 지시적 방식으로 작동하는 네트워크 체계다.

신화의 근원이 진리가 아니라 신화 자체라는 메시지를 전달하는 바빌론 전시회는, 디지털 시대와 함께 도래한 새로운 바빌론의 이해에 시사적이다. 이미지는 현실로부터 멀어진다는 신화는 어떻게 생성된 것인가? 이미지와 현실을 구별하려는 인간의 형이상학적 욕구는 이미지의 생성과 어떤 연관이 있는가? 문명 발전의 원동력은 진리 탐구인가, 아니면 이미지에 대한 욕구인가? 우리는 이미지와 관련된 몇 가지 편견을 비판적으로 재구성함으로써 이 물음에 답하고자 한다. 이 편견들은 도구를 만드는 인간homo faber과 그림을 그리는 인간homo pictor이라는 인간의 종적 특성과 관련이 있는, 도구에 대한 편견과 그림에 대한 편견이다.

첫째 편견은 '도구는 단순한 수단이다'라는 명제로 표현된다. 이에 대해서는 '도구는 단순한 수단 이상의 것'이라는 인식을 통해 기계에 대한 부정적 편견을 바로잡을 것이다. 둘째 편견은 '이미지는 비물질적이다'라는 명제로 서술된다. 이에 대해서는 이미지는 새로운 물질성을 창조함으로써 우리의 몸과 직접적 연관을 맺는다는 점을 강조하고자 한다. 이 두 가지 편견은 근본적으로 몸에 대한 정신의 우월이라는 형이상학적 입장에 근거를 두고 있다. 여기서는 몸의 관점에서 이 편견들을 비판적으로 해체함으로써 동시에 기계에 관한 편견도 제거하고자 한다. 이러한 작업을 통해 궁극적으로 인류 문명이 '인간적인 것'을 끊임없이 규정하고 생산하는 '인간학적 기계Anthropological Machine'에 의해 이루어졌으며, 이 인간 기계는 스스로를 재생산하는 이미지의 체계에 불과하다는 인식에 도달할 것이다.

2. 호모파베르—몸과 미디어

우리 시대는 지금 경계의 붕괴라는 문화적 현상을 겪고 있다. 이미지 테크놀로지Image-Technology는 현실보다 더 현실 같은 이미지를 생산함으로써 현실 세계와 가상현실의 경계를 무너뜨리고 있으며, 21세기 문명의 다른 축을 이루고 있는 생명 테크놀로지Bio-Technology는 사이보그가 말해주는 것처럼 유기체와 비유기체의 구별을 모호하게 만들고 있다.[5] 이렇게 비유기체적 기계의 경계를 확장함으로써 궁극적으로 유기체와 비유기체의 경계가 파괴되는 현상에서 어떤 사람들은 현대 과학과 기술의 커다란 업적을 발견하는가 하면, 어떤 사람들은 이러한 기술 권력에서 반인간적인 악을 보려고 한다. 고대 바빌론 문명을 상징하는 바벨탑이 무너진 것처럼, 자연의 한계를 무시하는 인간의 오만함 때문에 인간 문명의 바벨탑이 무너질 것이라는 종말론적 목소리가 적잖게 들린다.

여기서 주목하려는 것은 바로 경계와 구별이다. 경계에 관한 가장 고전적인 질문은 인간을 다른 동물과 구별하는 특성에 관한 다음과 같은

---

5 이에 관해서는 〈멀티미디어 정보 시대의 정신과 육체—사이보그의 인간학은 과연 가능한가〉, 《영상문화》 창간호(2000. 6. 13.), 15~47쪽을 참조할 것.

형이상학적 물음이다. 인간을 인간이게 하는 것은 도대체 무엇인가? 인간에게서 인간적인 것은 무엇인가? 인간이 동물적이라는 점, 즉 인간이 생물학적으로는 동물 세계에 속한다는 사실은 다윈을 거슬러 올라가 린네Linné, 그리고 아리스토텔레스에게도 자명한 사실이었다. 그렇다면 린네가 말하는 것처럼 인간과 유사한 다른 동물과 인간 사이에는 특별한 차이가 없을까? 아니면, 인간은 자신의 동물적 조건에도 불구하고 동물적인 것을 초월하는 질적 특성을 가지고 있는가? 인간이 척추동물, 포유동물 또는 온혈동물로서 동물 세계에 속하는 것은 사실이다. 하지만 이러한 사실 때문에 인간과 동물을 구별하려는 형이상학적 입장이 변하지는 않는다. 그렇다면 경계 자체가 점점 더 무의미해지는 영상 시대에 이러한 구별은 어떻게 이해해야 할까?

인간이 원숭이로부터 발전했을 수도 있다는 진화론적 인식은 우리에게 더 이상 충격을 주지 않는다. 인간의 동물적 특성이 자명한 것처럼, 인류의 발전 과정을 서술하는 진화의 패러다임 역시 분명해 보이기 때문이다. 그렇다면 진화하는 것은 생명체뿐인가? 인간의 생산물인 기계는 진화하지 않는가? 생물학과 진화론이 생성becoming 과정을 생각할 수 있는 쉬운 모델을 제공한다면, 우리는 여전히 진화의 개념을 기술 문명에 적용하는 데 주저한다. 우리의 질문은 단순하다. "기술은 스스로 진화하지 않는가?"[6] 만약 기술이 스스로 진화한다면, 기술을 만드는 인간의 특성은 어디에 있는가?

이러한 질문들이 충격적으로 여겨진다면, 그것은 오랫동안 이성만을

---

6 Andrew Pickering, "On Becoming : Imagination, Metaphysics, and the Mangle", Don Ihde · Evan Selinger (eds.), *Chasing Technoscience : Matrix for Materiality* (Bloomington : Indiana University Press, 2003), 96~116쪽 중 99쪽을 참조할 것.

강조해온 서양 형이상학의 역사적 편파성 때문이다. 서양 형이상학은 이제까지 인간을 영혼과 육체, 이성과 정념, 즉 인간적인 것과 동물적인 것의 결합으로 파악해왔다. 인간의 몸은 영혼의 감옥이라는 플라톤의 명제는 몸과 동물적인 것에 대한 부정적 편견을 잘 말해준다. 이러한 부정적 편견은 도구, 이미지, 그리고 기술에 대한 부정적 편견을 산출했다. 인간의 동물적 성격을 부각시킨 진화론은 이러한 편견을 수정한다는 점에서 일면 옳지만, 그렇다고 해서 진화론을 극단화하여 인간적인 특성을 부정한다면 전통 형이상학과 같은 오류를 범하게 될 것이다. 그렇다면 우리는 어떻게 이러한 부정적 편견을 극복하면서 동시에 인간적인 특성을 정의할 수 있는가? 다시 말해서 "인간의 동물성을 부정하지 않으면서 인간에게 있는 본질적 비非동물성에 관해 어떻게 사유할 수 있는가?"[7] 전통 형이상학이 이원론적인 틀에서 이성과 영혼, 즉 비동물적인 것을 하나의 실체로 파악했다면, 여기서는 영혼과 몸, 이성과 정념의 '관계'에서 출발하고자 한다.

우리의 방법은 추상적인 이성과 정신을 규정하는 대신 인간이 만들어놓은 구체적 산물, 즉 물질적 문명에서 출발하여 그 의미를 묻는 것이다. 인간을 이해하려면, 인간이 만들어놓은 인공 세계techno-sphere를 이해해야 한다. 이런 관점에서 보면 사람은 두말할 나위 없이 '도구를 만드는

---

7 Hans Jonas, "Wekrzeug, Bild und Grab : Vom Transanimalischen im Menschen", *Philosophische Untersuchungen und metaphysische Vermutungen*(Frankfurt am Main : Suhrkamp, 1994), 34~49쪽. 한스 요나스는 기술공학에 의해 형이상학이 비난받을 뿐만 아니라 무력화된 현대에도 형이상학이 왜 필요한지를 설득력 있게 보여준다. 그뿐만 아니라 "도구, 그림, 무덤"과 같이 인간에 의해 만들어진 구체적 인공물을 통해 거꾸로 인간의 특성을 드러내는 요나스의 철학은 생명공학과 이미지공학과 같은 현대 기술을 이해할 수 있는 관점을 제공한다.

인간'임에 틀림없다. 벌, 개미, 원숭이, 침팬지처럼 집을 짓기도 하고 도구를 사용할 줄 아는 다른 동물들이 있지만, 인간이 만든 도구와 기술만이 역사성을 가진다는 점에서 도구는 인간 규정의 핵심이라고 할 수 있다. 그렇다면 도구는 도대체 무엇인가? 한편에는 바퀴, 마차, 자동차 같은 도구들이 있으며, 다른 한편에는 망원경, 사진기, 영사기 그리고 디지털 카메라와 같은 도구들도 있다. 이들은 한결같이 인간에 의해 '만들어진 사물'들이며, 이들은 인간과 세계를 '매개'한다. 간단히 말해서 도구는 인간의 몸(대부분의 경우 손)과 몸 바깥의 대상들 사이에서 기능하는 매개물이다.

인간의 근원을 탐구하는 고고학은 우리에게 항상 도구를 보여준다. 고고학적 유물들이 인간이 만들어놓은 도구라는 것을 알 수 있는 것은 역사적으로 형성된 특정한 모습(형태) 때문이다. 우리가 순간의 목적을 위해 사용하는 돌과 나무 막대기는 도구가 아니다. 특정한 목적에 사용하기 위한 도구는 그 자체 일정 기간 반복적으로 만들어지고 사용되어야 한다. 도끼는 창과 다른 모습으로 만들어지고, 창은 칼과 다른 형태로 만들어진다. 이런 도구들은 어떻게 만들어졌을까? 신이 자신의 형상대로 인간을 창조한 것처럼, 인간이 자신의 이미지대로 도구를 만들었을까? 우리는 여기서 도구가 물질성을 가지고 있을 뿐만 아니라 동시에 역사성을 가지고 있음을 인식해야 한다. 도구는 간단히 말해서 '진화 과정 중에 있는 작품'이다.

도구는 인간에 의해 만들어졌지만 도구 자체는 유기체적으로 (또는 생물학적으로) 인간과 연관이 없다는 점에서 바로 '인간적'이다. 도구는 인간의 생물학적 기능에서 나오지도 않으며, 인간의 생물학적 법칙에 예속되어 있지도 않다. 인간과 매일매일 소통하는 컴퓨터는 과부하로 고장이

날지언정 피곤하다고 잠을 자지는 않는다. 마찬가지로 거미줄이 아무리 예술적으로 정교한 형태를 띠고 있다고 해도 도구는 아니다. 거미줄이 인공적이기보다 자연적인 까닭은 그것이 유기체적으로 거미와 연결되어 있기 때문이다. 이와는 반대로 인간의 도구는 인간의 유기체와 철저하게 분리됨으로써 오히려 인간과 환경 세계를 매개한다. 예컨대 도끼는 이를 사용하는 사람과 나무를 매개한다. 그렇지만 숲이 인간에게 나무를 제공하는 삼림의 의미만 갖는 것은 아니다. 숲은 총이라는 도구를 통해 '사냥꾼을 위한 숲'으로 변하고, 배낭과 지팡이라는 도구를 사용하면 '등산객을 위한 숲'이 되기도 한다. 어떤 도구로 어떻게 매개되느냐에 따라 숲은 '식물학자를 위한 숲'이 되기도 하고, '산보하는 사람을 위한 숲'이 되기도 하고, 빨간 모자의 소녀가 길을 잃는 '동화의 숲'이 되기도 한다. 어떤 의미에서 인간에게는 객관적으로 규정할 수 있는 "환경"은 존재하지 않으며, 오직 인간에 의해 선택되고, 해석되고, 의미를 부여 받은 "환경 세계"만이 존재한다.[8] 인간만이 도구의 매개를 통해 자신의 환경 세계와 관계를 맺을 수 있다.

인간을 둘러싸고 있는 환경은 근본적으로 객관적 자연이 아니라 인간에 의해 의미가 부여된 일련의 요소들의 네트워크다. 인간은 도구를 만들기 위해 다른 도구를 만든다. 구석기 시대에조차 돌도끼를 만들기 위해 다른 도구를 사용하였다. 인간은 도구를 통해 "환경 세계"와 관계를

---

8 이에 관해서는 Giorgio Agamben, *Das Offene : Der Mensch und das Tier*(Frankfurt am Main : Suhrkamp, 2003), 50쪽 이하를 참조할 것. 20세기의 중요한 동물학자이자 생태학자인 윅스퀼Jakob von Uexküll에 따르면, 동물은 객관적 환경Umgebung에 묶여 있는 반면 인간은 환경으로부터 의미와 특성을 담은 환경 세계Umwelt를 만든다. 아감벤은 윅스퀼의 관점에 의거해, 인간과 자연의 관계를 형성할 수 있는 능력에서 인간적인 것을 발견한다.

맺지만, 다른 한편으로는 도구를 만드는 도구를 통해 도구로 구성된 "인공 세계"와 관계를 맺는다. 이러한 관계는 무한히 증식될 수 있다. 여기서 주목해야 할 점은 우리의 세계가 이중으로 매개되어 있다는 사실이다. 도구는 인간과 자연을 매개하고, 도구를 만드는 도구는 인간과 인공세계를 매개한다. 도구는 간단히 말해서 다른 도구를 지시한다. 이런 점에서 한스 요나스는 도구의 특성을 "능력이 증대하는 매개 과정"[9]으로 규정한다. 인류 문명이 도구의 발전이라면, 그것은 근본적으로 매개 과정의 진화이다.

도구는 단순한 수단이 아니다. 도구를 단순한 수단으로 파악하는 전통 형이상학은 인간과 세계의 관계를 단선적으로 파악한다. 인간이 도구를 만들고, 도구를 대상에 적용한다는 것이다. 그렇지만 이러한 생각은 우리가 창세기의 신화에 빠져서 가지게 된 편견이 아닐까? 아무런 매개도 없이 인간만이 존재하는 세계가 무슨 의미가 있겠는가? 21세기의 세계에는 인간이 만들어놓은 가지각색의 매개물이 넘친다. 이러한 미디어 과잉 사회는 우리로 하여금 인간적인 것에 관한 생각을 바꿀 것을 요구한다. 인간으로부터 출발하여 인간과 자연의 관계를 바라보지 말고, 인간과 자연의 '관계'에서 출발하여 인간을 바라볼 것을 요구하는 것이다.

21세기에 문제가 되는 것은 바로 인간과 자연의 관계이다. 전통 형이상학이 자연 지배의 기술을 발전시켰다면, 21세기의 새로운 기술은 우리로 하여금 관계와 미디어의 의미를 성찰할 것을 요구한다. 베냐민이 말하는 것처럼 "기술은 자연 지배가 아니라, 자연과 인류의 관계의 지배"이다.[10] 간단히 말해서 도구와 기술은 단순한 수단 이상의 것이다. 그리고

---

9 Hans Jonas, "Wekrzeug, Bild und Grab : Vom Transanimalischen im Menschen", 38쪽.

여기서 '이상'의 의미는 바로 매개 작용에 있다. 이러한 매개의 특성은 도구의 생산 '과정'에서도 분명하게 드러난다. 도구는 물질적일 뿐만 아니라 형상적인 요소를 포함하고 있다. 도구의 생산은 언뜻 상상력을 통해 획득한 형상(이미지)을 물질에 부여하는 것처럼 보인다. 여기서 우리는 근본적인 문제에 부딪힌다. 플라톤이 말한 것처럼 도구의 형상이 미리 존재하는 것이 아니라면, 즉 도구가 매개 과정을 통해 진화하는 것이라면, 도구의 이미지는 어디에서 오는 것일까? 우리가 특정한 이미지를 통해 세계를 상상하고 해석하고 제조하는 것이라면, 이미지야말로 어쩌면 가장 힘이 센 미디어일지도 모른다. 인간의 특성을 다른 관점, 즉 '그림을 그리는 인간'의 관점에서 파악해야 할 까닭이 여기에 있다.

3. 호모픽토르―이미지와 미디어

인간에 관한 물음은 항상 인간을 다른 생명체, 즉 동물과 구별하는 차이에 관한 물음으로 제기된다. 이러한 종적 차이differentia specifica가 가시적으로 그리고 설득력 있게 표현된 것이 바로 도구다. 그런데 인간의 근원을 탐구하다 보면 도구뿐만 아니라 항상 동굴벽화와 같은 그림을 발견하게 된다. 잘 모르는 곳에서 그림을 발견해도 우리는 왜 그것이 인간이 그린 것이라고 생각할까? 인간 외의 다른 생명체는 그림을 그릴 수 없다는 확신은 그림의 생물학적 무용성에서 기인한다. 설령 인간과 유사

---

10 Walter Benjamin, "Einbahnstraße", *Gesammelte Schriften*, Rolf Tiedemann · Hermann Schweppenhäuser (Hrsg.), Bd. IV/1, *Kleine Prosa, Baudelaire-Übersetzungen*, 83~148쪽, 여기서는 147쪽.

한 '도구'를 사용한다고 할지라도, 다른 동물의 도구들은 먹이, 번식, 위장 또는 월동과 같은 생물학적 욕구에 예속되어 있다. 이에 반해 그림은 자신의 몸과 환경을 변화시키지 않는다. 즉 그림은 생물학적으로 쓸모가 없다. 간단히 말해 '그림을 그리는 인간'은 그림을 통해 다른 동물과 전혀 다른 질적 차이를 표현한다.

그렇다면 그림은 인간과 인류 문명에 어떤 의미를 갖는가? 인간은 그림을 통해 무엇을 획득하는가? 도구를 통해 생물학적 구속으로부터 벗어날 수 있었다면, 인간은 물질세계의 구속으로부터 벗어난 것인가? 한 가지 분명한 것은 도구가 인간 자유의 객관화인 것처럼, 그림 역시 자유의 발전 과정에서 중요한 역할을 담당하는 '미디어'라는 사실이다. 미디어로서의 이미지가 어떻게 작동하는지를 알려면, 우선 그림이 어떻게 만들어지는지, 또 그림을 그릴 때 인간의 어떤 능력이 관여하는지를 인식할 필요가 있다.

한스 요나스는 인간을 그림을 그리는 인간, 즉 "호모픽토르homo pictor"로 규정하면서 인간은 그림을 통해 "대상과 새로운 관계"[11]를 맺게 된다고 강조한다. 그림은 대체로 세 단계로 이루어진다. 재현representation—추상abstraction—상상imagination. 흔히 그림을 그릴 때에는 상상을 하고, 그 다음에 그림의 특징들을 선택 추상하고, 끝으로 재현한다고 생각한다. 그러나 인간이 대상 세계와 관계를 맺는 미디어로 생각하면, 그림은 이와 정반대의 방향으로 이루어진다.

---

11 Hans Jonas, "Wekrzeug, Bild und Grab", *Philosophische Untersuchungen und metaphysische Vermutungen*, 39쪽. "호모픽토르"에 관해서는 Hans Jonas, *Das Prinzip Leben : Ansätze zu einer philosophischen Biologie*(Frankfurt am Main : Suhrkamp, 1994), 특히 제9장 "Homo pictor : Von der Freiheit des Bildens"를 참조할 것.

그림은 근본적으로 어떤 사물의 시각적 현상을——다른 사물의 표면 위에——의도적으로 유사하게 재현한 것이다. 어떤 사물의 시각적 현상이 이미지라면, 그림은 따라서 이미지의 이미지다. 재현으로서의 그림은 원본을 반복하거나 속여서는 안 되며, 원래의 대상을 서술해야 한다. 간단히 말해 그림과 원본은 그림의 유사성을 통해 매개되어야 하는 것이다. 산을 그린 그림이 전혀 산처럼 생기지 않았다면, 우리는 그것을 산 그림이라고 말하지 않는다. 높은 산에 둘러싸인 지방의 사람들은 산을 한자의 산山처럼 그리고, 또 호주처럼 평원 지대의 사람들은 산을 조금 솟아오른 평지처럼 그릴지라도, 그림은 언제 어디에서든지 다른 사물과의 유사성을 보여주어야 한다.

유사성은 의도적으로 만들어진 것이다. 우연하게 양처럼 생긴 구름이 있다고 해도 그것이 양 그림은 아니다. 여기서 주목해야 할 사실은 그림이 인간에 의해 만들어진 인공물이라는 점이다. 그림은 대상과의 유사성뿐만 아니라 동시에 그린 사람의 의도를 표현해야 한다. 그 의도가 전달되지 않는다면, 보는 사람은 그림을 이해하지 못한다. 이처럼 그린 사람의 외적 의도는 그림 속에서 내적 의도로 계속되며, 그것은 그림을 바라보는 사람에게 전달된다.

그렇지만 그림의 유사성은 완전하지 않다. 만약 어떤 대상의 특징들이 완전하게 재현된다면, 그것은 복제품이지 결코 그림이 아니다. 그림의 유사성이 불완전한 것은 근본적으로 그림의 물질성에서 기인한다. 그림은 대상을 다른 물질로 표현한다. 그럼에도 그림은 대상을 대표하는 특성들을 가지고 있어야 한다.

그렇다면 어떻게 불완전한 그림으로 대상을 더 정확하게 전달할 수 있을까? 그림과 복제의 차이를 인정한다면, "완전성이 적으면 적을수록 본질적 유사성은 더욱더 증대한다".[12] 불완전한 그림의 강한 표현력은 어디에서 나오는가? 이 질문과 함께 우리는 그림의 두 번째 특징과 만나게 된다. 바로 추상이다. 우리는 특정한 사슴을 보고 사슴 그림을 그릴 수 있다. 그렇지만 동굴벽화의 사슴은 특정한 시간과 장소에 있는 '개별적' 사슴이 아니라 우리가 기억하고 상상할 수 있는 모든 사슴, 즉 '일반적' 사슴이다. 이처럼 그림과 대상 사이에 직접적인 연관이 없는데도 불구하고 그림이 가지고 있는 일반적 표현력은 그림의 추상성에서 기인한다.

일반적으로 대상이 가진 다양한 특성들을 제거하고 본질적인 특성으로 압축하는 것을 추상이라고 한다. 이러한 추상을 통해 우리는 비로소 이미지의 핵심에 도달한다. 우리가 시각적으로 지각하는 것은 항상 대상의 형상eidos이다. 이것을 그림으로 표현하려면, '물질'로서의 대상으로부터 '형상'을 분리해야 한다. 추상은 바로 물질과 형상을 의도적으로 분리하는 것이다. 그렇기 때문에 그림은——어떤 대상의 그림임에도 불구하고——그 대상이 실제로 존재하지 않아도 그것을 재현할 수 있다. 여기서 그림을 지각하고 또 그림을 그릴 때 세 가지 요소가 작용하고 있음을 알 수 있다. 한편에는 실질적 대상이 존재하고, 다른 한편에는 이 대상을 그린 그림이 실질적으로 존재한다. 대상도 현실이고, 그림도 현실이다. 우리가 대상을 지각할 때에도 이미지로 인식하고, 그림을 바라볼 때에도 이미지로 인식한다. 이 이미지가 같거나 유사할 때 비로소 그림은 우리와 대상을 매개한다. 이미지eidos가 두 현실을 매개하는 미디어로 작용하는 것이다. 즉 이미지는 미디어다.

그림의 마지막 단계인 상상은 이미지의 세계를 형성한다. 그림은 처음

---

12 Hans Jonas, *Das Prinzip Leben*, 272쪽.

에는 구체적 세계를 재현하지만, 구체적 물질로부터 분리된 이미지들은 스스로 하나의 세계를 형성한다. 여기서 중요한 것은 그림과 이미지의 추상성을 통해 "매개성의 새로운 단계"[13]에 도달한다는 점이다. 그림이 구체적 대상으로부터 분리됨으로써, 즉 아이도스가 사물과 무관하게 됨으로써 우리는 새로운 이미지의 세계를 얻게 된다. 인간이 도구를 통해 환경 세계의 구속으로부터 자유로워질 수 있었다면, 이미지는 인간에게 새로운 종류의 '자유'를 부여한다. 상상은 이미지를 구체적 장소와 시간에 예속된 대상으로부터 분리시켜 자유롭게 만들기 때문이다. 우리는 그림을 통해 가능한 한 원본에 충실하려고 하기도 하고 원본으로부터 벗어나려고도 한다. 이처럼 '이미지적 자유'는 우리를 새로운 세계를 창조할 수 있는 가능성의 영역으로 인도한다.

우리가 사물을 재현하는 모방자에서 새로운 세계를 만들 수 있는 잠재적 창조자가 될 수 있는 것은 모두 이미지라는 미디어의 힘 덕택이다. 21세기가 근본적으로 영상 시대인 것은 이러한 이미지의 힘과 자유가 구체적으로 실현되고 경험되기 때문이다. 오늘날 "이미지들은 더 이상 인간 행위의 단순한 재현 또는 해석자가 아니다. 그것들은 인간을 서로 결합시키고 또 인간을 테크놀로지와 결합시키는 모든 활동의 핵심이 되었다".[14] 현대인은 이미지로 현실을 통제하고 동시에 상상으로 새로운 세계를 만들어가는 "호모픽토르"가 된 것이다.

인간의 자유가 이미지 미디어를 통해 실현됨에도 불구하고 여전히 이미지에 대한 편견이 존재하는 까닭은 무엇인가? 여기서도 서양 형이상

---

13 Hans Jonas, *Das Prinzip Leben*, 41쪽.

14 Ron Burnett, *How Images Think* (Cambridge, Mass. : MIT Press, 2005), xiv쪽.

학은 커다란 힘을 발휘한다. 전통 형이상학은 '관계'보다는 '실체'와 '주체'에 우선성을 부여함으로써 이미지의 미디어적 성격과 자유의 본질적 연관 관계를 인식하지 못한다. 주체의 관점에서 고찰하면, 먼저 상상을 하고, 그 특성을 선택한 다음, 비로소 질료적으로 재현하는 과정을 거친다. 그림은 상상─추상─재현의 과정으로 이루어지는 것이다. 물론 플라톤에게서 상상은 근본적으로 본질(형상eidos)의 인식이다. 그에게 인식이 없는 이미지는 환상에 불과하다. 물질(질료)에 대한 이미지(형상)의 우선성에서 '이미지는 비물질적이다'라는 편견이 유래한다.

그러나 인간과 세계를 매개하는 관계의 관점에서 보면 이미지는 항상 물질세계와 연관되어 있다. 상상을 한다는 것은 이미지에 구체적인 물질성을 부여한다는 것을 의미한다. 물질적 표면 위에 표현된 이미지가 '물질적'인 것처럼, 우리의 머릿속에 그리는 이미지도 항상 '객관화', 즉 '물질화'의 욕구를 함축하고 있다. 이미지가 인간과 자연이라는 두 세계를 매개하는 미디어인 한, 미디어는 항상 물질적 성격을 갖고 있다. 이것이 우리가 새롭게 경험하고 있는 디지털 미디어 시대의 현실이다. "텔레비전, 라디오와 인터넷은 항상 켜져 있다. 관람자가 전기 스위치를 꺼도 미디어는 사라지지 않는다. 그것은 전기가 사용되지 않는다고 해서 사라지지 않는 것과 똑같다. 이러한 지속적 현재는 새로운 자연 및 구성 환경의 일부이며, 이 환경은 인간의 재능과 창의성을 통해 건립되고 있다. 이들은 결코 가상화된 세계가 아니다. 그들은 세계이다."[15] 이미지는 물질적으로 현재하고 있는 것이다. 그러므로 이매지네이션imagination은 이미지에 몸(물질)을 부여하는 것embodiment이다.[16] 이미지는 근본적으로 인간

---

15 Ron Burnett, *How Images Think*, 5쪽.

이 자신을 형상화하는 미디어일 뿐만 아니라 세계가 우리에게 현실적이 되는 미디어다. 우리가 이미지 미디어를 진지하게 받아들여야 하는 까닭이 여기에 있다.

4. 상상력과 인간학적 기계—이미지 테크놀로지는 왜 형이상학을 필요로 하는가

이미지는 인간과 세계를 매개하는 미디어다. 인간은 한편으로는 도구를 만듦으로써 자신의 자유 공간을 확보하고, 다른 한편으로는 이미지를 만듦으로써 자신의 자유를 구체적으로 실현한다. 도구와 이미지는 근본적으로 인간이라는 생명체의 진화 과정에서 등장하는 가장 핵심적인 특징들이다. 이런 관점에서 보면 진화는 단순한 적자생존의 과정이 아니라 자유의 진보 과정이라고 할 수 있다. 도구와 이미지가 자유의 미디어라는 점을 인정한다면, 현대 테크놀로지에 관한 두 가지 편견은 근본적으로 수정되어야 한다. 첫째, 도구는 단순한 수단이 아니라 인간 자유를 실현하는 미디어다. 둘째, 이미지는 단순한 비물질적 환상이 아니라 새로운 세계를 구성하는 물질적 미디어다.

인간이 속해 있는 자연 세계가 일차적 질서라면, 인간이 만든 인공 세계는 이차적 질서이다. 인간이 속한 자연 세계의 발전 과정이 생물학적

---

16 기존의 미디어 이론이 디지털 정보의 탈육체화와 탈맥락화의 성격을 강조했다면, 최근의 미디어 이론은 우리의 몸이 이미지의 형성과 인식에 중요한 역할을 담당할 뿐만 아니라 창의적 능력을 갖고 있다는 점을 강조한다. 이에 관해서는 Mark B. N. Hansen, *New Philosophy for New Media*(Cambridge, Mass. : MIT Press, 2004)를 참조할 것.

진화로 설명된다면, 인간이 만든 인공 세계도 진화의 과정으로 서술될 수 있지 않을까? 여기서 우리는 '무엇이 도대체 기술적 진화를 야기하는 가?'라는 문명 발전의 동인에 관한 상당한 어려운 문제에 봉착하게 된다. 그러하므로 "유기체는 가장 저급한 조직에서도 이미 정신적인 것을 형성하며, 정신은 최고로 발전한 단계에서도 여전히 유기체의 부분으로 머문다"[17]라는 한스 요나스의 인식에서부터 출발하고자 한다. 요나스는 인간이 진화 과정의 정점을 이룬다고 말하면서, 진화를 자유의 객관화 과정으로 파악한다. 일차적 자연 세계와 이차적 인공 세계가 미디어로 서로 결합되어 있다면, 진화는 테크놀로지에도 적용될 수 있는 것이다. 여기서 인간(주체) 중심적 용어인 '문명 발전'보다 관계 중심적 용어인 '진화'를 사용하는 까닭이 여기에 있다.

그렇다면 인간과 세계를 매개하는 미디어는 어떻게 진화하는가? 최첨단 미디어인 이미지는 테크놀로지의 진화를 파악할 수 있는 새로운 관점을 제공한다. 이미지가 인간의 자기 형상화의 미디어이고 동시에 세계가 현실적이 되게 하는 미디어라고 한다면, 현실은 문자 그대로 이미지와 이미지의 전쟁과 다를 바 없다. 이미지는 다른 이미지를 인용하고 동시에 반대하면서 새로운 이미지를 창출한다. 그렇다면 이러한 이미지의 세계에서 진리는 아무런 의미가 없는가? 바빌론 전시회에서 2층 신화 전시장이 1층의 진리 전시장을 토대로 서 있는 듯 보이지만 독자적 논리에 따라 움직이는 것처럼, 진리와 신화, 현실과 가상의 구별은 더 이상 의미가 없는가? 프랑스의 철학자이며 사회학자인 브뤼노 라투르Bruno Latour의 '우상파괴iconoclash'에 관한 예리한 분석은 이 물음에 대한 예기치 못한

---

17 Hans Jonas, *Das Prinzip Leben*, 15쪽.

답을 제시한다. 라투르는 이미지 전쟁을 넘어선 현실은 존재하지 않으며 문명의 과정은 바로 우상파괴의 과정이라고 주장한다.

왜 어떤 이미지는 증오와 파괴의 대상이 되는가? 우리는 무엇을 증명하려고 이미지를 파괴하려 하는가? 라투르는 우상파괴란 인간이 갖고 있는 두 가지 대립된 성향의 충돌이라고 말한다. 한편에서는 이미지 없이 신, 자연, 진리, 학문에 직접 접근할 수 없는지를 묻고, 다른 한편에서는 이미지 없이는 불행하게도 신, 자연, 진리, 학문에 다가갈 수 없다고 주장한다. 간단히 말해서 우상파괴의 근원은 "진리와 거짓, 인간의 손에 의해 만들어진 인공적 매개물을 완전히 비운 순수 세계와 인간의 손으로 만들어진 불순하고 인공적이지만 매력적인 매개물로 가득 찬 역겨운 세계의 절대적 구별"[18]이다.

우상파괴는 근본적으로 인간의 손, 인간이 만든 미디어를 둘러싼 싸움이다. 신성한 우상, 즉 성상聖像이 '아케이로포이에타acheiropoieta', 즉 인간의 손으로 만들어지지 않은 것으로 불린다는 사실은 이 점을 잘 말해준다. 분명 인간에 의해 만들어진 것임에도 불구하고 성상에서 인간의 손길이 보여서는 안 된다는 것이다. 성상이 화가에 의해 만들어졌다는 사실을 폭로하는 것은 성상의 힘을 약화시키는 것이다. 즉 미디어의 성격을 숨기면 숨길수록 성상의 힘은 더욱더 증대한다. 절대적 진리를 전제하는 형이상학적 관점은 '우상을 만들지 말라!'고 하면서 인간을 배제한 이미지를 창출한다.

다른 한편, 인간의 노력과 작업을 분명하게 드러내면 낼수록 더욱더

---

18 Bruno Latour, *Iconoclash : Gibt es eine Welt jenseits des Bilderkrieges*(Berlin : Merve, 2002), 9쪽.

진리에 가까워진다는 현대적 관점이 있다. 진리에 도달하고, 객관성을 산출하고, 신성을 만들어내기 위해서는 인간의 손이 더욱더 필요하다는 것이다. 인간이 만들어놓은 그림, 이미지, 미디어, 매개, 즉 우상이 많아지면 질수록 진리를 발견하고 신성을 표현할 수 있는 인간의 능력이 증대한다. 우상을 만들어내는 인간의 손을 분명하게 폭로하겠다는 현대의 비판적 계몽주의는 다양한 매체를 만들어냄으로써 이미지를 양산한다. 이런 관점에서 라투르는 우상파괴를 "매개물을 생산할 때 쓰이는 손의 정확한 역할에 관한 불확실성이 존립할 때 일어나는 것"[19]으로 정의한다. 우리는 손을 가능한 한 숨겨야 하는가 아니면 드러내야 하는가? 우상파괴 이후의 사회는 어떻게 미디어의 발전이 낳은 가공할 만한 이미지의 증식과 양립할 수 있는가?

　　우리는 이 물음을 양자택일의 딜레마로 파악하기보다는 이미지 생산의 이중적 논리로 이해할 필요가 있다. 인류를 진정한 신에 대한 올바른 숭배로 인도하기 위해 우상을 파괴하려는 종교적 충동과 신성한 우상을 파괴하여 인류를 이성으로 인도하려는 반종교적 충동은 동전의 양면과 같다. 과학적 객관성을 성취하려면 가능한 한 인간의 개입을 제거해야 한다는 학문적 욕구는 오히려 현실을 있는 그대로 파악하기 위해 수많은 종류의 매개 장치를 만들어낸다. "도구가 많을수록, 매개가 많을수록, 현실을 더욱더 잘 파악한다"[20]는 것이다. 인간에 의해 창조된 것이 분명한 예술에서도 이러한 이중성이 발견된다. 20세기의 예술사가 말해주는 것처럼 새로운 예술은 예술로 여겨지는 어떤 것도 신뢰하지 않는다. 아방

---

19 Bruno Latour, *Iconoclash*, 19쪽.
20 Bruno Latour, *Iconoclash*, 25·26쪽.

가르드 예술처럼 전통적 예술 형식을 부정하고 새로운 예술 형식을 추구할 때에만 예술로 인정받는다면, 이러한 아방가르드적 실험 정신은 새로운 이미지와 미디어를 발견하기 위해서도 끊임없이 기존의 예술 인식과 형식을 파괴해야만 한다. "예술이 예술 파괴와 동의어가 될수록, 더욱더 많은 예술이 생산되고, 평가되고, 논의되고, 판매되었다."[21] 이미지를 만드는 종교, 과학, 예술은 한결같이 이러한 이중 논리에 예속되어 있다.

이미지 생산의 이중 논리를 이해하면, 극단적 광신주의로부터 해방될 수 있다. 신, 진리, 형상을 직접 파악할 수 있다고 보는 형이상학적 근본주의는 어떤 미디어와 이미지도 가치 없는 것으로 평가한다. 인간이 모든 것을 만들 수 있다고 보는 인간학적 근본주의는 우상을 해체함으로써 동시에 이미지의 미디어적 성격도 파괴한다. "신이 모든 것을 창조해서 인간은 아무것도 아닌 존재가 되거나, 인간이 모든 작업을 해내야 하면 신은 아무것도 아닌 것이 된다. 물신物神, fetish이 사라진다면, 너무 많거나 너무 적게 된다."[22]

인간이 만들어놓은 인공물들은 현대사회의 우상이며 물신인가? 우리는 끊임없이 복수의 신들, 진리들, 신성한 것들을 창조하면서도 어떻게 광신자가 되지 않는가? 우리의 손이 이미지와 미디어를 만드는 일을 중단하지 않는다면, 우상과 물신을 제거할 수 없는 것 아닌가? 우리는 결코 둘 중 하나를 선택할 수 없다. 매개는 인간이 존재하는 한 언제 어디에서나 필요하다. 그렇다면 우리는 이제 우상을 파괴하는 자가 아니라 우상 애호가가 되어야 한다. 우상 애호가는 하나의 이미지에서 다른 이

21 Bruno Latour, *Iconoclash*, 28쪽.
22 Bruno Latour, *Iconoclash*, 32쪽.

미지로 움직인다. 라투르는 "진리는 이미지이지만, 진리에 관한 이미지는 없다"[23]고 전제하면서, 진리와 객관성을 획득할 수 있는 유일한 방법은, 근원적 이미지로 돌아가기보다는 하나의 이미지에서 다른 이미지로 옮겨 가는 것이라고 주장한다.

우리가 현실을 파악하기 위해 이미지에서 이미지로 옮겨 가면서 수많은 물신들을 만들어낸다면, 미디어의 발전은 우상파괴의 역사와 다를 바 없다. 오늘날 이미지 테크놀로지는 신앙과 사실, 원본과 이미지를 구별할 수 없는 수많은 우상을 만들어놓는다. 그러나 그것은 우상파괴주의자들이 주관적 소망과 믿음을 의미 없는 사소한 물건에 투사한 것에 지나지 않는다고 부정적으로 평가하는 물신과는 다르다. 그것은 페티시fétiche가 아니라 오히려 페티시faitiche다.[24]

그렇다면 페티시로 둘러싸인 현대사회에서는 형이상학이 필요 없는가? 현대 이미지 테크놀로지가 플라톤을 부정한다면, 새로운 형이상학은 우리에게 무엇을 의미하는가? 우리가 이미지와 미디어의 자동적 생성 과정에 무력하게 내맡겨지는 것을 원하지 않는다면, 이러한 질문은 여전히 유효하다. 여기서 처음의 질문으로 되돌아가보자. 무엇이 우리로 하여금 이미지를 만들게 하는가? 왜 우리는 스스로를 호모파베르 또는 호모픽토르로 규정하는가? 우리가 스스로를 규정하고 정의하는 것은 두말할 나위 없이 우리 자신을 다른 동물과 구별하기 위해서다. 다시 말해

---

23 Marie-José Mondzain, *Image, icône économie : Les sources byzantines de l'imaginaire contemporain*(Paris : Seuil, 1996) : "La vérité est image mais il n'y a pas d'image de la vérité." 여기서는 Bruno Latour, *Iconoclash*, 10쪽.

24 라투르는 오늘날 이미지들이 사실과 신앙 중에서 양자택일을 강요하지 않는다는 점에서 사실fait과 페티시fétiche를 합성하여 신조어 페티시faitiche를 만든다. Bruno Latour, *Iconoclash*, 32쪽.

인간은 하나의 동물로서 생물학적 진화 과정에 예속되어 있지만 동물적 연관성에도 불구하고 초동물적인 것, 인간적인 것을 발견하기 위해 이미지와 미디어를 만든다. 인간적인 것을 발견하고자 한다면, 결국 이미지 생산 또는 이미지 전쟁을 할 수밖에 없는 것이다.

전통 형이상학이 인간을 몸과 영혼, 이미지와 본질의 '결합'으로 파악하였다면, 이미지를 긍정적으로 파악하는 새로운 이미지의 철학은 이제 "인간을 이 두 요소의 분리의 결과로 생각하는 법을 배워야"[25] 한다. 새로운 이미지의 철학은 동물적인 것과 인간적인 것, 몸과 영혼, 육체와 정신을 여전히 분리해 생각한다는 점에서만 형이상학으로 불릴 수 있다. 이미지를 바라보면서 그 이미지를 초월하고자 하는 충동이 형이상학적 욕구가 아니고 무엇이겠는가? 진화 과정에 예속되어 있는 인간은——니체가 말한 것처럼——결코 확정된 존재가 아니다. 간단히 말하면, 자기 자신을 인간으로 인식하는 자만이 인간이 될 수 있다. "인간은 인간이기 위해서는 스스로를 인간으로 인식해야만 하는 동물에 지나지 않는다."

우리는 인간적인 것을 확보하기 위해 끊임없이 인간과 동물을 분리한다. 인간은 이러한 분리를 통해 스스로를 인식한다는 점에서 호모사피엔스homo sapiens이다. 그렇지만 정치철학자 아감벤Giorgio Agamben이 말하는 것처럼 호모사피엔스는 결코 하나의 실체도 아니고 분명하게 정의된 종種도 아니다. 그것은 "인간적인 것의 인식을 생산하기 위한 기계이거나 일종의 인공물"[26]이다. 동물로서의 인간이 진화한다면 인간이 만들어놓은 미디어의 세계도 진화하는 까닭이 여기에 있다. '인간학적 기계

---

25 Giorgio Agamben, *Das Offene : Der Mensch und das Tier*, 26쪽.

26 Giorgio Agamben, *Das Offene : Der Mensch und das Tier*, 37쪽.

anthropological machine'는 지금도 끊임없이 인간적인 것과 비인간적인 것을 분리함으로써 인간성에 관한 이미지를 만들어나간다. 우리가 인간이기를 포기하지 않는 한, 우리는 인간성에 관한 상상을 끊임없이 할 수밖에 없을 것이다. 또한 기존의 미디어를 인용하고 파괴하면서 새로운 미디어를 만들어내는 테크놀로지는 자신의 진화를 위해서도 여전히 인간성의 형이상학을 요구한다. 우리가 이처럼 이미지를 만들고 동시에 파괴하면서 진화해간다면, 인간 문명을 상징하고 진리와 신화 사이를 오가는 "바빌론은 바로 우리 자신인 것이다".[27]

---

27 Moritz Wullen, "Mythos Babylon", 20쪽.

TECHNO HUMANITIES

2장

이미지의 권력과 권력의 이미지

너는 어떤 이미지도 만들어서는 안 된다. 그리고 저 위의 하늘과 저 밑의 땅
과 그 아래의 물속에 있는 것의 어떤 모상도 만들어서는 안 된다. 너는 다른
신들에게 복종하거나 그들을 섬기기로 해서도 안 된다.[1]

—유태교 경전

이미지Bild라는 말에서 사람들은 우선 어떤 것의 모상을 생각한다. 이에 따르
면 세계상Weltbild은 존재자 전체의 그림일 것이다. 그렇지만 세계상은 그 이
상을 의미한다……. 세계상은, 본질적으로 이해하면, 세계에 관한 이미지가
아니라 이미지로서 파악된 세계이다.[2]

—마르틴 하이데거

전통적 이미지 제작의 권력을 피하려는 강박적 실험은 새로운 이미지, 새로
운 미디어, 새로운 예술 작품의 굉장한 원천이 되었다.[3]

—브뤼노 라투르

1 Ex 20, 4. Hartmut Böhme, "Der Wettstreit der Medien im Andenken der Toten", Hans
  Belting · Dietmar Kamper (Hrsg.), *Der zweite Blick : Bildgeschichte und Bildreflexion*
  (München : Fink, 2000), 23~42쪽, 29쪽에서 재인용.

2 Martin Heidegger, "Zeit des Welbildes", *Holzwege*(Frankfurt am Main : Klostermann,
  1980), 87쪽.

3 Bruno Latour, *Iconoclash*, 28쪽.

1. 왜 이미지는 권력인가

그림 속에 있다Being in the picture. 이 말에는 무엇인가를 이해한다, 무엇인가에 무장되어 있고 준비되어 있다는 뜻이 들어 있다. 세계가 이미지가 된 곳에서 존재하는 모든 것은 인간이 준비할 수 있는 것으로 평가된다. 그렇기 때문에 그것은 인간이 자신의 앞에 가져오고, 자신이 가지고, 결정적인 의미에서 자신의 앞에 세워놓고자 하는 것으로 평가된다. 그렇기 때문에 세계상은, 본질적으로 이해하면, 세계에 관한 이미지가 아니라 이미지로서 파악된 세계이다.[4]

우리가 살고 있는 21세기 이미지 시대를 이렇게 핵심적으로 꿰뚫은 표현이 또 있을까? 기술의 문제를 철학적으로 성찰한 마르틴 하이데거는 이 시대를 간단하게 "세계상의 시대"로 규정한다. 현대사회는 현상적으

---

4 Martin Heidegger, "Zeit des Welbildes", 87쪽.

로 보면 다양하고 현란한 그림들이 흘러넘치는 이미지 홍수의 시대이며, 본질적 측면에서 보면 이미지로써 세계를 파악할 수 있다고 믿는 이미지 컬트의 시대다.

그렇다면 무엇이 이미지인가? 사람들은 흔히 이미지라는 말에서 회화적 예술 작품을 떠올리겠지만, 이미지는 다양한 형태로 존립한다. 우리의 몸 안에서 일어나는 기억과 표상 같은 내부적 이미지일 수도 있고, 사회적 공간에서 눈으로 볼 수 있는 외부적 이미지일 수도 있다. 말로 이해하고 생각하는 이미지도 있고, 그림과 같은 예술의 이미지도 있으며, 첨단 과학기술로 만들어진 인공적 이미지도 있을 수 있다. 이미지는 대체로 어떤 대상에 관해 무의식적으로 떠오르는 내면의 심상心象을 일컫지만 실제로는 인간에 의해 만들어진 모든 인공적 그림을 지칭한다. 이미지의 라틴어 '이마고imago'가 말해주는 것처럼 고대 로마에서는 이미지가 죽은 자와 함께 전시된 초상과 같은 왁스 마스크를 상징하는 개념이지 않았던가.[5]

이미지는 그림에 국한되지 않는다. 우리는 화장실 문이나 도로의 표지판에 그려진 그림문자pictogram에서도 이미지를 만나고, 수학이나 생물학 책에서도 이미지를 본다. 자본의 흐름이나 행성 체계와 같이 지극히 복잡한 사태들도 이미지로 표현된다. 오늘날 이미지로 표현되지 않는 것이 있을까? 이미지들이 실제로 존재하는 사물보다는 다른 이미지들을

---

5 이에 관해서는 Kurt Bach, "Imago", Gottfried Boehm (Hrsg.), *Was ist ein Bild?*(München : Fink, 1994), 275~299쪽 중에서 276쪽을 참조할 것. 중세에 사용된 라틴어 '이마고imago'는 그리스어 '아이콘εἰκών, eikōn'의 번역 용어로서 '일치하는 것', '상응하는 것', '부합하는 것', '유사한 것'이라는 의미를 갖고 있다. 이 단어가 '같다'는 뜻의 고대 라틴어 '이모르imor' 그리고 '모방하다'는 뜻의 '이미토르imitor'와 연관이 있다는 점을 생각하면 이마고는 원본을 모방하여 만들어진 모든 그림을 의미한다.

가리킨다는 점을 생각하면, "이미지들은 동시에 이미지를 통해 사라지거나 대체되는 것을 지시한다"[6]고 할 수 있다. 이처럼 그림이 우리가 볼 수 없는 본질이나 진정한 이미지, 즉 진상眞想을 지시하기보다는 다른 이미지들을 지시하는 시대를 영상 문화 또는 시각 문화의 시대라고 부르기도 한다. 한 가지 분명한 것은 하이데거가 정확하게 지적한 것처럼, 이미지가 본래의 세계를 가리키기보다는 세계가 이미지로써 파악되고 표현된다는 점이다.

이미지가 다른 이미지들로 매개되고 대체된다는 것은 이미지의 무한한 확산 가능성을 시사한다. 오늘날 이미지들은 실제로 다양한 경로를 통해 되돌아오고 있다. 19세기부터 시작된 이러한 이미지의 부활은 "도상학적 전회iconic turn" 또는 "회화적 전회pictorial turn"로 불리기도 한다.[7] 이미지의 부활과 범람은 이미지가 단순히 그림과 회화에 국한되지 않는다는 것을 말해준다. 그렇기 때문에 오늘날 새롭게 생성되어 부상하고 있는 이미지학image science, Bildwissenschaft의 대상은 그림이 아니라 인간에 의해 만들어진 광범위한 인공물, 사회적 실천, 그리고 문화적 표현의 집합이라고 할 수 있다. 전통적 회화 작품뿐만 아니라 망원경과 현미경으로 본 지도도 인공적 이미지 '작품'에 속하고, 인지과학과 신경과학의 체계도와 도시계획, 박물관 및 방송과 같은 사회적 실천도 이미지 '생산'에 기여한다면, 이미지는 현대인의 삶과 사회에 광범위하게 퍼져 있

---

6 Gustav Frank · Barbara Lange, *Einführung in die Bildwissenschaft : Bilder in der visuellen Kultur*(Darmstad : WBG, 2010), 21쪽.

7 Gottfried Boehm, "Die Wiederkehr der Bilder", Gottfried Boehm (Hrsg.), *Was ist ein Bild?*, 11~38쪽 중에서 13쪽 ; W. J. T. Mitchell, "The Pictorial Turn", *Artforum*(March, 1992), 89~94쪽.

는 매체라고 해도 과언이 아니다. 우리의 시선을 통해 형성되는 시각 문화의 대상이 되는 모든 것은 결국 이미지다.

시각 문화가 지배하는 21세기의 세계상 시대에 우리는 이미지'로써' 세계를 보고, 세계를 이미지'로서' 파악한다. 만약 이미지가, 인간이 세계를 바라보고 인식하는 수단을 넘어서 세계 인식과 표현의 궁극적 목적이기도 하다면, 이미지는 이미 권력이다. '이미지란 무엇인가?'라는 오래된 인식론적 질문보다 '이미지는 왜 권력인가?'라는 질문을 제기하는 까닭이 여기에 있다.

사람들은 이미지의 권력과 권력의 이미지를 생각하면 흔히 정치적 권력을 연상한다. 인간의 감각기관 중에서 대상을 가장 명확하게 규정하는 것이 시각이라는 점을 생각하면, 이미지가 권력의 가장 효과적인 수단으로 사용되어왔다는 것은 놀라운 일도 아니다. 그렇다면 이미지는 왜 선전과 선동 수단으로 사용되었을까? 원본과 모상을 구별할 수 없을 정도로 이미지를 기술적으로 복제하는 오늘날, 권력은 우리의 감각기관을 어떻게 이용하는가? 이미지는 권력과 어떤 관계에 있는가?

기술적 복제 가능성 시대의 예술 작품의 의미를 성찰한 발터 베냐민은 이러한 물음에 대해 중요한 단서를 제공한다. 세상에 하나밖에 없는 예술 작품이 발산하는 신비로운 기운 "아우라Aura"는 예술 작품이 복제되면 될수록 점점 더 사라진다. 사람들은 예술 작품을 더 가까이 끌어오려고 하지만, 예술 작품이 아무리 가깝게 있더라도 근접할 수 없이 멀리 떨어져 있는 어떤 힘이 일회적으로 나타나는 현상이 바로 아우라이다. 우리에게 강한 인상을 주는 예술 작품의 힘(권력)은 예술 작품의 근접 불가능성, 진정성과 일회성에서 기인한다. 예술 작품의 힘이었던 아우라가 퇴락한다면, 현대사회는 이러한 현상에 어떻게 대응할까?

베냐민에 따르면 파시즘에 의한 "정치의 심미화"와 공산주의에 의한 "예술의 정치화"는 기술복제 시대에 권력이 이미지와 관계를 맺는 대표적인 두 가지 방식이다.[8] 아우라가 사라졌다는 것은 원본이 무의미해졌다는 것을 의미한다. 남아 있는 것은 "이미지들"과 이들에 대한 우리의 "감각"뿐이다. 공산주의가 사진과 영화와 같은 예술을 이데올로기의 수단으로 이용한다면, 예술의 정치화는 사람들을 움직이기 위하여 다양한 이미지들을 생산하는 것이다. 이에 반해 파시즘은 이미지보다는 이에 대한 감각 자체에 초점을 맞춘다. 파시즘은 이미지를 파괴하는 전쟁 자체, 즉 정치 자체를 최고의 예술로 파악하기 때문에 정치의 심미화를 추구한다. 간단히 말해 공산주의가 정치를 이미지'로써' 실행하려 했다면, 파시즘은 정치 자체를 이미지'로서' 파악한 것이다.

이미지는 권력의 수단이자 동시에 권력으로서 존재한다. 이미지 자체가 권력이기 때문에 사람들은 이미지를 금지하고, 권력이 항상 이미지의 형식으로 작동하기 때문에 사람들은 또한 이미지를 숭배한다. 이런 관점에서 보면 인류의 역사는 '이미지 투쟁iconoclash'의 역사로 서술될 수도 있다. 그렇다면 성상 파괴자iconoclast와 우상숭배자iconolater들은 무엇 때문에 싸우는 것일까? 서양의 가톨릭교회사가 말해주는 것처럼 신, 예수 그리스도, 마리아에 대한 성상聖像 숭배를 통해 종교적 이미지들은 호황을 이루었다.[9] 로마 가톨릭교회가 이미지 권력을 수용한 것이 교회가 성공한 조건이었다고 해도 과언은 아니다.

---

8 Walter Benjamin, "Das Kunstwerk im Zeitalter seiner technischen Reproduzierbarkeit", *Gesammelte Schriften*, Bd. I/2, *Abhandlungen* (Frankfurt am Main : Suhrkamp, 1974), 508쪽.
9 성상 숭배와 파괴에 관해서는 Hans Belting, *Bild und Kult : Eine Geschichte des Bildes vor dem Zeitalter der Kunst* (München : C. H. Beck, 1990)를 참조할 것.

성상 숭배와 마찬가지로 성상 파괴주의의 동인도 역시 권력이다. '우상을 만들지 말라'는 명령은 결국 다른 권력을 섬기지 말라는 것이다. 신의 형상대로 만들어진 인간이 스스로 우상을 만든다는 것은 신의 자리를 탐한다는 것을 의미하기 때문이다. 신의 이름으로 다른 우상들을 타파하고자 하였던 선교의 역사가 말해주는 것처럼, 권력은 어떤 이미지를 창조하고 생산하느냐에 따라 달라진다. 한 가지 분명한 것은 중세의 가톨릭교회가 이미지를 통해 '숨은 신deus absconditus'을 가시화하려는 성상 숭배를 통해 어마어마한 이미지 생산 공장이 되었다는 사실이다. 여기에서 우리는 이미지와 권력의 관계를 읽어낼 수 있다.

그렇다면 신에 대한 믿음이 사라진 오늘날, 이미지와 권력의 관계는 어떻게 변했을까? 각양각색의 이미지들을 만들어내는 할리우드나 인터넷과 같은 새로운 미디어들은 어떤 권력을 행사하는가? 21세기의 이미지 홍수를 어떻게 이해해야 하는가? 이 글에서는 이미지와 권력 사이에는 내면적 친화 관계가 존립한다는 전제에서 출발하여 이 물음에 답하고자 한다.

2. 이미지의 권력—아이콘과 재현

전통적 이미지들은 오늘날 시각적 기술을 통해 생산되고 유통되는 이미지들과 달리 항상 무엇인가를 지시하고 표현하고 상징하였다. 우리가 어떤 그림을 보고 "이것은 파이프이다"라고 말한다면, 이미지로 표현된 파이프가 실제의 파이프와 유사하거나 일치하기 때문이다. 어떤 대상이 실제로 존재하지 않는데도 그 대상에 관한 이미지를 그린다면, 이러한 이미지는 단순한 환상幻像, illusion에 불과하다.

환상은 실재가 없기 때문에 아무런 힘도 갖지 못한다. 환상이 힘을 가지려면 어떤 대상이 실제로 존재하지 않는다고 하더라도 마치 실재하는 것처럼 서술할 수 있어야 할 것이다. 이처럼 이미지의 권력은 항상 그 이미지가 지시하는 대상에 의존한다. 이는 로마 가톨릭의 성상 숭배에 사용되었던 이미지에 관한 용어들에서 잘 드러난다. 우상effigies, 모상imago, 복제품simulacrum, 표지signum, 조상statua은 모두 "이미지와 신의 일치"[10]를 전제하는 숭배의 이미지들이다. 숨은 신은 부를 수조차 없지만, 이미지로 표현된 신은 이름으로 부를 수 있고 숭배할 수 있다.

이미지는 신의 흔적이다. 그렇기 때문에 종교적 이미지들은 오늘날의 이미지들과는 달리 결코 임의적이지 않다. 성상은 존재하지 않는 신, 숨은 신을 마법처럼 마치 현재 있는 것처럼 만들어놓는다. 실제로는 존재하지 않지만 이미지를 통해 마치 현재하는present 것처럼 표현하는 것을 재현representation이라고 한다. 어제 경험한 것을 오늘 기억하는 것도 재현이고, 어떤 대상을 있는 그대로 모방하는 것도 재현이다. 재현은 이처럼 이미지를 통해 재현되어야 할 대상을 전제한다.

신이나 신적인 것을 재현한 성상들은 사람들에게 엄청난 영향력을 발휘한다. 사람들은 그 이미지 앞에서 머리를 숙이고, 예배를 드리고, 제례의식을 올린다. 성상은 두말할 나위 없이 예배의 대상이 되는 주물呪物, 즉 페티시fetich다. 문명화된 서양인들은 계몽의 관점에서 아프리카, 아메리카 원주민들의 주물숭배를 비판하지만 자신들의 권력이 실제로는

---

10 Raimund Daut, *Imago : Untersuchungen zum Bildbegriff der Römer* (Heidelberg : Winter, 1975), 14쪽.

우상숭배에 바탕을 두고 있다는 것을 간과하는 경향이 있다.

정치권력은 이미 오래전부터 자신의 권력을 정당화하고 지속 가능하게 만들기 위해 이미지를 활용하였다. 로마제국에서 시작하여 근대 프랑스에서 성행하였던 왕의 초상effigies은 왕이 죽은 뒤에도 왕의 현재를 상징한다. 왕의 초상은 왕의 권력을 상징하는 우상으로 해석될 수 있는데, 이 경우 이미지는 절대 권력을 가진 사람의 모습과 비슷하게 만들어진다. 사람들은 사실주의적으로 치장된 왕의 초상을 실제로 살아 있는 왕처럼 돌보고 공양하였다.

이 우상은 왕이 세상을 떠나고 새로운 왕이 옹립되는 정치적 과도기에도 국가의 권력과 헌법적 질서를 상징하였다. 그리스도의 상과 마찬가지로 왕의 초상 역시 왕의 육체가 영원히 지속되는 것을 보장한다. 이처럼 이미지는 왕의 죽음에 의한 공위空位 기간에도 지배 권력의 지속성이 단절되는 것을 막아주는 막강한 힘을 발휘한다. 우리가 왕의 초상과 접촉함으로써 왕의 권력을 경험할 수 있다는 믿음은 이미지를 실재로 받아들이는 "이미지의 현재"에서 기인한다.[11]

페티시는 신성한 것을 재현하는 물건이다. 페티시로 표현되는 이미지의 힘은 그것이 상징하는 대상의 힘에 비례한다. 따라서 왕의 모습과 비슷하게 만들면 만들수록 왕의 초상은 그 권력을 더욱 강력하게 상징한다. 왕은 지상의 권력을 상징하고, 신은 감각 세계를 초월한 모든 권력을 포괄한다. 여기서 한 가지 질문을 던질 수 있다. 현실 세계에서 볼 수

---

11 역사학자들은 이러한 우상숭배에서 프랑스 국가의 상징적 탄생을 발견하기도 한다. 이에
    관해서는 Marc Bloch, *Les Rois thaumaturges : Étude sur le caractère surnaturel attribué à
    la puissance royale, particulièrement en France et en Angleterre*(Paris : Gallimard, 1983)
    을 참조할 것.

도 있고 경험할 수 있는 권력을 상징하는 것과 본래 보이지 않는 신을 상
징하는 것은 똑같을까? 신이 본래 보이지 않는다면, 다시 말해 우리가 볼
수 있는 원본이 존재하지 않는다면, 신을 재현한 성상은 어떻게 주물의
위력을 얻게 되었을까?

재현의 정도가 이미지의 힘을 결정하는 것이라면, 성상의 위력은 쉽
게 설명되지 않는다. 우리가 성상의 원본으로 제시할 수 있는 신은 존재
하지 않기 때문이다. 물론 재현의 정도가 강할수록 이미지의 인상은 강
렬할지 모른다. 그렇지만 어떤 이미지가 그것이 상징하는 사물과 대상을
똑같이 재현한다고 해서 이미지의 힘이 강해지지는 않는다. 이러한 이미
지의 역설을 이해할 때에만 우리는 이미지와 권력의 관계를 올바로 파악
할 수 있다.

신은 절대적 권력이다. 그렇지만 절대적 권력을 상징하는 온갖 이미지
들은 제한적이고 상대적이다. 신은 절대적 진리이다. 그렇지만 절대적
진리를 표현하는 이미지들은 우리를 기만하고 현혹시키는 거짓 그림일
수 있다. '이미지 투쟁'이 시작되는 지점이 바로 이곳이다. '진리'와 '거짓'
은 절대적으로 구별될 수 있는가? 어떤 이미지로도 왜곡되지 않는 '순수
한 세계'와 인간에 의해 만들어진 온갖 인공물로 '오염된 세계'를 어떻게
절대적으로 구별할 수 있는가?

이미지는 근본적으로 미디어다. 그것은 세계를——그것이 절대적 권
력이든 우연적 사물이든——상징적으로 표현하는 매개 수단이다. 한편
에서는 미디어를 더욱 정치精緻하게 발전시켜 세계 자체를 재현하고자
노력하는 '우상숭배자'가 있고, 다른 한편에는 미디어와 이미지의 도움
없이 세계 자체를 있는 그대로 파악하려고 노력하는 '우상파괴자'가 있
다. 이러한 이미지 투쟁 혹은 이미지 전쟁은 왜 우리를 사로잡고, 또 계속

되는 것일까?

여기에 대해 브뤼노 라투르는 매우 참신하고 예리한 관점을 제시한다. 그는 이미지에 관련된 이러한 딜레마는 결국 다양한 이미지의 폭발적 확대 재생산을 가져온다고 말한다. 이미지의 딜레마는 우리가 현실을 있는 그대로 파악하려면 모든 이미지를 파괴할 수밖에 없지만, 현실을 파악하려면——설령 그것이 유일한 이미지라고 할지라도——이미지를 필요로 한다는 사실로 표현된다. 비잔틴 사대의 성상 파괴 운동을 연구한 학자는 이 딜레마를 이렇게 간단한 명제로 표현한다. "진리는 이미지이지만, 진리에 관한 어떤 이미지도 존재하지 않는다La vérité est image mais il n'y a pas d'image de la vérité."[12]

이 문제를 더욱 정확하게 파악하려면 인간의 '손'과 '이미지'의 관계를 이해할 필요가 있다. 이미지는 간단히 말해 인간의 손에 의해 만들어진 미디어다. '손 타다'라는 말이 어떤 의미에서는 '부정不淨 타다'라는 뜻으로 사용되고 있는 것처럼, 인간의 손을 탄 이미지들은 현실을 있는 그대로 순수하게 서술하기보다는 비틀고 왜곡할 수 있다. 그렇기 때문에 사람들이 숭배하는 아이콘은 '인간의 손에 의해 만들어지지 않은 것'이라는 뜻의 낱말 아케이로포이에타Acheiropoieta로 불렸다고 한다. 그리스도의 얼굴, 성모 마리아의 초상은 어느 날 갑자기 하나의 이미지로 주어진 것처럼 여겨진다. 만약 신성한 이미지들이 어느 화가와 조각가의 손으로 만들어진 것이라면, 이는 신성한 이미지의 힘을 약화시킨다. 이처럼 이미지에 인간의 손길을 더한다는 것은 항상 성상을 더럽히거나 부정하게

---

12 Marie-José Mondzain, *Image, icône économie : Les Sources byzantines de l'imaginaires contemporain* (Paris : Seuil, 1996). Bruno Latour, *Iconoclash*, 10쪽에서 재인용.

만드는 것을 의미했다.

　이미지가 진실을 왜곡한다는 이미지 비판론자는 인간의 손길을 폭로한다. 종교의 신성함, 주물에 대한 미신, 성상의 초월적 힘, 이데올로기의 권력의 배후에는 항상 인간의 손이 작동하고 있다는 사실을 밝히는 것, 그것이 바로 이미지 비판의 핵심이다. 신이 인간을 만든 것이 아니라 인간이 신을 만든 것이라는 사실이 밝혀지는 순간, 신성한 이미지들의 힘은 자연스럽게 사라질 것이다. '조작'이라는 뜻의 영어 단어 manipulation이 라틴어로 '손 작업'을 의미하는 것처럼, 인간에 의해 만들어진 이미지는 모두 조작된 이미지다.

　그렇다면 신성한 이미지 성상의 힘은 어떻게 형성될까? 성상이 인간에 의해 만들어지지도 더럽혀지지도 않은 이미지라고 한다면, 도대체 누가 성상을 만든 것인가? 성상을 만든 중세의 화가들은 아마 이렇게 말할 것이다. "내가 아이콘을 만든 것이 아니라 초월적 힘이 나를 통해 아이콘을 만든 것이다. 나는 단지 수단(미디어)에 불과하다." 이러한 사실로부터 분명해지는 것은 아이콘에서 나타나는 이미지의 권력은 미디어를 보이지 않게 하면 할수록 더욱더 강해진다는 점이다.

　이러한 현상은 세속화된 현대사회에서도 반복된다. 과학이 추구하는 객관적 진리는 인간의 손에 의해 왜곡되지 않은 것으로 파악된다. 황우석 사태에서 볼 수 있는 것처럼 과학적 연구 과정에 개입된 인간의 손길이 밝혀지면, 사람들은 과학의 신성한 객관성이 더럽혀졌다고 비난한다. 따라서 이미지 과학과 이미지 기술을 포함한 현대 과학은 객관적 진리를 드러내기 위해 인간의 손길을 가능한 한 제거하고자 노력한다. 이런 관점에서 보면 과학은 현대적 성상 파괴 운동이라고 해도 과언이 아니다.

　그런데 우리는 과연 이미지의 도움 없이 객관적 진리를 표현할 수 있는가? 신성한 것을 창조하고, 객관성을 산출하고, 현실의 진리에 도달하고자 한다면 어쩔 수 없이 인간의 손길과 이미지를 필요로 한다. 여기에서 이미지 딜레마가 바로 이미지 생산의 역동적 기제가 될 수 있음을 간파할 수 있다. 현실을 객관적으로 파악하기 위해 이미지가 불가피하다면, 역설적으로 인간의 손길을 지울 수 있는 다양한 미디어와 이미지를 만들 수밖에 없다. 인간의 손을 탄 이미지를 제거하고 현실에 도달하려면 우리는 이미지를 파괴하기보다는 오히려 더 많은 이미지를 만들어내야 할지도 모른다. 이미지가 많을수록, 현실은 더욱더 가까워진다.

여기에서 우리는 대상을 재현하는 이미지의 역설적 딜레마로부터 이미지의 권력이 산출됨을 알 수 있다. 이미지가 권력을 산출하려면 첫째, 이미지 속에 현실이 실재하는 것처럼 만들어야 하고, 둘째, 이미지 실재의 힘을 증대시키려면 가능한 한 인간의 손길, 즉 미디어를 제거해야 하고, 셋째, 미디어를 제거하기 위해서는 이를 감출 수 있는 수많은 이미지를 만들어내야 한다. 결국 권력은 이미지와 현실의 관계에서 산출된다. 만약 어떤 이미지에 대한 성상 파괴적 손상이 필연적으로 다른 이미지들의 생산으로 이어진다면, 이미지 파괴는 항상 이미지 창조와 손을 잡을 수밖에 없다.

3. 권력의 이미지―시뮬라시옹과 이머전

전통적 이미지들이 실재를 유사하게 재현함으로써 힘을 발휘하였다면, 첨단 기술로 만들어진 새로운 이미지들은――우리가 재현해야할――실재를 무의미하게 만듦으로써 권력을 획득한다. 예술 작품에 내재했던 아우라가 사진 기술의 발달로 사라졌다는 베냐민의 말을 떠올리지 않더라도, 사진으로부터 시작한 새로운 이미지 기술이 인간과 이미지의 관계를 근본적으로 변화시킨 것은 분명하다.

그렇다면 새로운 이미지 기술은 이미지와 실재의 관계를 어떻게 변화시켰을까? 베냐민은 이 물음에 대한 단서를 다음과 같이 서술한다. "흔적은, 그것이 남겨놓은 것이 아무리 멀리 있을지라도, 가까움의 현상이다. 아우라는, 그것이 불러일으키는 것이 아무리 가깝게 있을지라도, 멂의 현상이다. 흔적 속에서 우리는 사태를 장악하게 되고, 아우라 속에서는 사태가 우리를 압도한다."[13] 어떤 이미지 속에서 그것이 표현하는 대상의 흔적이 강할수록, 다시 말해 이미지가 무엇을 상징하는지가 분명해질수록 아우라는 더 흐릿해진다. 반대로 어떤 이미지의 아우라가 강렬하면 강렬할수록 그 이미지가 서술하고자 하는 대상의 흔적은 점점 더 흐릿해진다. 결국 "흔적의 과잉은 아우라를 소멸시키고, 아우라의 과잉은 흔적을 지운다"[14]고 할 수 있다. 이러한 현상을 아우라의 역설이라고 부를 수 있다.

현대의 새로운 이미지 기술은 아우라의 소멸과 밀접한 관계가 있다. 사진은 두말할 나위도 없이 새로운 이미지의 출발점이다. 사진은 사물을 있는 그대로 재현한다. 한 걸음 더 나아가 우리는 사진 기술을 통해 사물을 완전히 장악할 수 있다고 믿는다. 뢴트겐의 X선 촬영, 컴퓨터단층CT

---

13 Walter Benjamin의 인용문은 Hans Robert Jauß, "Über religiöse und ästhetische Erfahrung : Zur Debatte um Hans Beltings 'Bild und Kult' und George Steiners 'Von realer Gegenwart'", *Merkur*, Nr. 510/511(1991), 938쪽에서 재인용.

14 Dietmar Kamper, "Bildzwang : Im Gefängnis der Freiheit", Hans Belting · Dietmar Kamper (Hrsg.), *Der zweite Blick : Bildgeschichte und Bildreflexion*(München : Fink, 2000), 16쪽.

촬영, 자기공명영상MRI 촬영, 양전자방출단층PET 촬영 이미지들이 말해주는 것처럼 우리는 이미지를 통해 대상을 정복할 수 있다고 생각한다. 이처럼 이미지를 통해 세계를 표현할 뿐만 아니라 세계 자체를 통제하고 변화시킬 수 있다고 믿는 현대 기술의 이미지들은 근본적으로 '권력의 이미지들'이다.

여기서 사진에 대한 원시인들의 반응을 생각해볼 필요가 있다. 그들은 왜 사진이 자신의 영혼을 빼앗아간다고 생각했을까? 사진 이미지가 대상과 일치하면 할수록 대상의 영혼, 즉 아우라는 증발해버릴까? 이미지를 통해 대상의 영혼이 증발하면, 이미지를 만드는 주체의 영혼은 어떻게 되는가? 장 보드리야르Jean Baudrillard는 이 물음에 대한 기발한 답을 제공함으로써 현대사회에서 권력의 이미지가 어떻게 작동하는지를 보여준다.

이미지의 권력에서 권력은 항상 재현의 대상으로서 이미지의 바깥에 있었다면, 권력의 이미지는 그 자체 대상과 관계없이 이미지를 만들 수 있는 힘을 전제한다. 이러한 힘이 21세기의 이미지 기술이라는 점은 의심의 여지가 없다. 사진 기술은 이러한 이미지 기술의 시발점을 이룬다. 우리는 흔히 사진을 찍는다고 말한다. 찍는 사람은 인간이고, 찍히는 것은 바깥의 대상이다. 사진 이미지는 찍는 사람과 찍히는 사물을 매개하는 미디어다. 그런데 이렇게 만들어진 사진 이미지들이 점차 찍는 주체와 찍히는 대상으로부터 독립하여 독자적인 세계를 구축한다. 이러한 이미지의 자율화와 주권화가 바로 21세기 이미지 시대를 관통하고 있다.

이미지의 자율화를 올바로 이해하려면 찍히는 대상의 관점에서 사진 이미지를 바라볼 필요가 있다. 사진을 찍는 것은 우리라는 관점에 사로잡혀 있으면 결코 이미지의 해방을 파악할 수 없다. 좋은 사진은 흔히 대상 자체가 드러나도록 찍은 것이라고 사람들은 말한다. 사진으로 찍히는 대상은 현장에서 즉시 포착되어 샅샅이 상세하게 조명된다. 여기서 주목해야 하는 것은 '현장'이라는 장소의 관점과 '즉시'라는 시간의 관점이다. '지금 그리고 여기'가 순간적으로 포착되는 것이 바로 사진이다. 순간은 끊임없이 변화한다는 점을 고려하면, 사진의 대상은 "영속적으로 존재하기 위해서가 아니라 더 잘 사라질 수 있기 위해서"[15] 사진의 이미지로 찍힌다고 말할 수 있다. 사진이 보편화된 디지털카메라 시대에 사람들이 사진을 보관하기 위해서가 아니라 지우기 위해 찍는 것처럼 보이는 문화 현상은 이를 잘 말해준다.

어떤 대상이 순간적으로 포착될 때 남는 것은 사진 이미지뿐이며 실재 대상과 주체는 모두 사라진다. 사진 이미지 속에는 사진을 찍는 사람의 주체도 사진에 찍히는 대상의 실재도 모두 존재하지 않는다. 이것은 무엇을 말하는가? 실재 현실에서의 대상은 시간과 공간에 묶여 있다. 대지를 포근하게 감싸는 아침 안개 속에서 은은하게 자신의 모습을 드러내는 소나무의 모습을 본 적이 있는가? 아침 햇살의 기운, 안개의 신비로운 움직임, 소나무의 숨소리를 느끼게 하는 분위기, 간단히 말해 소나무가 있는 구체적인 장소와 시간은 사진 이미지에서 모두 사라진다. 대상의 선, 빛, 그리고 세세한 부분까지 잡아내는 사진의 망판網版 스크린은 주체와 실재를 단절시킨다. 이런 관점에서 보면 사진 이미지는 구체적 사물의 시간과 공간을 모방하여 재현하지 않는 가장 순수한 이미지라고 할 수

---

15 Jean Baudrillard, "Denn die Illusion steht nicht im Widerspruch zur Realität", Hans Belting · Dietmar Kamper (Hrsg.), *Der zweite Blick*, 263~277쪽 중에서 263쪽. 이에 관해서는 Jean Baudrillard, *Photographies : Car l'illusion ne s'oppose pas à la réalité*(Paris : Descartes & Cie, 1998)을 참조할 것.

있다.

어떤 이미지가 순수하다는 것은 구체적 현실의 시간과 공간으로부터 영향을 받지 않는다는 것을 뜻한다. 인간이 발전시킨 예술 미디어 중에서 가장 사실적이라고 여겨지는 사진 이미지가 순수한 것은, 그것이 역설적이게도 가장 엄밀한 비사실주의irrealism를 견지하기 때문이다. 이러한 비사실주의적 이미지를 활용하여 시간과 공간을 시뮬레이션하는 영화, 비디오, 컴퓨터 가상현실들은 모두 사진 이미지의 약화된 형태일 뿐이다. 간단히 말하면, 오늘날 우리가 놀라움을 금치 못하는 3D 이미지들 역시 그 근본에는 사진 이미지가 자리 잡고 있다. 실재와의 단절과 이미지의 자율화, 이것이 전통적인 재현의 이미지와 구별되는 시뮬라시옹 이미지의 근본 특성이다.

그렇다면 사진 이미지는 어떻게 구체적인 실재와 단절되는가? 전통적인 회화의 이미지들은 자신의 힘을 구체적인 실재로부터 얻었기 때문에 어떻게 실재 대상을 구체적으로 육화할 것인가를 주요 과제로 삼았다. 하나님이 인간의 몸인 그리스도로 나타나는 것을 화신化身, incarnation이라고 하는 것처럼, 전통적 이미지들은 추상적인 실재를 구체적인 것으로 바꾸어 표현함으로써 힘을 얻었다. 그런데 사진 이미지는 정반대의 길을 간다. 어떤 대상을 하나의 이미지로 만든다는 것은 그것이 갖고 있는——무게, 공간감, 향기, 깊이, 시간, 연속성 또는 감각과 같은—— 모든 차원을 점차 제거한다는 것을 의미한다. 사진 이미지는 이처럼 실재를 제거함으로써, 즉 탈육화de-incarnation함으로써 힘을 얻는다. 이렇게 만들어진 순수 이미지가 현재 우리를 유혹하는 것이다.

이렇게 사진 이미지가 실제의 대상을 세밀하게 복사하면 할수록 오히려 구체적인 실재를 부정하는 현상을 '사진의 역설'로 명명할 수 있다. 많은 사람들은 사진이 우리가 감각적으로 경험할 수 있는 것보다 훨씬 세밀하게 현실을 재현하기 때문에 사실주의적이라고 말한다. 하지만 사진 이미지의 힘은 거꾸로 사진의 비사실주의에서 기인한다. '주체—(사진)이미지—실재'의 관계에서 주체와 실재를 제거함으로써 생성되는 이미지는 이 빈자리에 새로운 것이 나타날 수 있는 가능성을 열어놓는다. 이것이 바로 사진 이미지의 마력이다.

이러한 이미지들이 만드는 세상은 어떤 세상인가? 이미지가 모방하고 재현하려는 대상이 아무런 의미도 갖지 않는다면 실재는 더 이상 존재하지 않는 것과 같다. 인간은 사진 기술과 사진 이미지를 통해 대상을 객관적으로 장악하려 하지만, 대상을 이미지화하면 할수록 대상의 구체적 성격은 점점 더 사라진다. 즉 사진 이미지를 통해 대상의 여러 부분을 세밀하게 그리면 그릴수록 대상의 전체적 성격은 더욱더 증발해버린다. 이처럼 현대 기술을 통해 만들어진 '이미지 과잉'의 시대에 실재는 사망한다.[16]

그렇지만 실재의 죽음Death of the Real은 더 많은 이미지들을 만들어낸다. 이러한 이미지들은 현실보다 훨씬 더 현실 같은 세계를 만들어냄으로써 "과잉실재Hyperreality"를 생산한다.[17] 보드리야르가 말하는 과잉실재는 결코 실재적인 것이 아니다. 그것은 실재보다 더 실재적인 것으로서 우리를 구체적인 현실로부터 분리시켜 이미지의 세계에 몰입하게 만든다. 이러한 세계에서 우리는 더 이상 실재와 이미지를 구별할 수 없다.

---

16 Steven Best, "The Commodification of Reality and the Reality of Commodification : Baudrillard, Debord, and Postmodern Theory", Douglas Kellner (ed.), *Baudrillard : A Critical Reader*(Oxford · Cambridge : Blackwell, 1994), 41~67쪽에서 50쪽 이하를 볼 것.

17 Jean Baudrillard, *Simulations*(New York : Semiotext, 1983), 25쪽.

언론 미디어를 통해 그려지는 세계와 현실의 구체적 세계가 다를 수 있다는 것을 어렴풋이 알고 있으면서도 우리는 이미지를 통해 세계를 경험하고 판단하지 않는가? 실재와 더 이상 구별되지 않는 이미지들은 단순히 실재를 모방하거나 흉내 내는 환상이 아니라 실재를 대체하는 환상이라고 할 수 있다.

그렇다면 이러한 과잉 사실적 이미지들은 어떻게 새로운 환상세계를 만들까? 사실, 인간이 이미지의 세계와 현실 세계의 구별을 가능한 한 없애려고 한 것은 새로운 디지털 미디어의 출현과 더불어 비로소 시작된 새로운 현상이 아니다. 환상의 이미지 공간 속으로 인간을 몰입시키려는 시도는 예술사 전반에 걸쳐 다양하게 나타난다. 이 점을 감안하면 "가상현실은 이미지에 대한 인간의 관계의 핵심 부분을 형성"한다고 해도 과언이 아니다.[18] 이미지의 세계에 몰입하려면 우리는 현실 세계를 잊거나 현실과 환상의 차이를 인지할 수 없어야 한다. 몰입, 즉 이머전immersion은 한 심리 상태에서 다른 심리 상태로 이행해 가는 과정을 의미한다. 그것은 근본적으로 "(이미지로서) 보이는 것에 대한 비판적 거리를 제거하고 또 현재 일어나고 있는 일에 대한 감정적 참여도를 증가시키는 것"[19]을 특징으로 한다. 따라서 이머전을 추구하는 새로운 이미지 기술은 이미지 공간이 관찰자의 시각적 경험 세계를 완전히 구성할 수 있는 가상현실에 초점을 맞춘다.

어떻게 하면 우리는 가상현실을 지금, 그리고 여기서 일어나는 현실로 느낄 수 있는가? 가상현실을 실재의 현실처럼 느끼기 위해서는 두 가지

---

18 Oliver Grau, *Virtual Art : From Illusion to Immersion* (Cambridge, Mass. : MIT Press, 2003), 5쪽.

19 Oliver Grau, *Virtual Art*, 13쪽.

방법이 가능하다. 하나는 가상현실을 실재로 실현하는 것이며, 다른 하나는 이미지들이 있는 환상의 공간 속으로 들어가 실재처럼 느끼는 것이다. 보드리야르가 말하는 시뮬라시옹과 이머전은 모두 후자에 초점을 맞춘다. 전통적 이미지 예술과는 달리 디지털 미디어 기술 시대에는 '어떻게 실재를 재현represent할 것인가?'가 아니라 '어떻게 현재를 (이미지로써) 구성할constitute 것인가?'가 관건이다. 따라서 새로운 이미지 기술은 '현재의 구성constitution of presence'을 목적으로 한다.

여기서 우리는 새로운 이미지 기술이 어떻게 권력을 획득하는지를 알아볼 수 있다. 권력의 이미지는 실재와 분리된 이미지다. 다시 말해 (기술)권력은 실재로부터 분리되었지만 실재보다 훨씬 더 사실적인 환상세계를 만들어놓고 관찰자로 하여금 이 환상세계에 몰입하게 함으로써 힘을 얻는다. 새로운 가상현실의 이미지들은 "이미지와 관찰자를 심리적으로 융해시킬 수 있는 능력"[20]을 통해 권력을 얻는다. 가상현실의 이미지들이 우리를 환상의 세계로 빨아들인다면, 이처럼 강력한 이미지의 권력이 어디 있겠는가? 이 지점에서 우리는 발터 베냐민이 말한 이미지에 대한 파시즘적 대응 전략을 떠올릴 필요가 있다. 파시즘은 정치 자체를 심미화하기 위해, 즉 미적 대상으로 만들기 위해 이미지를 사용한다는 것이다. 이런 관점에서 보면 가상현실의 이미지들은 우리 인간을 이미지의 환상세계와 '감각적으로' 통합시킴으로써 이미지를 막강한 권력의 수단으로 만든다.

21세기 가상현실을 만들어내는 이미지 기술들이 인간과 이미지 세계를 연결하는 인터페이스에 집중하는 것은 결코 우연이 아니다. 우리가

---

20 Oliver Grau, *Virtual Art*, 155쪽.

인터페이스를 잊으면 잊을수록, 즉 주체와 실재의 경계를 망각하면 망각할수록 우리는 더욱더 강렬하게 환상세계에 몰입하게 된다. 이런 점을 고려하면 21세기 이미지 권력은 대체로 세 단계로 형성된다. 첫째, 세계를 부분적으로 세분하여 이미지화함으로써 이미지를 실재의 세계로부터 분리시킨다. 이렇게 되면 다양한 이미지들이 주체와 현실로부터 분리되어 흘러넘치게 된다. 둘째, 이미지를 감상하는 관찰자를 구체적인 시간과 공간으로부터 분리시켜 이미지의 세계와 심리적으로 융합시킨다. 이 과정에서 관찰자는 스스로 환상세계에 들어와 있는 것으로 착각하게 된다. 셋째, 관찰자가 자신을 환상세계로 인도하는 인터페이스를 잊어버릴 수 있도록 다양한 감각기관을 통합할 수 있는 장치를 발전시킨다. 이처럼 21세기 가상현실의 이미지들은 우리 세계를 단순히 감각적으로만, 즉 심미적으로 접근할 수 있는 이미지로서만 경험할 수 있도록 만든다.

4. 이미지 과잉 시대에 비판적 실천은 가능한가

현대사회에서 이미지는 권력이다. 사람들은 더 이상 이미지가 지시하는 실재reality를 찾지 않는다. 우리가 감각적으로 경험하는 수많은 실재들이 과잉으로 존재하는데 굳이 알 수도 없는 실재를 구할 필요가 있겠는가? 이미지 과잉은 하이퍼리얼리티hyper-reality를 생산한다.

우리는 우리가 원하는 것과 반대의 현상이 산출되는 역설의 시대에 살고 있다. 실재를 있는 그대로 재현하기 위해 가능한 한 인간의 손을 제거하고자 하였던 우상파괴 운동은 결과적으로 현대적 우상숭배 운동을 가져왔다. 우상숭배idolatry의 개념은 이 용어 자체가 말해주는 것처럼 비판과 비난을 함축하고 있다. 전통적 이미지 비판은, 우상숭배자들이 숭배하는 이미지들은 본래 그릇된 이미지들이라는 것을 전제한다. 이런 관점에서 우상파괴자들은 근본적으로 본래의 진리가 존재한다고 믿는, 강한 진리론자들이라고 할 수 있다.

만약 우리가 추구해야 할 진리와 실재가 존재하지 않는다면, 우상숭배는 어떻게 될까? 우상숭배에 대한 비난은 이미지 바깥의 관점, 즉 진리의 관점을 전제하지 않는다면 성립하지 않는다. 따라서 우상과 실재, 이미지와 현실을 구별할 수 없을 때 우리는 이미지를 우상, 즉 그릇된 이미지라고 말할 수 없다. 이런 맥락에서 보드리야르는 이미지와 실재의 구별을 부정하는 현상들을 "시뮬라크르simulacre"라고 명명한다. 그 어떤 대상도 지시하지 않고 스스로 하나의 감각적 대상을 만들어내는 이미지가 바로 오늘날의 시뮬라크르인 것이다. 따라서 21세기의 이미지는 전통적 재현의 반대이다.

그렇다면 진리의 이름으로 우상을 파괴하면 할수록 더욱 많은 우상을 만들어내는 우상숭배의 역설로부터 우리는 어떻게 벗어날 수 있을까? 우상과 이미지를 거부하거나 부정하기보다는 있는 그대로 받아들여야 할까? 만약 브뤼노 라투르가 말하는 것처럼 "전통적 이미지 제작의 권력을 피하려는 강박적 실험은 새로운 이미지, 새로운 미디어, 새로운 예술작품의 굉장한 원천이 되었다"[21]면, 오히려 과잉의 이미지를 창조적으로 활용해야 하지 않을까?

현실을 경험하고 이해하려면 이미지는 필수적이다. 현실과 소통할 수 있게 하는 매개물은 어디에서나 필수적이다. 그렇지만 현실을 이해하기

---

21 Bruno Latour, *Iconoclash*, 28쪽.

위해 만들어놓은 이미지가 유동적이지 않고 하나의 절대적인 이미지로 굳어진다면, 그것은 우상숭배의 대상이 된다. 다시 말해 이미지와 미디어를 금지하면, 우리는 광신자가 된다. 이처럼 이미지와 권력의 관계를 구성하는 우상숭배와 우상파괴의 두 관점에서 바라보면, 이미지의 역설은 우리에게 이미지 과잉 시대에 가능한 비판적 실천의 가능성을 제공한다.

우리가 살고 있는 세계는 이미지들로부터 해방된, 그리고 어떤 매체로부터 오염되지 않은 순수한 정태적 세계가 아니다. 이 세계는 오히려 끊임없이 변화하는 매체들에 의해 만들어지는 능동적 이미지들로 가득 찬 역동적 세계다. 하나의 절대적 이미지를 숭배하는 것은 우상숭배이지만, 다양한 이미지들을 수용하는 것은 우상숭배가 아니다. 이런 관점에서 보면 "진리, 객관성, 그리고 신성함에 도달할 수 있는 유일한 길은 하나의 이미지에서 재빨리 다른 이미지로 옮겨 가는 것"[22]일 수도 있다. 진리는 이미지다. 그렇지만 진리에 관한 이미지는 존재하지 않는다는 명제를 실천하는 것이 이미지 과잉 시대에 우리가 할 수 있는 비판적 실천이다.

그렇지만 우리가 이미지의 세계에 몰입하여 다시 현실 세계로 빠져나올 수 없다면 이를 어떻게 비판적 실천이라 할 수 있는가? 오늘날 우리는 실제로 이미지의 홍수 속에 익사할 위험에 처해 있지 않은가? 우리가 현대사회에서 관계를 맺는 이미지들은 결코 개별적인 이미지들이 아니다. 우리가 마주하는 것은 전 세계로 뻗어 있는 무한한 이미지 생산 체계이며, 이 생산 시스템에 의해 만들어지는 이미지들의 복합적인 네트워크다. 위성 망과 인터넷 망을 통해 전 세계로 유통되는 이미지들은 우리에게 어떤 도피처도 제공하지 않는다. 이런 상황에서 이미지를 만드는 것

---

22 Bruno Latour, *Iconoclash*, 50쪽.

이 인간이라는 사실을 점차 망각하고, 우리 스스로 이미지를 닮으려고 하는 경향이 나타난다. 이미지가 현실보다 훨씬 더 완벽할 수 있다는 믿음은 새로운 우상숭배를 야기하고, 우리는 점점 더 이미지에 강박적으로 집착하게 된다.

이제 우리는 이미지를 아무런 저항 없이 소비한다. 우리는 이미지 뒤에 숨어 있는 그 어떤 정치적 의도도, 이데올로기도 의심하지 않는다. 이렇게 아무런 의미도 없는 공허한 이미지들을 아름다운 가상으로 소비하는 것을 사람들은 쿨하다고 말한다. 진짜보다는 가짜가, 원본보다는 모상이, 실재보다는 이미지가 우리에게 훨씬 강한 인상을 준다. 이미지들이 우리를 유혹한다고 말하면, 현대의 대중은 기꺼이 유혹당할 준비가 되어 있는 것처럼 보인다. 21세기의 현대인들은 이처럼 유혹에 유혹당하고, 소비를 소비한다. 결국 21세기의 우상숭배는 대중에게서 아무런 저항도 받지 않는 '소비의 우상숭배'인 셈이다.

여기서 이미지의 소비를 비판적 관점에서 서술할 생각은 없다. 이는 다른 논의를 필요로 하는 복잡한 문제다.[23] 현대사회가 근본적으로 우상숭배 또는 우상강박증Ikonomania[24]의 시대라는 점을 인정하면서 비판적 실천의 관점에서 '이미지'와 '상상'의 관계를 생각해보려 한다. 가상현실의 이미지가 실재를 제거한다면, 상실된 실재는 이미지의 감각적 강도로 보완된다. 현대의 이미지들이 실재보다 훨씬 더 강렬한 것은 바로 이 때

---

23 이에 관해서는 장 보드리야르, 《소비의 사회》, 이상률 옮김(문예출판사, 1992)를 참조할 것.

24 이 개념은 귄터 안더스Günther Anders가 그의 주저 《인간의 골동품성Die Antiquiertheit des Menschen》에서 현대사회의 새로운 성격을 규정하기 위하여 제시한 것이다. Hans Belting, "Idolatrie Heute", Hans Belting · Dietmar Kamper (Hrsg.), *Der zweite Blick*, 276 쪽에서 재인용.

문이다.

이미지를 감상하고 수용하고 소비하는 감상자와 이미지가 심리적으로 융해되면, 다시 말해 이미지와 인간 사이의 인터페이스가 더욱더 자연스럽게 되면, 우리는 이미지와 거리를 둘 수 없게 된다. 우리와 이미지 사이의 거리가 좁혀지면 질수록 이미지의 감각적 강도는 더욱 강렬해진다. 이러한 이미지들은 아무런 재현의 대상도 없는, 그래서 상징적 힘을 갖고 있지 않은 공허한 이미지들이다. 우리가 새로운 세계를 꿈꿀 수 있는 상상imagination은 이미지를 넘어서 이미지가 지시하는 세계를 전제할 때 비로소 가능한 것이었다. 따라서 재현이 없는 이미지, 이미지와 실재의 구별이 없는 이미지는 그 감각적 강도가 높아질수록 상상을 점점 더 불가능하게 한다.

하나의 이미지에 강박적으로 묶이지 않고 다른 이미지로 옮겨 갈 수 있게 만드는 것도 물론 상상이다. 그렇다면 이미지에 어느 정도 거리를 두어야 하는 것은 아닐까? "거리는 어떤 작품의 내용에 가까워질 수 있는 일차적 조건이다"[25]라는 아도르노Theodor W. Adorno의 명제는 여전히 유효하다. 우리에게 깊은 감동과 영감을 주는 예술 작품의 경우 어느 정도의 근접할 수 없는 거리감이 느껴지는 것은 이 때문이다. 우리가 이미지와 완전히 통합된다는 것은, 다시 말해 이미지와의 거리가 완전히 제거된다는 것은 이미지가 자신을 뛰어넘어 다른 이미지를 연상시키는 상상력을 파괴한다는 것을 의미한다. 우리는 과연 우상숭배와 우상파괴의 싸움에 휘말리지 않고서 이 시대에 범람하는 이미지에 대해 거리를 둘 수 있을까? 그림 속에 사로잡힌Being in the picture 우리를 해방시켜야 비

---

25 Theodor W. Adorno, *Ästhetische Theorien* (Frankfurt am Main : Suhrkamp, 1973), 460쪽.

로소 우리의 존재에 관한 새로운 이미지Picture of the Being를 성찰할 수 있지 않을까? 우리는 이미지 과잉 시대에 우리 자신의 이미지를 되찾을 수 있는 새로운 미디어가 나타날 것을 예감한다.

TECHNO HUMANITIES

3장

영상 인문학은 가능한가

—이미지의 '실재성'과 '초월성'을 중심으로

모방 기술은 진실한 것에서 어쩌면 멀리 떨어져 있으며, 또한 이 때문에 모든 걸 만들어낸다.

—플라톤

대상을, 그것을 감싸고 있는 껍질에서 떼어내는 일, 다시 말해 아우라를 파괴하는 일은 오늘날의 지각이 갖는 특징이다.

—발터 베냐민

오늘날의 시뮬라시옹은 원본도 사실성도 없는 실재, 즉 하이퍼리얼리티의 모델들을 가지고 산출하는 작업이다.

—장 보드리야르

우리는 참된 세계를 폐지하였다. 어떤 세계가 남아 있는가? 어쩌면 가상의 세계가?……그러나 그렇지 않다! 참된 세계와 함께 우리는 가상의 세계도 폐지한 것이다!

—프리드리히 니체

1. 이데아에서 이미지로— 왜 영상 시대인가

그렇다면 측정하는 것과 계산하는 것, 그리고 계량하는 것이 이 경우들과 관련해서 가장 반가운 구원책들로 등장하게 되어서는, 더 크거나 더 작아 '보이는 것'이나 더 많거나 더 무거워 '보이는 것to phainomenon'이 우리 세계에서 지배하지 못하고, 계산된 것과 측정된 것 또는 계량된 것이 지배하게 되지 않겠는가?[1]

예술의 활동을 부정적으로 파악하고 예술가를 이상 국가에서 배제해야 한다고 역설한 플라톤의《국가》에서 조금 길게 인용한 이 말은, 그 자체 현대사회의 존재론적 특성을 분명하게 드러낸다. 구체적인 감각 세계의 유혹과 오류를 극복하기 위해서는 모든 것을 측정하고 계량하고 계산하는 이성이 필요하다는 것이다.

---

1 플라톤,《국가》, 602d, 629쪽.

그런데 플라톤의 말이 그다지 자신 있어 보이지 않는 까닭은 무엇인가? 그것은 우리에게 사물을 올바로 판단하고 계산하는 이성의 부분만이 있는 것이 아니라, "잠자면서 꿈에서나 가능하였던 것을 깨어서도 실현하고자 하는"[2] 욕망의 부분이 존재하고, 나아가 그것이 이성의 부분보다 훨씬 더 크기 때문은 아닐까? 여기서 서양 인문학의 원형이라고 할 수 있는 플라톤 철학을 상기함으로써 영상 시대와 함께 도래한 인문학의 위기를 극복할 생각은 추호도 없다. 단지 플라톤의 기대와는 달리 '보이는 것', 즉 현상이 도구적이고 계산적인 이성의 지배를 교묘하게 빠져나가고 있다는 사실을 강조하고자 한다. 다시 말해 영상 이미지의 폭발은 포스트모더니즘을 관류하는 반反플라톤주의를 반영하고 있다. 플라톤이 하찮은 것으로 간주하였던 이미지들은——존재론적으로 경시하고 인식론적으로 억압하면 할수록 오히려 증대하는——엄청난 폭발력을 가지고 반란을 시도하고 있는 것이다.

그런데 우리를 더욱더 놀라게 하는 것은 이러한 영상 이미지의 충동과 책동을 지배해야 할 계산적 이성이 오히려 이를 부추긴다는 사실이다. 영상 시대는 실제로 우리의 삶을 급격하게 변화시키고 있는 첨단 매체 기술의 발전과 함께 도래하고 있다. 초기자본주의가 인간 상호 간의 공간적 거리를 축소시킨 '교통수단'의 기술적 발전을 통해 가속화되었다면, 현재 진행되고 있는 '소통 수단communication media'의 첨단 기술은 우리를 전혀 예측할 수 없는 사회로 몰아넣고 있다.

새로운 시대는 새로운 이름을 요구한다. 사회의 변화가 무엇보다도 컴퓨터와 정보통신 기술의 발달에서 시작되었다는 점을 생각하면, '정보화

---

2 이에 관해서는 플라톤, 《국가》, 574e, 571쪽을 참조할 것.

시대' 및 '디지털 시대'라는 표현은 인간의 생활모습과 의식을 바꾸어놓은 커뮤니케이션 미디어의 변혁을 가장 잘 서술하는 것처럼 보인다.[3] 주지하다시피 뉴미디어 기술은 현재 정보의 전송 부문에서 디지털화가 이루어짐으로써 획기적으로 발전하고 있다. 디지털화는 본래 모든 정보를 'on-off'의 이분법에 의해 처리하는 컴퓨터의 정보처리 방식을 정보의 전송 부문에 적용하는 것을 의미한다. 정보를 디지털로 전송하기 위해서 메시지는 0과 1의 조합인 디지털 코드로 변환되어야 하고, 이 정보가 이해되려면 디지털 메시지는 다시 문자, 영상 및 소리의 아날로그 메시지로 변환되어야 한다.

디지털 방식은 메시지를 전기적인 강약 신호로 변조하여 전송하는 아날로그 방식과 세 가지 측면에서 뚜렷이 구분된다. 디지털 신호의 첫 번째 특징은 정보처리 용량을 획기적으로 증가시켰다는 점이다. 두 번째 특징은 복제 회수가 반복될수록 신호가 심하게 왜곡되는 아날로그 방식과는 달리, 반복적인 신호 전송과 복제에도 불구하고 원본의 신호 형태를 그대로 유지할 정도로 정확하다는 점이다. 디지털화의 세 번째 특징은 다양한 종류의 정보 사이에 상호 호환성이 증대되었다는 것이다. 디지털화를 통해 상이한 커뮤니케이션 방식 간의 변환이 자유롭게 이루어짐으로써 문자와 음성, 그리고 영상은 디지털 신호로 통합 처리되어 하나의 전송망을 통해 전송될 수 있다. 우리가 우려와 기대의 상반된 감정으로 맞이하고 있는 새로운 시대는 분명 "디지털 정보 시대"인 것이다.

그러나 다른 한편으로 대화형 텔레비전, 화상 전화, 원격 화상회의, 사

---

3 이에 관해서는 최혜실 엮음,《디지털 시대의 문화 예술―통합의 가능성을 꿈꾸는 KAIST 사람들》(문학과지성사, 1999)을 참조할 것.

이버 쇼핑 등에서 볼 수 있는 것처럼 정보와 미디어의 디지털화는 동시에 영상 이미지의 폭발과 보편화를 초래하고 있다.[4] 그렇다면 이 시대를 특징짓는 또 다른 낱말 "영상 시대"는 단지 영상 이미지의 범람만을 가리키는 서술적 개념인가? 왜 영상 시대인가? 디지털 시대가 사람들 사이의 생각이나 느낌, 뜻을 전달하는 소통의 수단을 중점화한 과학기술적 또는 문명사적 개념이라면, 영상 시대는 미디어의 절대화로 야기되는 삶의 의미를 반성적으로 조명하는 인문학적 개념이다. 영상 시대라는 낱말은 일차적으로는 물론 사진과 영화의 발달로 야기된 이미지의 양적 팽창을 연상시킨다. 이런 맥락에서 보면 현재의 문화 활동의 중심이 회화에서 사진으로, 문자에서 이미지로 이동하고 있다는 사실은 부인할 수 없다. 그러나 이러한 인식은 지극히 표면적인 현상 서술에 불과하다. 미디어의 절대화로 인한 이미지의 복권과 영향은 보다 근원적인 차원에서 이루어지고 있다.

　이미지는 근본적으로 우리가 세계를 어떻게 보고 생각하고 이해하는가 하는 인식론적 차원뿐만 아니라, 우리가 어떻게 존재하는가 하는 존재론적 문제와 직결되어 있다. 다시 말해 이미지 문화의 도래는 새로운 세계 이해의 패러다임을 산출하고 있다. 이러한 패러다임의 전환은 인문학의 맥락에서 '이데아에서 이미지로'라는 명제로 서술될 수 있다. 플라톤의 이데아가 감성적 '현상'세계를 넘어서 존재하는 영원한 '형상'세계를 지시한다면, 이미지는 우리에게 나타난 구체적 세계의 영상을 의미한

4　영상문화학회 창립준비위원회 편,《이미지는 어떻게 살고 있는가—영상문화학을 위하여》
　(생각의나무, 1999)는 영상 이미지의 폭증이 "인문학과 예술은 물론 자연과학과 공학 영역
　에까지 급격한 인식론적 전환을 가져오고 있다"는 전제 아래 새로운 패러다임을 모색하고
　있다.

다. 잘 알려진 바와 같이 플라톤의 이데아는 인식의 대상일 뿐만 아니라 올바른 삶의 규범적 기준이고 동시에 바람직한 정치 질서의 원리이다. 고전적 관점에서 보면 인문학은 유한한 인간이 변화하는 세계에서 어떻게 영원한 질서를 구축할 수 있는가 하는 물음으로 모아진다. 그러나 영원불변하는 초월 세계에 대한 믿음이 실종된 포스트모던 조건에서 이미지는 더 이상 간단히 부정될 허상도, 오류도, 착각도 아니다. 이미지는 그 자체 존재하는 대로 우리에게 나타나는 어떤 사물과 세계의 모습인 것이다.

그렇다면 감성과 이성, 허상과 형상, 이미지와 이데아의 초월론적 구조를 전제하지 않고서도 인간의 참모습을 찾아가는 인문학이 과연 가능한가? 만약 이성, 이데아, 의미, 인간 해방과 같은 커다란 이야기가 타당성을 상실하였다는 포스트모더니즘의 주장이 문화적 현상으로 검증되고 있다면, 우리는 어떻게 '초월의 가능성'을 전제하지 않고서도 구체적 현실 세계로부터 거리를 둘 수 있는가? 만약 우리가 현상의 뒤에 있는 배후 세계를 인식할 수 없을 뿐만 아니라 보이지 않는 것보다는 보이는 것에 인식론적 우선성을 부여한다면, 우리는 끊임없이 변화하는 영상의 물결에 스스로를 내맡겨야 하는가? 다양한 이미지들의 놀이로 만들어지는 의미의 생산을 단순히 수용한다는 것은 인간의 의지와 관계없이 자율적으로 굴러가는 자본의 논리에 예속된다는 것을 의미하지는 않는가? 이러한 물음들은 이미 영상 이미지의 '존재론적 지위'와 '인식론적 역할'에 관한 물음을 함축하고 있다.

단순화와 극단화의 오류를 범하지 않고 이 물음에 답하려면, 우선 디지털 이미지의 특성을 철저하게 인식해야 한다. 첫째, 이미지가 '보이는 것'이라면, 우리에게 보이는 세계는 근본적으로 이미지다. 존재론적 우선성이라고 명명될 수 있는 이 명제는 우리에게 나타나는 세계는 일차적으로 이미지라는 사실을 말해준다. 만약 이미지가 본래의 모습을 왜곡하고 굴절시키는 것이 아니라 무엇이 본래의 모습으로 나타나는가를 결정하는 것이라면, 이미지는 그 자체로 이미 이데아다. 이미지가 눈으로 보는 것이라면, 이데아는 마음에 보이는 것이다. 그러나 이 시대가 영상 이미지의 시대로 불리는 까닭은 이미지와 이데아가 구별되지 않기 때문만이 아니다. 더욱 중요한 이유는 디지털 정보사회가 이데아를 이미지로, 즉 보이지 않는 것을 볼 수 있도록 만들려는 경향을 가지고 있기 때문이다. '볼 수 있는 것은 더욱 정확하게 볼 수 있도록 만들고, 볼 수 없는 것은 볼 수 있도록 만든다.' 이것이 바로 디지털화의 명제이다.

둘째, 이미지는 근본적으로 미디어다. 우리는 사진 기술의 발달과 더불어 구체화된 영상 이미지를 문자와 구별하려는 습성이 있다. 그러나 우리의 감정과 사상, 의지와 욕구를 전달하는 소통 수단인 음성과 문자는 본질적으로 이미지에 의존한다. 예컨대 뱀이라는 말을 들었을 때 구불구불한 모습을 시각적으로 떠올리지 않는다면, 우리는 뱀의 의미를 이해하지 못한다. 상형문자뿐만 아니라 모든 문자는 근본적으로 이미지 기호다. 본래의 환상적 비유들이 흐릿하게나마 남아 있는 상형문자와 달리, 표음문자는——그림이 사라질 정도로 표면이 닳아버려 동전이라기보다는 그저 쇠붙이에 불과한 동전처럼——"마멸되어 감각적 힘을 잃어버린 비유"[5]일 뿐이다. 그렇다면 음성과 문자, 그리고 문자와 이미지는 감각적 구체성에 있어서의 차이가 있을 뿐 근본적으로는 모두 이미지다.

음성보다는 문자가 추상적이고, 문자보다는 디지털 정보가 더욱 추상

---

5 프리드리히 니체, 〈비도덕적 의미에서의 진리와 거짓에 관하여〉, 《비극적 사유의 탄생》, 이진우 옮김(문예출판사, 1997), 200쪽.

적이라면, 구술 문화에서 문자 문화를 거쳐 영상 문화에 이르는 발전 과정은 근본적으로 미디어가 추상화되는 과정이라고 할 수 있다. 여기서 우리는 막다른 골목에 부딪힌다. 추상적이기 짝이 없는 디지털 정보가 실재보다 더욱 실재답게 만들어내는 영상 이미지는 모든 사람이 지적하고 있듯이 감각적이고 또 구체적이지 않은가. 그렇다면 디지털 정보기술은 문자에 의해서 추상화되고 배제되었던 이미지를 복원하고 있는 것인가? 반대로, 디지털 이미지들은 현실보다 더 현실적인 구체성을 위장함으로써 구체적인 삶의 터전에서 인간을 더욱 분리시키고 있는가? 어떤 답변에도 부인할 수 없는 것은 이미지가 세계를 이해하는 인식론적 통로라는 사실이다.

끝으로, 이미지는 근본적으로 메시지다. 오늘날의 미디어가 근본적으로 이미지화의 경향을 추구한다면, "미디어는 메시지다"라는 마셜 매클루언Marshall McLuhan의 말을 어렵지 않게 이미지에 적용할 수 있다. 현대 정보사회가 지각의 유형을 천천히 바꾸어놓아 실재와 재현, 현실과 가상의 경계는 안쪽으로 파열되고 있다. 따라서 이미지들은 더 이상 특정한 사물과 세계를 지시하지 않는다. 그것들은 아무런 의미를 가지지 않는 공허한 기호처럼 정보화 사회를 부유하고 있다. 만약 우리가 이성적 내용보다는 강렬한 감각적 이미지에 영향을 받는다면, 현대 정보사회는 말할 필요 없이 영상 이미지 시대인 것이다.

우리는 여기서 이미지가 실재와 현상, 매체와 내용의 관계에서 논의되고 있음을 간파할 수 있다. 이미지는 이제 이데아보다 더 현실적이고, 문자보다 더 구체적이며, 그 어떤 내용에도 예속되지 않을 정도로 생산적이다. 현재 우리는 매체의 디지털화와 함께 영상 시대에 돌입하고 있다. 그렇다면 디지털 이미지들은 인간의 삶에 어떤 의미가 있을까? 여기서 우리는 넓은 의미에서의 인문학이 인간의 다양한 문화적 활동 속에서 인간적 삶의 의미를 찾아내는 작업이라는 점을 확인하고자 한다.[6] 만약 전통 인문학이 다양한 현상들 속에 선험적으로 주어진 의미를 해석하는 것을 목적으로 한다면, 영상 시대의 인문학은 의미를 선험적으로 전제하지 않고서 인간적 삶의 의미를 해명하는 것을 목적으로 삼는다. 의미가 주어져 있는 것이든 만들어진 것이든 간에 인문학은 의미 해명의 작업이라는 본연의 과제를 결코 포기할 수 없다. 디지털 정보기술이 설령 전통적 의미를 해체하였다고 하더라도, 영상 시대의 인문학은 이미지가 삶에 대해 가지는 의미를 존재론적, 인식론적, 미학적 차원에서 해명해야 한다. 그런데 이미지의 의미를 해명한다는 것은 결코 이미지의 생산방식과 유통 전략을 분석하는 것에 그치지 않는다. 그것은 결코 이데아의 부정과 이미지의 절대화를 의미하지 않는다. 모든 것이 가시화되는 영상 시대의 인문학은 오히려 이데아와 이미지, 실재와 가상, 메시지와 미디어의 관계를 이미지의 관점에서 재구성하는 것을 의미한다. 다시 말해 영상 시대의 인문학은 비록 이미지에 적대적이고 대립적인 이데아를 부정하지만 동시에 이미지를 통해 그려볼 수 있는 이데아를 추구하는 것이다.

여기서 영상 시대의 인문학이 "전도된 플라톤주의"[7]일 수는 있지만 플라톤주의를 근본적으로 부정할 수 없다는 것을 알 수 있다. 전통 인문학이 '이데아의 이미지'로 이미지를 파악하였다면, 영상 인문학은 '이미지

---

6 인문학의 개념 정의에 관해서는 이진우,《한국 인문학의 서양 콤플렉스》(민음사, 1999), 제6장을 참조할 것.

7 Friedrich Nietzsche, *Nachgelassene Fragmente 1869~1874*, VII(156), *Sämtliche Werke : Kritische Studienausgabe in 15 Bänden*(이하 KSA로 표기), Bd. 7, G. Colli · M. Montinari (Hrsg.) (München : dtv ; Berlin · New York : de Gruyter, 1980), 199쪽.

의 이데아'로 이데아를 파악하고 있는 것이다.[8] 이 글은 디지털 영상기술
이 세계에 대한 인간의 지각 방식과 동시에 현상과 실재의 관계를 근본
적으로 바꾸어놓았다는 전제 아래, 우선 전통 인문학에서의 이미지의 존
재론적 지위를 살펴봄으로써 이미지의 이중적 성격을 해명하고자 한다.
다음으로 이러한 이미지의 이중성이 디지털 기술을 통해 인간의 삶에 구
체적으로 어떤 영향을 미치는지를 분석하고, 마지막으로 이미지의 과잉
이 우리의 삶에 어떤 의미를 가지는지를 해명하고자 한다.

2. 이미지의 존재론적 이중성—현상과 환상

이미지의 최대 적은 두말할 나위 없이 플라톤이다. 플라톤은 현상이
지배하는 감각의 세계와 진리가 존재하는 이데아의 세계를 이원론적으
로 구분하고, 감각은 이데아에 이르는 철학적 통찰을 왜곡하고 굴절시킬
뿐이라고 질타하지 않았는가. 철학적 통찰은 우리를 진리의 길로 인도
하지만, 현상과 환상은 우리를 혼란에 빠뜨릴 뿐이라는 것이다. 종종 오
해되는 플라톤의 철인 왕은 사실 '이성이 지배해야 한다'는 전통 인문학
의 핵심 명제를 구체화한 것이다. 그런데 이 이성 지배의 당위를 주장하
는 목소리가 크면 클수록, 욕망이 현실을 지배하고 있다는 인식이 더욱
더 강렬하게 고개를 쳐든다. 이데아의 최대 적은 역시 욕망과 환상이 빚

---

8 이런 맥락에서 보면 전통 인문학은 근본적으로 이데아론Ideology이고, 영상 인문학은 이미
  지론Imagology으로 명명될 수 있다. 이데아론이 현상을 초월하는 관념론의 성격을 띠고 있
  다면, 이미지론은 이미지가 구체적으로 생산, 유통, 분배되는 물질적 성격을 가지고 있다고
  전제하기 때문에 유물론의 경향이 강하다.

어내는 현실인 것이다. 그렇기 때문에 플라톤은 "철학과 시 사이에는 오래된 일종의 불화diaphora가 있다"[9]고 단언한다.

여기서 불화는 무엇을 의미하는가? 이데아를 추구하는 철학과 아름다움을 추구하는 시詩가 적대적 관계에 있다는 뜻인가? 철학과 시, 이데아와 이미지, 진리와 허상은 과연 하나를 인정하면 다른 하나를 부정해야만 하는 상호 배타적인 관계인가? 그러나 플라톤은 이데아의 철학과 이미지의 시가 서로 배타적인 관계가 아님을 스스로 인정하고 있다. 그는 한편으로 "우리 자신이 이런 시에 의해서 매혹되고 있다"는 사실을 알고 있다고 고백하면서, 다른 한편으로는 "훌륭히 다스려지는 나라에서 시와 모방이 자신의 존재 근거를 말할 수 있다면 반가이 받아들일 것"이라고 주장한다.[10] 전자가 모방의 이미지의 실재성과 현실적 힘을 인정하는 것이라면, 후자는 올바른 삶에 기여할 수 있다면 이미지가 정당화될 수 있음을 주장하고 있다.

플라톤은 이데아와 이미지의 관계를 불화의 관계로 파악함으로써 이미 양극의 화합 가능성을 염두에 두고 있는 것은 아닐까? 화합은 근본적으로 분열된 양극을 전제한다. 근원적으로 결합되어 있지 않은 것은 서로 불화의 관계를 맺을 수조차 없다.[11] 정치적 불화는 오직 바람직한 '삶의 질서'를 구현하려는 근본적인 전제 아래에서만 정당화될 수 있듯이, 이데아와 이미지, 철학과 시의 불화 역시 '삶의 의미'를 해명하려는 동일한 의도에서만 허용될 수 있다. 물론 플라톤은 이미지를 산출하는 예술

---

9 플라톤, 《국가》, 607b, 637쪽.

10 플라톤, 《국가》, 607c, 638쪽.

11 이에 관해서는 M. Heidegger, "Der Wille zur Macht als Kunst", *Nietzsche I*(Pfullingen : Neske, 1961), 219쪽을 참조할 것.

활동이 "진실에서 아주 멀리 떨어져 있는 영상들을 제작함으로써 개개인의 혼 안에 나쁜 질서politeia를 생기게끔 한다"고 단언적으로 전제함으로써 이미지에게 스스로를 정당화할 수 있는 기회조차 주지 않았다. 그러나 상황은 역전되었다. '이미지는 우리의 영혼을 잠식한다'는 플라톤의 불안과 우려는 디지털 시대의 도래와 함께 현실화되었다. 플라톤의 말을 들어보자.

　또한 같은 것들이 물속에서 볼 때와 물 밖에서 볼 때, 구부러져 보이기도 하고 곧은 걸로 보이기도 하는가 하면, 색채로 인한 착시로 인해서 오목하게도 또는 볼록하게도 보이네. 이런 종류의 온갖 혼란이 우리의 혼 안에 있는 것이 분명하다. 우리 천성의 이런 상태를 이용한 음영화법과 요술 그리고 그 밖의 이와 같은 많은 고안은 마법에 비해 손색이 없다.[12]

플라톤에 따르면 우리 내면에는 세계를 보이는 대로 보려고 하는 천성이 내재하고 있다. 우리의 감각은 보이는 것을 실재하는 것으로 간주하려는 경향이 있고, 이러한 경향은 결국 영혼을 혼란시킨다는 것이다. 그렇기 때문에 플라톤이 이러한 감각의 경향을 이용하고 강화하는 예술을 "요술" 또는 "마법"이라고 매도한 것은 지극히 당연하다.

디지털 정보기술은 실제로 이미지를 현실보다 더 현실답게 만드는 마법을 실현함으로써, 현상의 뒤에 있다고 여겨진 이데아의 세계를 철저하게 해체하고 있다. 자본의 논리에 따라 질서가 이루어지는 현대사회에서

12　플라톤, 《국가》, 602d, 628쪽.

자신의 존재 근거와 필연성을 정당화해야 하는 것은 이미지가 아니라 이데아다. 상황이 정반대로 역전된 것이다. 만약 이데아와 이미지, 철학과 시가 여전히 불화의 관계에 있다면, 플라톤의 이데아가 스스로를 정당화하기 위하여 이미지를 필요로 하였던 것처럼, 현대의 이미지는 거꾸로 삶의 의미를 해명하기 위하여 이데아를 요구하는 것이 아닐까. 만약 그렇다 하더라도, 디지털 정보사회에서 요구되는 이데아는 이미지를 배척하는 이데아는 결코 아닐 것이다. 현대의 이미지가 어느 지점에서 삶의 의미를 해명하고 또 어느 지점에서 현대인의 삶을 왜곡하고 소외시키는지를 정확하게 판단하려면, 우선 이데아와 이미지의 불화 관계에서 나타나는 이미지의 이중성을 정확하게 인식해야 한다.

이데아와 이미지의 불화 관계에 관한 물음은 미메시스mimesis, 즉 모방의 문제로 연결된다. 플라톤은 예술가를 이상 국가에서 추방하는 근거로 미메시스 이론을 제시하고 있다. 많은 사람들은 플라톤이 이데아론에 근거하여 이미지와 미메시스를 비판한다고 생각한다. 그러나 플라톤은 오히려 이미지가 생산되는 과정을 "바라보면" 미메시스가 무엇인지를 알 수 있다고 제안한다. 다시 말해 플라톤은 이데아가 무엇인지를 먼저 제시하고 이에 따라 이미지를 평가하는 것이 아니라, 이미지의 생산 과정을 해명함으로써 이데아가 왜 전제되어야 하는지를 밝히고 있는 것이다.

이런 맥락에서 보면 플라톤의 미메시스 이론은 근본적으로 이미지 이론이다. 이 이론에 따르면 형상은 우리가 그때그때 만나는 다수 및 다원성과 관련하여 동일한 이름을 붙일 수 있는 어떤 하나의 모습을 일컫는다. 그렇기 때문에 이미지 생산 과정의 첫 번째 단계는 신이 어떤 형상이 떠오르도록 원형적 이미지를 만드는 과정이라고 할 수 있다. 신이 자연이 있는 그대로 나타날 수 있도록 만든 것이 바로 형상이다. 여기서 우리는 플라톤의 형상eidos이, 개념이 아니라 무엇인가의 모습이라는 사실에 주목할 필요가 있다. 간단히 말해서 형상은 어떤 사물이 있는 그대로 나타나는 진리의 이미지인 것이다.

그러나 우리가 현실 세계에서 만나는 것은 우리에게 "보이는 것들phainomena"이다. 자연의 사물들은 우리의 감각에 구체적으로 나타나는 것들이다. 이와 마찬가지로 제작자들은 우리가 사용할 수 있는 물질적인 침상과 식탁을 만든다. 이미지의 두 번째 단계는 이처럼 우리에게 보이는 것들을 만드는 물질적 생산의 과정이다. 플라톤의 관점에서 보면 제작자는 형상과 이데아를 모방하여 실제의 사물을 만들지만, "실재to on를 만드는 것이 아니라 실재와 같은 그런 것이되 실재는 아닌 어떤 것을 만드는 것"[13]에 불과하다. 우리에게 보이는 자연의 사물과 우리가 직접 만드는 인공물은 모두 '형상의 이미지'인 것이다.

플라톤은 이미지 생산 과정의 끝에 화가와 시인을 위치시킨다. 플라톤은 왜 예술가인 시인과 화가를 제작자 다음의 자리에 세워놓았을까? 제작자가 침상과 식탁을 만들려면 침상과 식탁의 본질을 알아야 하지만, 예술가는 본질과 실재에 대해서는 알지 못하면서 사물의 현상만을 모방하기 때문이다. 그렇기 때문에 플라톤은 예술가가 실재나 진리의 모방자가 아니라 "보이는 것", 즉 현상phainomenon과 환상phantasma의 모방자라고 단언한다.

따라서 모방 기술mimetike은 진실한 것에서 어쩌면 멀리 떨어져 있으며, 또한 이 때문에 모든 걸 만들어내게도 되는 것 같다. 그야 모방 기술

---

13 플라톤,《국가》, 597a, 615쪽.

이 각각의 것의 작은 부분을 건드릴 뿐인데다, 이나마도 영상eidolon인 탓이다. 이를테면, 화가는 구두 만드는 사람과 목수 그리고 다른 장인들을 우리에게 그려는 주지만, 이 기술들 가운데 어느 하나에 대해서도 정통하지 못하다고 우리는 말한다. 하나, 그럼에도 불구하고, 그 화가가 목수를 그린 다음 멀리서 보여주어 진짜 목수인 것처럼 여기게 함으로써 아이들이나 생각 없는 사람들이 속아 넘어가게 한다.[14]

모방 예술은 근본적으로 이미지에 불과한 현상과 환상을 흉내 내기 때문에, 다시 말해서 '이미지의 이미지'만을 생산하기 때문에 제작 기술보다 열등한 위치를 차지한다. 존재론적 관점에서 예술을 비판하기 위해 플라톤이 제시한 모방 이론은 이미지의 생산 과정을 극명하게 보여준다는 점에서 오늘날 새로운 의미를 획득한다. 존재론적 관점에서 보면 이데아로서의 형상은 진정한 의미에서 존재하는 것이고, 우리에게 보이는 사물의 구체적 현상은 조금 덜 존재하는 것이며, 예술가들의 영상은 거의 존재하지 않는 것이다. 그렇기 때문에 플라톤은 예술가들의 작품은 본질physis과 실재로부터 세 단계나 떨어져 있는 것이라고 말한다.

그러나 플라톤의 모방 이론에 따른 영상 제작 과정은 디지털 이미지를 이해할 수 있는 이론적 틀을 제공한다. 첫째, 세 가지 종류의 이미지들, 즉 형상, 현상, 영상은 존재의 강도에서뿐만 아니라 이미지의 제작 방식에서 차이가 난다. 이미지를 '만드는' 모방은 결코 구체적인 사물을 '만드는' 제작과 동일하지 않다. 만드는 방식에서 차이가 있는 것이다. 만약 신이 모든 것을 만들어낼 수 있는 창조자라면, 인간도 "거울을 들고서 어디

14 플라톤, 《국가》, 598b-c, 618쪽 이하.

고 돌아다니기만 한다면" 모든 것을 "아마 가장 신속하게 만들어낼 수 있을 것"[15]이라고 플라톤은 말한다. 우리는 실제로 해와 하늘에 있는 모든 것, 땅과 우리 자신, 온갖 종류의 식물과 동물들을 디지털 이미지로 만들어내고 있지 않은가. 그러나 이러한 제작 방식의 차이는 근본적으로 이미지가 나타나는 방식의 차이에서 유래한다. 사물이 은폐되지 않고, 있는 그대로 나타나는 모습이 이데아라면, 단순한 가상假像이 아니라 은폐된 방식으로 나타나는 사물의 모습은 영상이다.

둘째, 인간은 보이는 것들은 만들 수 있지만, 진실로 있는 것들은 만들 수 없다. 진정한 존재와 실재는 만들 수 없다는 이 명제는 이미 반反플라톤주의적 요소를 함축하고 있다. 우리는 형상과 이데아를 단지 생각할 수 있을 뿐 만들 수는 없다. 만약 우리가 이데아를 만들 수 있는 모습으로 실체화하거나 또는 개념적으로 파악할 수 있는 실체로 생각한다면, 그것은 근본적으로 만들 수 없는 이데아를 만들려고 하는 것이나 다를 바 없다.

셋째, 모방 기술은 진실한 것에서 멀리 떨어져 있기 때문에 만들 수 있다. 이 명제를 뒤집으면, 우리는 디지털 정보사회의 정언명령을 발견할 수 있다. 즉, 모든 것을 만들려면 가능한 한 본질과 진리로부터 멀어져야 한다는 것이다.

넷째, 이미지 제작 기술인 모방은, 모방하는 대상에 대해 언급할 가치가 있는 것은 아무것도 모르는 일종의 놀이이기 때문에 우리의 영혼을 혼란시키고 기만한다. 이미지는 결코——현대사회의 광고 이미지가 암시하는 것처럼——기만을 목적으로 만들어지는 것은 아니다. 기만은 단순히 다양한 이미지들의 부수적 효과이다. 이것은 영상의 본래 뜻에서도 잘

15 플라톤,《국가》, 596d, 614쪽.

드러난다. 영상은 본래 '작은 형상eidos'을 의미한다. 영상은 존재의 강도에서뿐만 아니라 모습을 보여주는 방식에서도 형상보다 작다는 것이다.

플라톤의 모방 이론은 우리 인간이 결코 이미지로부터 벗어날 수 없음을 강력하게 시사하고 있다. 플라톤에 따르면 인간에게는 이미지를 제작하고자 하는 강렬한 감정pathos이 선천적으로 부여되어 있다. 그뿐만 아니라 인간은 다양한 현상들에도 불구하고 하나의 이름으로 불릴 수 있는 어떤 사물의 진정한 모습을 보기 위해서 수많은 이미지들을 필요로 한다. 아무리 관점을 변화시키더라도 어떤 사물을 동시에 모든 관점에서 볼 수는 없다. 예를 들어 책상을 앞에서 보고 그리는 동시에 뒤에서도 그릴 수는 없다. 우리가 가지고 있는 사물의 이미지는 항상 한 관점에서 본 하나의 모습일 뿐이다. 플라톤이 이상적으로 그리고 있는 형상이 '모든 관점에서 본 모습'이라면, 영상은 하나의 관점에서 본 '단편적인 모습'에 불과하다. 형상을 본다는 것은 인간에게 불가능하다. 우리는 단지 다양한 관점과 이미지들을 통해 전체의 모습을 유추할 수 있을 뿐이다. 따라서 우리가 만나는 감각적 사물들은 현상 이미지들이며, 우리가 만들 수 있는 것 역시 환상과 영상들이다. 아무리 세계에 관한 참된 직관을 얻었다고 하더라도 남이 볼 수 있는 이미지로 전환시키지 않는다면, 그것은 한낱 환상에 지나지 않는다. 인간이 의사소통을 할 수 있는 것도 근본적으로 서로 바라보고 공유할 수 있는 이미지들 덕택인 것이다.

플라톤이 예술 활동의 전형으로 서술하고 있는 미메시스의 본질은 결코 모사와 모방도, 그리고 재현도 아니다. 미메시스의 본질은 오히려 한편으로는 사물이 있는 그대로 나타날 수 있다는 순수한 가시화可視化 가능성이며, 다른 한편으로는 그럼에도 불구하고 우리가 참모습에서 원초적으로 멀리 떨어져 있다는 인간 조건이다.[16] 만약 사물의 참모습을 볼 수 없다면, 우리는 이 사물을 다양한 각도에서 볼 수 있는 다양한 이미지로 만들어낼 수밖에 없는지도 모른다.

그러나 이미지를 생산하면 할수록 참된 존재로부터 멀어진다. 현상과 영상 속에 끼어 있는 이미지는 이처럼 가시화의 필연성과 이미지를 통한 형상의 비가시성이라는 이중적 성격을 가지고 있는 것이다. 이런 맥락에서 보면 플라톤의 미메시스 이론은 이미 디지털 이미지 등장의 필연성을 함축하고 있다. 현대의 가장 대표적인 반플라톤주의자인 니체는 이렇게 말한다. "나의 철학은 전도된 플라톤주의다. 참된 존재자로부터 멀어질수록 더 순수하고 아름답고 선해진다. 가상 안에서의 삶, 목적으로서의 삶."[17] 니체의 예언은 한 가지 측면에서는 플라톤과 일치한다. 참된 존재로부터 멀어질수록 가상을 많이 만들 수 있다는 것이 그것이다. 그러나 현대사회의 영상 문화는 가상 안에서의 삶이, 니체가 추구한 것처럼, 더 순수하고 아름답고 선해질 수 있는가를 보여줄 과제를 안고 있다. 플라톤적인 시각에서 보면 "더 순수하고 아름답고 선"하다는 것은 사물이 순수한 모습으로 드러난다는 것을 의미한다. 그렇다면 현대의 디지털 영상은 과연 사물의 가시성, 즉 세계에 대한 인간의 이해 가능성을 증대시켰는가? 이 물음에 답하려면, 우리는 필연적으로 가상의 보편화와 현실화를 가져온 현대의 기술이 인간의 지각 방식과 세계 이해에 어떤 영향을 미쳤는가를 물어야 한다.

---

16 이에 관해서는 M. Heidegger, *Nietzsche I*, 215쪽을 참조할 것.
17 Friedrich Nietzsche, *Nachgelassene Fragmente 1869~1874*, VII(156), KSA 7, 199쪽.

3. 이미지의 현실화—하이퍼리얼리티와 시뮬라시옹

우리는 오늘날 디지털 매체의 발전과 함께 시뮬라시옹의 시대에 돌입하고 있다. 시뮬라시옹은 플라톤이 존재와 실재로부터 멀리 떨어져 있다고 간주하였던 영상 이미지가 이제는 실재의 주인으로 자리 잡게 된 문화적 현상을 일컫는다. 우리는 실제로 이미지의 시대에 살고 있다. 사진 기술의 발전과 함께 등장한 예술 작품의 기술적 복제 가능성은 실재의 사실주의적 모사를 가능하게 하였을 뿐만 아니라, 복제된 이미지를 본래의 예술 작품으로부터 더욱더 분리되도록 만들었다. 사진에 나온 얼굴이 실물보다 낫다는 소리를 듣지 않는가. 기술적 복제 가능성은 이렇게 독창적이고 일회적인 예술 작품에 서려 있는 영기靈氣, 즉 아우라를 해체시킨다. 이미지는 본래의 사물과 예술 작품에 대한 "기생적 삶의 방식"을 청산하고 점점 더 자율적인 생명을 얻게 된 것이다.[18]

그러나 실물보다 더 실물 같은 이미지를 생산하는 사진 기술은 영화와 디지털 매체 기술을 통해 획기적으로 변화했다. 오늘날은 손가락으로 버튼을 누르며 먼 곳과 통신할 수 있는 디지털 시대다. 상대방이 눈앞에 없는데도 마치 가까이 있는 듯 대화를 나눌 뿐만 아니라, 응답이 없을 경우에는 음성 메시지나 문자 메시지를 남기기도 한다. 화면으로 얼굴을 보면서 통화를 하고, 메시지와 이미지를 동시에 남길 수도 있다. 여기서 우리는 이미지 시대의 핵심 특성을 간파할 수 있다. 디지털 매체 기술은 한편으로는 공간적, 시간적 거리를 제거하고, 다른 한편으로는 우리가 관

---

18 이에 관해서는 발터 벤야민, 〈기술복제시대의 예술작품〉, 《발터 벤야민의 문예이론》, 반성완 옮김(민음사, 1983), 205쪽을 참조할 것.

계를 맺는 상대방의 실제적인 현전現前을 무의미하게 만든다. 전자가 물리적-존재적 거리의 제거라고 한다면, 후자는 의미적-존재론적 거리의 제거라고 할 수 있다. 이런 관점에서 보면 디지털 정보 시대의 인간은 이미지로서만 존재하고, 이미지를 통해서만 서로 관계를 맺는다.

여기서 "모든 거리를 성급하게 제거하는 것만으로는 결코 가까움을 가져오지 않는다"[19]는 하이데거의 말에 귀를 기울일 필요가 있다. 하이데거가 말하는 가까움은 우리가 사물의 의미를 느끼고, 감지하고, 이해하는 존재론적 친밀성을 의미한다. 디지털 매체 기술 덕택에 우리는 시간과 공간의 거리에 관계없이 대화를 나눌 수 있다. 모든 거리들이 거의 영점에 가깝게 수축된 것이다. 그러나 디지털 이미지를 통해서는 상대방의 숨결과 온기를 느끼지 못하고, 순간적으로 스쳐가는 이마의 주름과 입가의 미소에 담긴 메시지를 포착하지 못한다. 시간과 공간의 기술적 제거와 함께 상대방의 존재 역시 의미 없는 이미지로 수축된 것이다. 플라톤의 영상 이미지는 이제——이데아의 이미지에 불과하다고 여겨졌던——구체적 사물과 아무런 관계없이 생산되고 유통되고 있다. 조그만 동작 하나로 하나의 이미지가 나타났다가는 곧 사라져버리는 이미지의 시대에 과연 "우리는 암암리에 존재의 흔적과 접촉하고 있다"[20]고 말할

---

19 M. Heidegger, "Das Ding", *Vorträge und Aufsätze*(Pfullingen : Neske, 1978), 157쪽.

20 김상환, 〈디지털 혁명은 존재론적 혁명이다. 정보화 시대의 화두——기술, 언어, 실재〉,《예술가를 위한 형이상학》(민음사, 1999), 327쪽. 김상환은 정보화 사회는 사물 일반이 탈실재화되기 때문에 존재론적 불안과 문화적 야만의 가능성이 움트고 있다고 인정하면서도 곳곳에서——"존재의 흔적"이라는 낱말이 암시하듯이——이미지의 부활에 들어 있는 긍정적 가능성을 흘리고 있다. 그러나 사물과 실제의 맥락으로부터 분리된 다양한 이미지들에 비치는 "존재의 흔적"이 어떤 모습을 하고 있는가를 밝히지 않는다면, 영상 존재론은 이미 자율화된 기술에 알리바이만을 제공할 뿐이다.

수 있을까? 이 물음에 대한 대답은 디지털 시대의 영상 인문학의 가능성과 직결되어 있을 뿐만 아니라 암암리에 플라톤의 미메시스 이론을 상기시킨다. 그것은 시공간적 구체성을 탈각하고 문맥으로부터 이탈해버린 이미지들이 삶의 맥락에서 구체적 생명력을 획득하려면 어쩔 수 없이 의미의 문제를 제기해야 하기 때문이다.

디지털 정보기술은 플라톤의 존재론적 질서를 완전히 전도시키고 있다. 영상 이미지들은 더 이상 구체적 현실과 실재를 은폐하는 위장dis-simulation의 제작물이 아니라, 실제로는 존재하지 않는 대상을 존재하는 것처럼 만들어놓은 가장simulation의 인공물들이다. 디지털 정보 시대에는 이미지가 얼마나 원형을 사실적으로 모방하느냐에 따라서 의미를 획득하는 것이 아니라, 지시 대상으로부터 분리된 기호와 이미지들의 유통 관계가 오히려 구체적 현실의 의미를 결정한다. 플라톤이 형상—사물—영상의 존재론적 순서에 의거하여 미메시스를 서술하였다면, 디지털 시대의 반플라톤주의는 영상—실재—의미의 순서에 따라 우리의 현실을 해명하고 있다. 그렇다면 구체적 맥락에서 일탈해버린 기호와 이미지들은 우리의 구체적 삶에 규범적 방향을 제시하는 의미, 즉 이데아 문제를 도외시하는가? 이 물음에 답하려면 우선 원본과 복제, 원형과 이미지, 대상과 기호의 지시적 관계를 증발시킨 디지털 이미지들이 구체적 현실에서 어떻게 작용하는지를 알아야 한다.

이미지 시대의 반플라톤적, 반인문주의적 성격을 가장 철저하게 분석한 보드리야르는 시뮬라시옹simulation과 하이퍼리얼리티hyper-reality라는 개념으로 '탈실재화된 이미지의 현실화'를 극명하게 서술하고 있다. 여기서는 플라톤의 미메시스 이론의 두 가지 측면만을 실마리로 삼고자 한다. (1) 우리는 구체적 현상을 생산할 뿐 실재는 생산하지 못한다. (2) 우리는 실재로부터 멀어질수록 이미지를 생산할 수 있다. 플라톤의 관점에서 보면 물론 영상 이미지보다는 구체적 현상이, 그리고 구체적 현상보다는 이데아의 형상이 더욱 실재적이고 구체적이다. 형상은 사물이 있는 그대로, 즉 모든 가능한 관점에서 볼 수 있도록 나타나는 것이지만, 구체적 사물은 형상의 특정한 면을 보여주고, 또 영상 이미지는 이 사물을 한 가지 측면에서만 보여주기 때문이다. 따라서 형상—현상—영상의 생산 과정은 근본적으로 추상화의 과정이다. 영상 시대가 반플라톤적인 것은 추상화의 과정이 이미지를 더욱 현실답게 구체화한다는 데 있다. 그러나 플라톤에 따르면 이미지는 실재로부터 떨어져 있는 것이다. 그렇다면 이미지는 어떻게(시뮬라시옹) 현실을 만들어내며, 이 현실은 우리에게 어떻게(하이퍼리얼리티) 지각되는가?[21]

　보드리야르는 니체의 형이상학 비판에 따라 이미지의 해방 과정을 네 가지 연속적 단계로 서술한다.[22] 그에 따르면 이미지는 네 단계를 거쳐 원형과 현상으로부터 해방되었다.[23] 이미지는 깊은 사실성을 반영하고 재현하는 첫째 단계에서는 신성의 계열이며, 사실과 실재를 왜곡하고 변

21　현대의 디지털 매체 기술은 이미지의 생산 방법과 이미지의 지각 방식에만 관심이 있고 이미지의 본질에 대해서는 아무런 관심을 기울이지 않는다는 점에서 이미 반플라톤적이다. 왜냐하면 플라톤의 형이상학은 '무엇'의 물음으로 서술되는 본질의 학문이지 '어떻게'의 물음만을 제기하는 방법론에 그치지 않기 때문이다.

22　보드리야르가 이미지의 발전 과정을 서술하는 방식은 니체가 참된 세계의 해체 과정을 서술하는 방식과 동일하다. 이에 관해서는 F. Nietzsche, *Götzen-Dämmerung*, KSA 6, 80~81쪽을 참조할 것. "'참된 세계'가 어떻게 마침내 우화가 되었는가—어떤 오류의 역사Wie die 'wahre Welt' endlich zur Fabel wurde : Geschichte eines Irrthums"라는 제목이 말해주듯이 니체는 서양 형이상학을 오류의 역사로 규정하면서 참된 세계가 우화로 폭로됨으로써 이루어지는 가상의 해방을 서술하고 있다.

23　J. Baudrillard, *Simulacres et Simulation* (Paris : Galilée, 1981). 한국어판 : 장 보드리야르, 《시뮬라시옹》, 하태환 옮김(민음사, 1992), 27쪽.

질시키는 두 번째 단계에서는 저주의 계열이며, 사실성의 부재를 감추고 존재의 외양인 것처럼 연출하는 세 번째 단계에서는 마법의 계열이며, 끝으로 사실성과의 어떤 관계도 실종되어버린 네 번째 단계에서는 시뮬라시옹의 계열이다. 우리는 보드리야르가 서술하는 이미지의 발전 과정이 플라톤의 미메시스의 과정과 동일하다는 점을 어렵지 않게 간파할 수 있다. 이데아, 현상, 영상은 각각 신성의 계열, 저주의 계열, 마법의 계열과 일치한다. 그렇다면 보드리야르가 네 번째 단계로 서술하고 있는 시뮬레이션의 계열은 플라톤이 추구하는 존재론적 질서와 정반대의 사태가 벌어졌다는 것을 말해주고 있는 것이다. 존재와 실재가——감각적 이미지의 간섭과 왜곡 없이——있는 그대로 반영되는 순수 이데아의 단계가 불가능하다면, 가상과 이미지가——이들을 넘어서는 어떤 실재와 존재를 암시하지 않고——절대적으로 지배하는 시뮬라크르의 단계는 사실 불가능한 것이다. 그렇다면 미메시스가 이데아를 중심으로 한 이미지의 생산 방식이라면, 시뮬라시옹은 영상과 가상을 출발점으로 하는 이미지의 생산 방식이 아닐까. 시뮬라시옹은 바로 전도된 미메시스인 것이다.

그렇다면 시뮬라시옹은 어떻게 현실보다 더 현실 같은 실재를 만들어내는가? 보드리야르는 디지털 매체를 통해 가상현실이 확충되어가는 방식을 하이퍼리얼리티, 즉 "과잉실재"의 개념으로 설명한다. 디지털 시대의 이미지는 모방 대상에 대한 의존관계를 통해 실재성을 획득하지 않는다. 지시 대상으로부터 해방된 자율적 기호의 세계는 오히려 새로운 종류의 실재를 생산하는 것이다. 시뮬라시옹에 의해 산출되는 실재는 재현 모델이 전제하는——즉 간섭과 왜곡의 가능성을 함축하고 있는——실재와는 달리, 어떠한 오류의 가능성도 배제한다는 점에서 과다한 실재다.

디즈니랜드는 '실제의' 나라, '실제의' 미국 전체가 디즈니랜드라는 사실을 감추기 위하여 거기 있다(마치 감옥이 사회 전체가 그 평범한 어디서고 감방이라는 사실을 감추기 위하여 거기 있는 것과 약간은 유사하게). 디즈니랜드는 다른 세상을 사실이라고 믿게 하기 위하여 상상적 세계로 제시된다. 그런데 사실은 그를 감싸고 있는 로스앤젤레스 전체와 미국도 더 이상 실재가 아니고 하이퍼리얼리티와 시뮬라시옹 질서에 속한다.[24]

디즈니랜드는 난해한 하이퍼리얼리티의 개념을 쉽게 이해하게 하는 좋은 예다. 보드리야르에게 과잉실재는 실재가 아닌 것이 아니라 실재 이상의 것으로서, 실재보다 더 실재적인 것이다. 이런 맥락에서 보면 디즈니랜드는 미국 사회에서 우연히 나타난 예도 아니고 예외적인 장소도 아니다. 만약 디지털 정보 시대에 실재가 끊임없이 재생산될 수 있는 가능성을 의미한다면, 과잉실재는 '항상 이미' 재생산되어 있는 것을 의미한다. 우리가 현실 세계에서 부딪치는 모든 사물은 단순한 모방과 재생산의 대상이 아니라, 그 자체 이미 재생산된 인공물들이다. 과잉실재의 사회에서는 모델이 일차적 지위를 차지하지만, 그것이 가지고 있는 구성적 역할은 비가시적이다. 왜냐하면 우리는 모델들의 예만을 보기 때문이다. 패션, 광고, 미디어, 현대 건축물과 주거지, 고속도로와 교통망, 백화점과 생산품들은 모두 미리 만들어진 코드들의 예이고 모델들이 재생산된 것이다. 우리가 매일매일 경험하는 일상적 실재는 정치, 경제, 문화의 영역에서 모두 과잉실재와 시뮬라시옹의 차원을 구현하고 있는 것이다.

---

24 장 보드리야르, 《시뮬라시옹》, 40쪽.

이런 과잉실재의 사회에서는 어떤 폭발적 모순과 위기도, 적대적인 대립도 일어나지 않는다. 왜냐하면 모든 것이 이미 디자인되고 통제되고 있기 때문이다. 우리가 왜곡된 현실을 비판하고 변화시킬 수 있는 기준으로서의 실재도 존재하지 않으며, 억압적 현실에서 벗어나 참된 현실로 이행해 갈 수 있는 잠재적 가능성도 존재하지 않는다. 지시 대상에서 벗어나 자율적으로 유통되고 있는 코드, 기호, 시뮬라크르의 흐름 뒤에는 원형과 이데아는커녕 아무것도 존재하지 않기 때문이다. 그러므로 시뮬라시옹에 의한 추상화는 더 이상 재현 모델의 바탕을 이루고 있는 "복제, 거울 또는 개념으로서의 추상이 아니다". 보드리야르는 현대사회가 철저하게 모델의 사회, 스펙터클의 사회라는 점을 강조하기 위하여 다음과 같이 덧붙인다. "시뮬라시옹은 더 이상 영토 그리고 이미지나 기호가 지시하는 대상 또는 어떤 실체의 시뮬라시옹이 아니다. 오늘날의 시뮬라시옹은 원본도 사실성도 없는 실재, 즉 하이퍼리얼리티를 모델들을 가지고 산출하는 작업이다. 영토는 더 이상 지도를 선행하거나, 지도가 소멸된 이후까지 존속하지 않는다. 이제는 지도가 선행하고——시뮬라크르들의 자전——심지어 영토를 만들어낸다."[25] 실재의 구속에서 해방되어 자율성을 획득한 기호, 코드, 모델, 이미지는 자연보다 더 자연적인 인공, 현실보다 더 현실적인 가상을 만들어낼 뿐만 아니라 동시에 '현실이 어떠해야 하는가'를 결정하는 규범적 능력마저 가지게 된다. 그러나 만약 가상과 이미지들이 어떤 원형과 실재도 전제하지 않는다면, 우리는 어떻게 시뮬라시옹의 세계를 비판할 수 있는가? 만약 실재와 현실로부터 추상적으로 유리된 시뮬라크르의 세계에 대해 반성적 거리를 확보할 수 없

---

25 장 보드리야르, 《시뮬라시옹》, 12쪽 이하.

다면, 디지털 이미지 시대에 영상 인문학은 정녕 가능한가? 그러므로 비판의 가능성을 원천적으로 봉쇄하는 것처럼 보이는 디지털 시대의 인문학은 실재를 해체하고 증발시켜버린 시뮬라시옹이 어느 지점에서, 어떻게 가상마저 해체하는지를 분석하고 해명해야 한다.[26] 가상과 이미지의 배후에 있는 원형과 실재는 전제할 수 없다고 하더라도 가상과 이미지를 넘어서는 실재를 전제하지 않는다면, 인문학은 근원적으로 불가능하기 때문이다. 시뮬라시옹의 추상화에 대한 상세한 고찰이 요구되는 곳은 바로 이 지점이다.

4. 가상현실에 의한 이미지의 죽음 — 영상 인문학은 가능한가

시뮬라시옹 시대에 현실과 실재는 사라지고 있다. 영원히 변하지 않는 형상의 구속성으로부터 해방되어 자율성을 획득한 가상과 이미지들의 자유로운 유통과 유희는 우리의 현실을 탈脫실재화하고 있다. 대중 소비사회에 범람하고 있는 수많은 이미지들은 이제 더 이상 구체적 정보와 내용을 담고 있지 않다. 한때 뉴스를 담당하던 인기 여성 앵커가 마치 사실에 근거한 정보를 전달하듯이 특정 자동차를 홍보하는 광고에 등장하는 현상은, 결코 앵커의 이미지를 전략적으로 이용하는 것만을 뜻하지 않는다. 그 앵커가 뉴스를 전달하는 것인지 광고 모델을 하는 것인지를 쉽게 구별할 수 없다는 사실은, 우리에게 매일매일 사실이라고 보도되는

---

26 이에 관해서는 Douglas Kellner, *Jean Baudrillard : From Marxism to Postmodernism and Beyond*(Stanford : Stanford University Press, 1989), 83쪽을 참조할 것.

뉴스 역시 사실과 관계없이 유통되는 가상과 이미지에 불과하다는 것을 암묵적으로 말해주고 있다. 앵커의 이미지는 문화 산업의 판촉 활동을 사실과 정보로 위장함으로써 동시에 실제의 사실과 정보를 무효화한다고 해도 과언이 아니다.

시뮬라시옹을 통한 가상과 이미지의 복권은 결국 실재의 소실과 실종을 의미한다. 현대의 디지털 정보사회에서 의미와 사실은 기호와 이미지라는 매체 속으로 완전히 파열되고, 매체와 사회는 다시 끊임없이 유동하는 대중 속으로 파열되어버린다. 이런 맥락에서 보드리야르는 생산과 노동의 개념이 디지털 정보와 이미지가 지배하는 현대의 소비사회를 더 이상 설명할 수 없다고 단언한다. 예컨대 우리의 임금은 투입된 노동의 양에 의해서가 아니라 시장에서 형성되는 교환가치에 의해 결정된다. 우리는 이제까지 어떤 사물과 상품은 사용가치를 내재적으로 가지고 있으며, 이것이 시장에서 형성되는 교환가치의 토대와 근원이 된다고 생각하였다. 이런 맥락에서 보면 교환가치는 본래의 사용가치를 왜곡할 뿐만 아니라 인간의 노동을 소외시키는 것으로 파악된다. 그러나 보드리야르는 대중 소비사회에서는 사용가치가 교환가치의 작용에 의해 산출될 뿐만 아니라 궁극적으로는 사용가치와 교환가치의 구분 자체가 무의미해진다고 단언한다. 왜냐하면 "교환가치라는 시니피에는 코드의 효과이자 가치의 궁극적인 침전물"[27]이기 때문이다. 노동이 더 이상 생산적이지 않다면 노동과 생산은 종말을 고하고 있는 것이다. 현대사회에서 생산적인 것은 이제 기호와 코드, 모델과 이미지이다.[28] 기호는 이제 무엇인가를

---

27 장 보드리야르, 《생산의 거울》, 배영달 옮김(백의, 1994), 19쪽.
28 이에 관해서는 Jean Baudrillard, *Symbolic Exchange and Death*(London · Thousand Oaks · New Delhi : SAGE Publications, 1993), 9쪽 이하를 볼 것.

지시해야 한다는 태고의 과제로부터 해방되어 자유롭게 결합되고 구조화될 수 있는 자유를 획득한 것이다.

우리는 여기서 이미지만이 생산적이라는 플라톤의 말을 떠올릴 수 있다. 무엇인가를 구체적으로 제작하는 노동과 생산은 더 이상 생산적이지 않다. 교환가치 역시 이제는 사용가치로 환원되지 않으며 오직 특정한 지시 대상으로부터 일탈한 가치들만을 확대 재생산한다. 이러한 가치들의 교환과 유통으로 생산되고, 축적되고, 유통되는 정보 이미지들은 어떤 내용도, 의미도 함축하고 있지 않다. 노동과 생산의 종말, 사용가치에 대한 교환가치의 우월성, 기호와 지시 대상의 분리는 결국 모델, 코드, 이미지들에 의해 구조화된 새로운 사회질서를 산출하고 있는 것이다. 이러한 사회는 실재의 의미가 완전히 공동화된, 이미지의 사회다. "정보는 의미와 사회를 일종의 안개 같은 상태로 해체한다. 그런데 이것은 혁신의 과다를 가져오는 것이 아니라 오히려 그 정반대인 총체적 엔트로피를 초래한다."[29] 이미지의 절대화를 통한 실재의 무효화는 생산의 외면적 폭발explosion을 야기하는 것이 아니라 모든 대상, 의미, 메시지, 사회적 내용을 블랙홀로 흡수해버리듯 내부적으로 파열implosion시키는 것이다. 실재에 대한 가상의 승리를 의미하는 시뮬라시옹은 결국 실재와 의미의 상실로 이어진다.

그렇다면 의미가 상실되고 사회가 완전히 해체된 디지털 영상 시대에 인문학은 가능한가? 우리는 대상, 의미, 메시지, 실재를 전제하지 않고서도, 즉 플라톤이 추구하였던 이데아를 전제하지 않고서도 이미지의 안개

---

29 Jean Baudrillard, *In the Shadow of the Silent Majorities*(New York : Semiotext, 1983), 100쪽.

가 짙게 드리워져 방향감각을 상실한 현대사회에서 인문학의 지평을 세울 수 있는가? 만약 플라톤의 이데아를 '우리에게 보이는 실재의 참모습'으로 이해한다면, 실재보다 더 실재 같은 디지털 이미지의 출현은 이데아의 현실화를 의미하는가? 이 지점에서 다시 한 번 플라톤의 말을 상기해보자. 그에 따르면 우리는 현상을 생산할 뿐 실재를 만들 수 없다. 그렇다면 디지털 이미지들은 실재보다 더 실재적인 현실을 만들어냄으로써 오히려 실재와 가상의 관계 자체를 파괴하고 있는 것은 아닌가? 가상과 실재의 관계를 정치하게 분석하고 있는 플라톤의 미메시스 이론은 주지하다시피 형상—현상—영상의 구조를 역전될 수 있는 것으로 서술하고 있다. 형상이 우리에게 나타나려면 현상과 영상 같은 이미지를 필요로 하지만, 현상과 영상은 동시에 이를 초월하는 형상과 이데아를 끊임없이——지시하는 것이 아니라——암시한다. 디지털 영상 시대는 바로 형상과 영상, 실재와 이미지 사이에 존립하는 이러한 가역성의 구조를 파괴하고 있는 것이다. 보드리야르는 실재와 이미지의 가역성을 상징적 교환이라는 개념으로 설명한다. 그에 따르면 형상과 이데아는 언제든지 이미지로 전환될 수 있으며, 영상과 이미지도 마찬가지로 형상과 이데아로 역전될 수 있다. 만약 현대의 디지털 정보기술이 이러한 가역성을 원천적으로 봉쇄한다면, 영상 시대의 인문학은 아마 불가역성이 표출되는 사회 논리와 문화적 지층을 발견함으로써만 가능할 것이다.

　현대의 디지털 정보사회가 불가역적이라는 것은 시뮬라시옹을 통한 실재의 과다한 실재화가 결국은 이미지의 의미마저 박탈한다는 사실에서 확인된다. 시뮬라시옹은 결코 실재에 대한 가상의 승리만을 의미하지 않는다. 그것은 결국 가상의 의미마저 공동화한다. 보드리야르는 과실재를 통한 가상의 종말을 포르노를 통해 정치하게 분석하고 있다. 우리는 포르노를 성의 외설로 종종 오해한다. 그러나 보드리야르에 따르면 포르노는 도발과 퇴폐의 내용을 담고 있는 것이 아니라, 관음증의 현상에서 볼 수 있듯이, 실재에 대한 과다한 추구를 뜻한다.

만일 포르노에서 작용하는 유일한 환상이 있다면, 그것은 섹스의 환상이 아니라 실재의 환상, 실재가 실재와는 다른 것 속에, 즉 과잉실재 hyperreality 속에 흡수되는 환상이다. 포르노에 나오는 남의 정사를 훔쳐보는 변태 성욕voyeurism은 성적인 변태 성욕이 아니라, 재현과 재현의 상실의 변태 성욕, 무대의 상실과 외설스러운 행위의 범람에서 생겨나는 현기증이다.[30]

포르노에서 우리는 구체적이고 감각적인 생활 세계에서는 볼 수 없었던 것을 볼 수 있다. 발기한 성기와 그 움직이는 모습, 크게 벌어진 입과 구멍, 피부를 스쳐가는 가벼운 떨림과 격정적인 전율. 정밀하게 묘사된 이러한 이미지들에는 결코 성이 존재하지 않는다. 여기서 성기는 다른 사람과의 성적 교환, 즉 성교를 위한 육체적 기관을 지시하지도 않으며 인간의 사회질서를 규정하는 규범적 상징 기호로서 작용하지도 않는다. 포르노에서 이루어지는 성기의 해부학적 묘사는 오히려 성을 파괴하고 있는 것이다.

성기의 정밀 묘사를 통한 성의 해체는 무엇을 의미하는가? 성적인 것이 너무나 성적 주체에 밀착함으로써 오히려 증발해버린 것은 아닌가? 포르노의 성적 이미지들은 사실적이라고 하기에는 너무나 사실적이고

---

30 장 보드리야르, 《유혹에 대하여》, 배영달 옮김(백의, 1996), 47쪽 이하.

너무도 가까이 있다. 포르노가 지나치게 많은 가시성을 부여함으로써 우리에게서 빼앗아가는 것은 바로 성적 상상과 환상이다.[31] 전통적 유형의 포르노는 여전히 우리의 성적 상상력을 자극하고 도발하는 성적 내용을 가지고 있었다. 그러나 디지털 이미지 시대의 포르노는 성적 이미지의 과다한 실재화를 통해 우리를 성적으로 무감각하게 만들고 있다. 보드리야르는 세부적인 것에 대한 환각이 빚어내는 변태 성욕을 새로운 외설이라고 부른다. 성적인 것은 이제 완벽한 정밀 묘사, "무한히 작은 것 속에서 사라져가는 정확성"[32]을 통해 해체되고 있는 것이다. 진짜보다 더 진짜 같은 포르노는 우리에게 더 이상 매혹적이지 않다. 그것은 더욱 커다란 정밀성과 정확성을 추구하는 시뮬라시옹의 순환 논리에 의해 움직이는 기술적 엔트로피에 불과하다.

이미지가 더 이상 우리의 상상력을 도발하지 못한다면, 이미지는 이제 죽은 것이다. 보드리야르는 이러한 이미지의 죽음을 다시 네 단계로 설명한다.[33] 첫째 단계에서 정밀한 묘사화는 대상을 작게 나타내면서 그것의 윤곽을 그린다. 이미지는 전체의 모사가 아니라 특정한 부분의 세밀한 모사로 전락한다. 둘째 단계에서 정밀 묘사화의 이미지들은 특정한 대상을 지시하지 않는다. 포르노에서 정밀 묘사된 성기들이 아무런 의미 없는 기호들에 불과하듯이, 묘사된 이미지들은 가치 없는 기호들이다. 셋째 단계의 정밀한 이미지들은 일상적 실재를 묘사하지 않고 오히려 상징적 질서의 부재를 묘사한다. 넷째 단계에서 더 이상 대상과 실재를 묘

---

31 이에 관해서는 Mike Gane, *Baudrillard : Critical and Fatal Theory*(London and New York : Routledge, 1991), 152쪽을 참조할 것.

32 장 보드리야르, 《유혹에 대하여》, 50쪽.

33 이에 관해서는 장 보드리야르, 《유혹에 대하여》, 85쪽 이하를 볼 것.

사하지 않는 이미지들은 실재를 소멸시키는 형이상학적 유혹에 매몰된다. 보드리야르가 마지막 단계를 형이상학적 유혹이라고 명명하는 것은 대상으로부터 분리된 이미지 자체가 이제는 존재론적, 인식론적, 규범적으로 절대화되기 때문이다.

그러나 대상과 실재를 소멸시키는 디지털 이미지들의 유혹은 가상과 가상만을 연결시키기 때문에 불가역적인 성격을 띠고 있다. 이것은 우리가 디지털 영상 시대에 이미지의 생산에 어떻게 참여하는지를 살펴보면 명확해진다. 영상 시대의 생산자들은 본질적으로 이미지의 소비자들이다. 텔레비전의 이미지들은 우리를 강력하게 유혹하지만, 우리는 결코 이러한 이미지들의 유혹자가 될 수 없다. 구체적인 상징 세계에서 이루어지는 유혹의 가역성, 즉 유혹하는 사람은 스스로 유혹당할 수 있으며 유혹당하는 사람은 거꾸로 유혹할 수 있다는 상징적 교환의 구조가 무너진 것이다. 여기서는 텔레비전의 이미지들이 신화, 복제, 환각, 거울, 꿈과 같은 것을 전혀 가지고 있지 않기 때문에 우리의 상상력을 건드리지 않는다는 강한 주장은 보류하겠다. 다만 한 가지 분명한 사실은 현대인들이 이미지들의 유혹을 뿌리치고 저항할 수 있는 가능성이 점차 줄어들고 있다는 것이다. 반발과 저항의 가역성을 허용함으로써 우리의 상상력을 도발하는 유혹이 상징세계의 "뜨거운 유혹"이라면, 의미가 철저하게 상실된 디지털 이미지들의 유혹은 "차가운 유혹"이라고 할 수 있다.[34]

가상현실은 우리의 상상력을 파괴함으로써 실재뿐만 아니라 가상의 의미마저 해체하고 있다. 그러나 이러한 사실은 이미지들의 범람 때문에 인식의 표면으로 떠오르지 못한다. 왜냐하면 디지털 이미지들을 통한 가

---

34 장 보드리야르, 《유혹에 대하여》, 129쪽.

상현실의 확대가 마치 상상력의 증대인 양 위장되고 오해되고 있기 때문이다. "정보는 더욱 많고 의미는 더욱 적은 세계에 우리는 살고 있는 것이다."[35] 의미를 전제하지 않고서도 우리는 과연 인문학의 가능성을 생각할 수 있을까? 만약 그렇다면, 디지털 정보 시대는 인문학마저 소멸시킬 공산이 크다. 그러나 인간이 유한한 존재로 살아갈 수밖에 없는 한, 즉 인간의 유한성을 어떻게 초월할 것인가 하는 문제가 필연적으로 제기되는 한, 의미는 우리의 구체적인 문제로 남을 것이다.

영상 시대의 인문학은 바로 이 지점에서 출발해야 한다. 그 지점은 아마 정보의 폭발이 반드시 의미의 증대로 이어지지 않는다는 사실을 확인할 수 있는 장소이며, 가상현실의 확대가 실재뿐만 아니라 가상마저 해체한다는 점을 인식할 수 있는 장소이며, 대중 소비사회에는 인간과 인간, 인간과 자연 사이의 상징적 교환을 불가능하게 만드는 사회적 논리가 있다는 점을 통찰하는 장소일 것이다.[36] 그것은 또한 이미지가 의미를 획득하려면 시뮬라시옹을 통해 해체했던 구체적 현상과 본질적 형상을 다시 부활시켜야 한다는 것을 암시한다. 우리는 물론 전통 철학과 인문학에서처럼 형상과 본질, 실재와 현실이 직접적으로 주어져 있다고 생각할 수는 없다. 우리는 그것을 다양한 이미지들을 통해 단지 간접적으로만, 즉 이미지의 매체를 통해서만 상상할 수 있을 뿐이다.

그렇다면 영상 시대의 인문학은 이미지들 상호 간의 유희가 어떻게 단순한 기호의 성격을 초월하여 바람직한 인간의 모습과 사회질서의 이미

---

35 장 보드리야르, 《시뮬라시옹》, 143쪽.

36 이에 관해서는 Deborah Cook, "Symbolic Exchange in Hyperreality", Douglas Kellner (ed.), *Baudrillard : A Critical Reader* (Oxford · Cambridge : Blackwell, 1994), 150~167쪽을 참조할 것.

지를 암시할 수 있는가를 해명해야 한다. 시뮬라시옹이 이미지의 실재화를 가져왔다면, 영상 시대의 인문학은 플라톤의 미메시스를 현대적으로 재구성함으로써 이미지를 의미 있게 만들어야 할 것이다. 그것은 근본적으로 실재와 가상, 이데아와 이미지의 관계를 ── 전통 철학에서처럼 지시적 관계가 아니라 ── 초월적으로 재구성해야 한다는 것을 뜻한다. 이데아 없는 이미지는 공허하며, 이미지 없는 이데아는 맹목적이기 때문이다. 이런 맥락에서 영상 인문학은 우리로 하여금 니체의 말을 되새기게 한다. "우리는 참된 세계를 폐지하였다. 어떤 세계가 남아 있는가? 어쩌면 가상의 세계가? ……그러나 그렇지 않다! 참된 세계와 함께 우리는 가상의 세계도 폐지한 것이다!"[37]

37 F. Nietzsche, "Wie die 'wahre Welt' endlich zur Fabel wurde", *Götzen-Dämmerung*, KSA 6, 81쪽.

TECHNO
HUMANITIES

제2부

몸과 기계

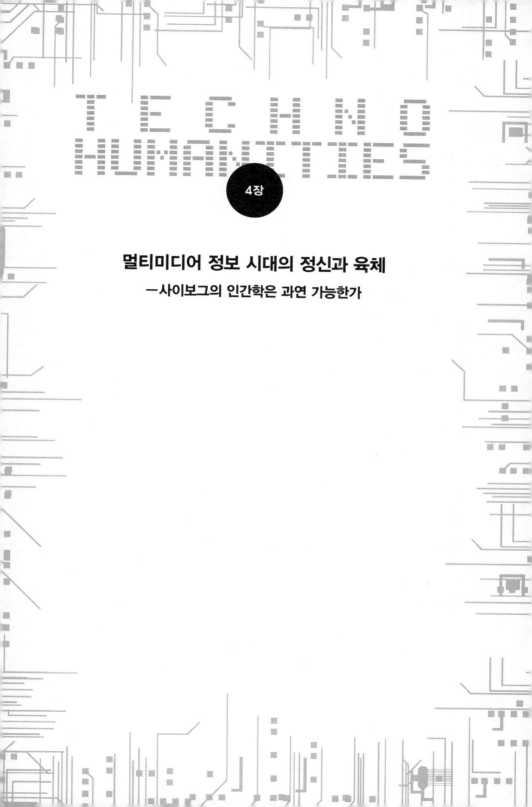

TECHNO HUMANITIES

4장

멀티미디어 정보 시대의 정신과 육체

—사이보그의 인간학은 과연 가능한가

우리의 문화는 미디어를 다양하게 증식시키고 동시에 이러한 매개 작용의
모든 흔적들을 지워버리고자 한다.

　　　　　　　　　　　　　　　　　　　　　—제이 데이비드 볼터 · 리처드 그루신

어떤 미디어의 내용은 항상 다른 미디어이다.

　　　　　　　　　　　　　　　　　　　　　　　　　　—마셜 매클루언

우리 시대는 신화적 시대이다. 우리는 모두 키메라이다. 이론화되고 제작된
인간과 기계의 혼성체들이다. 간단히 말해 우리는 사이보그들이다.

　　　　　　　　　　　　　　　　　　　　　　　　　　—도나 해러웨이

1. 미디어 시대—육체의 인간에서 의식의 인간으로

그것은 인간 세계에서 가장 아름다운 것이다. 내가 나의 고깃덩이를 뒤에 남겨두고 그냥 여기서 살 수만 있다면, 만일 내가 순수한 의식이기만 하다면, 나는 행복해질 수 있을 텐데.[1]

대중문화의 사이보그 이미지를 가장 잘 보여주는 만화 《사이버펑크 Cyberpunk》의 주인공 토포가 하는 이 말은, 디지털 정보 시대라는 의미심장한 기호를 달고 있는 21세기 인문학의 방향을 극명하게 말해준다. 디지털 정보 시대가 "가장 아름다운 것"이라고 묘사하는 것은 도대체 무엇일까? 만화의 주인공이 '정신적으로' 들어가는 유희의 장소에서는 전 세계의 데이터가 3차원적 추상으로 존재할 뿐만 아니라 모든 사람들의 교

---

1 Claudia Springer, *Electronic Eros : Bodies and Desire in the Postindustrial Age* (Austin : University of Texas Press, 1996). 한국어판 : 클라우디아 스프링거, 《사이버 에로스—탈산업 시대의 육체와 욕망》, 정준영 옮김 (한나래, 1998), 95쪽에서 재인용.

감이 환각으로서 이루어진다.

디지털 정보 시대가 아름다운 곳으로 서술하는 곳은 다름 아니라 물질적이고, 육체적이고, 구체적인 모든 것이 추상화되고 오직 정신과 의식만이 존재하는 곳이다. 이러한 사실은 사이버펑크 텍스트들에서 인간의 육체를 가리키는 고깃덩이라는 용어가 성기와 관습적으로 연결되며, 전형적으로 부정적 함의를 전달한다는 사실에서 잘 드러난다. 육욕과 성기를 필요로 하지 않는 사이버 에로스, 몸과 신체를 증발시켜버린 디지털 순수의식. 이런 시대에 과연 인문학을 꿈꿀 수 있을까?

인문학이라 불리는 학문은 최근의 산물이고 또 인문학을 탄생시킨 콘텍스트가 사라지면 인간이라는 텍스트 역시 사라질 것이라는 푸코의 말을 떠올리지 않더라도, 인문학은 분명 데카르트René Descartes의 이원론에 많은 빚을 지고 있다. 빚이 너무 많으면 원금은커녕 이자도 못 갚게 되는 것이 생활 세계의 진리다. 우리는 현대 기술 문명의 정신적 토대가 되었던 이원론의 빚에 눌려 데카르트가 왜 의식과 세계, 정신과 물질을 구별할 수밖에 없었던가 하는 본연의 문제는 망각한 것처럼 보인다. 데카르트의 본질적 문제이자 궁극적 관심은, 변화하는 우연의 세계 속에서 변화하지 않는 필연의 토대를 구축함으로써 실천의 규범적 방향을 설정하고자 한 것이 아니었던가? 이런 질문을 열어놓는다 하더라도, 한 가지 분명한 사실은 데카르트가 자신의 의식 중심적 세계관에서 결코 물질과 육체의 세계를 부정하지 않았다는 점이다.

그러나 현대의 디지털 기술 문명은 의식의 세계를 확장하기 위하여 점점 더 우리의 육체를 지우려는 경향을 띠고 있다. 우리는 종종 환경을 오염시키고 생태계를 파괴한 기술 문명의 원인으로 데카르트의 이원론을 지목하지만, 세계를 정신과 물질의 두 시각에서 바라보는 이원론 자체는 엄밀한 의미에서 커다란 문제가 되지 않는다. 그렇다면 무엇이 문제인가? 바로 정신의 세계와 물질의 세계가 절대적으로 분리되어 있다고 파악하는 관점, 그리고 이 두 세계 사이에는 어떤 매개도 존재하지 않는다는 인식이다. 그렇기 때문에 데카르트적 이원론은 물질에 대한 정신과 의식의 우월성을 절대화하였다. 현대 기술 문명이 인간 이외의 물질적 외부 세계를 지배하는 데 여념이 없는 것처럼 보이지만, 실제로 우리의 관심은 의식과 정신에 집중되어 있었다고 해도 과언이 아니다. 우리는 의식이 무엇인지 알려고 하였고, 의식 세계를 확장하려고 했다. 이러한 노력은 결국 의식을 물질과 같은 대상으로 전락시켰다. 정보 시대를 발전시키는 데 결정적 역할을 한 인공두뇌학cybernetics은 의식이 어떻게 만들어지고 활동하는지를 물질적으로 보여주고 있지 않은가. 데카르트의 이원론은 물질에 대한 의식의 우월성을 절대화함으로써 한편으로는 물질세계에 대한 인간의 지배를 확대하고, 다른 한편으로는 인간의 의식마저 물질화하고 있다.

이런 맥락에서 보면 데카르트라는 이름이 디지털 정보 시대에도 여전히 깊이 각인되어 있다는 사실을 부인할 수 없다. 구체적 생활 세계로부터 멀어지면 멀어질수록 더욱 보편적인 세계에 도달할 수 있다는 생각이나 인간의 육체와 욕망을 제거하면 할수록 순수의식을 성취할 수 있다는 생각, 그리고 얼굴과 얼굴을 마주하지 않고서도 의사소통할 수 있다는 생각이 그러하다. 현대인들은 이런 생각을 가지고 자신의 권력과 영토를 확장해왔다. '인간은 자신이 만든 것만을 이해할 수 있다'는 전제 아래 '인간은 모든 것을 만들 수 있다'고 확신하는 기술적 현대인들이 외부 환경만을 지배하고 식민지화한 것은 아니다. 그들은 내부적으로는 자신의 육체를 식민지화하고, 이제 막 의식과 무의식에까지 지배의 손을 뻗치려

하고 있다. 우리는 여기서 하나의 역설을 확인한다. 현대인은 물질에 대해 정신을 절대화하였지만, 이러한 정신의 절대화는 정신마저 물질화함으로써 결국 인간의 정신과 의식을 황폐화하고 있다.

만약 디지털 정보 시대에도 '인간의 문제'가 여전히 하나의 물음표로 남는다면, 우리는 이러한 역설에서부터 출발해야 한다. 인문학은 근본적으로 '인간의 의미'를 규명하는 성찰적 학문이다. 따라서 디지털 미디어 시대의 인문학에 주어진 과제는 마치 정신과 의식을 순수하게 고양시키고 있는 것처럼 보이는 장소에서 오히려 정신과 의식의 물질화를 발견하는 것이다. 이러한 관점에서 보면 우리는 컴퓨터와 사이보그의 출현을 인간의 종말로 해석하는 극단적 기술 비관주의에 빠질 필요도 없으며, 정보기술의 발전에 힘입어 인간의 자유 공간이 무한히 발전할 것이라는 천박한 기술 낙관주의에 직면할 필요도 없을 것이다.

오히려 첨단 매체 기술의 발전과 더불어 새롭게 등장하는 문화적 현상들을 직시함으로써 인간의 문제가 어떻게 변형되고 있으며, 또 인간다운 삶의 가치는 어떻게 사유될 수 있는가 하는 문제에 관심을 기울여야 한다. 왜냐하면 인간이 물질적 외부 세계를 지배하기 위하여 발전시켰던 기술이 이제는 인간 자신에게 적용되기 시작하였기 때문이다. 모든 것을 만들 수 있다는 확신에 가득 찬 근대적 호모파베르homo faber는 막 새로운 인간 사이보그cyborg를 만들어내려고 한다. 만약 우리의 환경 세계를 급격하게 변화시키는 매체 기술이 인간 행위의 본질마저 변화시킨다면,[2] 인간 본성은 자연적으로 주어졌기 때문에 변하지 않는다는 고전적 인간

---

2 이에 관해서는 한스 요나스, 《책임의 원칙—기술 시대의 생태학적 윤리》, 이진우 옮김(서광사, 1994), 22쪽과 51쪽을 참조할 것.

관은 혁명적 도전에 직면할지도 모른다.

　이러한 도전의 한가운데는 두말할 필요 없이 첨단 정보기술이 자리 잡고 있다. 초기자본주의가 인간 상호 간의 공간적 거리를 축소시키는 '교통수단'의 기술적 발전을 통해 가속화되었다면, 현재 진행되고 있는 '소통 수단communication media'의 첨단 기술은 공상과학에서 그려지는 미래의 세계가 현실화될 수 있는 가능성을 열어주고 있다. 교통수단의 발달이 먼저 인간의 운송과 회전을 가능하게 하였다면, 컴퓨터와 같은 정보 기계의 증가가 지식의 회전과 유통을 촉진할 것이라는 데는 의심의 여지가 없다. 정보와 정보기술이 이미 생산력의 결정적 요소로 자리 잡은 만큼, 과거 국가들이 영토의 지배, 원자재와 저렴한 노동력 확보를 위해 전쟁을 했듯이 미래 사회에서는 정보의 지배를 위해 서로 치열한 경쟁을 하리라는 것은 명약관화한 사실이다.[3] 사회의 변화가 주로 첨단 정보기술에 의해 주도되고 있다는 점에서 미래 사회는 충분히 '정보화 사회'로 불릴 수 있다. 그러나 정보화 시대라는 명칭은 첨단 정보기술과 미디어 기술의 발전과 더불어 발생하는 인간 본질의 변화는커녕 새로운 문화 현상도 올바로 포착하지 못한다.

　새로운 이름과 개념은 동시대의 핵심을 포착할 수 있어야 한다. '미디어'라는 낱말에 주목하는 까닭이 여기에 있다. 정보가 전통적 지식과 구별되는 이유를 살펴보면, '정보'보다는 '미디어'가 인간 행위의 본질과 직결되어 있음을 쉽게 알 수 있다. 근대의 과학적 지식이 전통적 지혜와 구별되었던 것처럼, 현대의 정보는 축적과 교환의 가능성에서 지식과는 분

3　장-프랑수아 리오타르, 《포스트모던적 조건―정보사회에서의 지식의 위상》, 이현복 옮김 (서광사, 1992), 22쪽을 볼 것.

명하게 구별된다. 전통적 지혜가 일상적 경험에 묶여 있다면, 과학적 지식은 경험으로부터 추상되어 일반적 타당성을 지니며, 정보는 마침내 구체적 경험과 관계없이 교환을 위해 생산되고 유통된다.

구술되는 이야기보다 문자가 더 많은 지식을 기억하고, 디지털 비트로 교환되는 정보는 문자보다 더 가공할 만한 기억력을 보유하고 있다.[4] 컴퓨터가 우리보다 많은 지식을 기억할 수 있다는 점은 아무도 부인하지 못한다. 그렇다면 지혜를 지식으로, 지식을 정보로 변화시키는 것은 무엇인가? 그것은 축적의 능력, 다양한 지식 형태의 호환 가능성, 유통의 속도를 증대시키는 미디어다. 정보화라는 것은 결국 인간과 지식의 유통을 가속화하는 미디어 기술의 보급과 확산을 의미할 뿐이다. 정보화 시대의 본질은 바로 미디어인 것이다.

그렇다면 미디어가 어떤 점에서 인간 본질의 변화와 관련이 있을까? 말머리에서 인용한 사이보그의 말을 다시 한 번 기억해보자. 사이보그는 고깃덩이 인간의 육체를 제거하고 순수한 의식만을 추구하고자 한다. 사이보그는 〈로보캅〉, 〈블레이드 러너〉, 〈터미네이터〉와 같은 공상과학 영화에서나 등장하는 허구의 존재만을 의미하지 않는다. 사이보그는 인간과 기계가 수렴된 새로운 잡종의 실체, 즉 사이버네틱 유기체cybernetic organism를 지칭하지만, 우리는 현대의 정보 미디어 기술에 내재하고 있는 "육체의 인간에서 의식의 인간으로"의 경향을 사이보그라는 개념으로 표현하고자 한다.[5]

---

4 정보화 시대 디지털화의 의미에 관해서는 최혜실 엮음,《디지털 시대의 문화 예술―통합의 가능성을 꿈꾸는 KAIST 사람들》(문학과지성사, 1999)을 참조할 것.
5 김선희는 사이보그의 유형을 고전적 사이보그와 탈고전적 사이보그의 두 가지로 나누어 설명한다. 전자는 인간과 기계의 결합체를 의미하며, 후자는 인간이 컴퓨터 네트워크에 연결되

현대의 첨단 정보기술은 인간의 두뇌처럼 생각할 뿐만 아니라 인간처럼 느낄 줄도 아는 컴퓨터를 개발하려고 하지 않는가? 문자, 소리, 이미지와 같은 상이한 커뮤니케이션 방식들을 통합 처리하여 유통시키는 디지털 미디어 기술은 우리가 모니터를 바라보면서 마치 현장에 있는 듯 느끼게 하는 감각을 전달하지 않는가? 현대의 첨단 미디어가 현실보다 더 현실 같은 가상현실을 창조한다는 것은 이미 상식이 되어버렸다.[6] 만약 미디어의 궁극적 목적이——레니 네로Lenny Nero의 미래학적 영화 〈스트레인지 데이즈Strange Days〉가 보여주는 것처럼——사람들 사이의 감각적 경험까지 전송하는 것이라면, 다시 말해 네가 행하고, 보고, 듣고, 느끼는 것을 나도 똑같이 행하고, 보고, 듣고, 느낄 수 있도록 하는 것이라면, 미래의 첨단 미디어 기술은 모든 미디어들을 무의미하게 만들 것임에 틀림없다.

미디어 기술의 궁극적 목적은 결국 모든 미디어를 제거하는 것이다. 우리는 이러한 예측이 미래학적 공상에 지나지 않는다고 치부할 수도 있다. 그러나 한 가지 분명한 사실은 현대의 기술이 미디어가 가지는 물질적 장애물을 가능한 한 제거하기 위하여 다양한 미디어를 개발하려는 경향을 띤다는 것이다. 만약 우리가 이러한 미디어 기술의 경향을 인정한다면, 육체를 지우고 의식의 공간을 확장하려는 사이보그의 존재를 공상의 산물로만 여길 수는 없을 것이다.

어 정보를 상호 교류하는 것을 의미한다. 김선희, 《사이버시대의 인격과 몸》(아카넷, 2004), 제5장.

6 이에 관해서는 이진우, 〈영상 인문학은 가능한가—이미지의 '실재성'과 '초월성'을 중심으로〉, 《영상 시대의 인문학》(계명대학교 인문과학연구소 1999년 가을 심포지엄), 1~16쪽을 참조할 것.

우리는 이미 사이보그다. 그것은 한편으로 인간이 테크놀로지에 점점 더 의존함으로써 인간과 기계의 구분이 더욱 희미해졌다는 것을 의미하지만, 다른 한편으로는 우리의 신체적 지각과 행동을 컴퓨터와 미디어 구성물과 통합시킴으로써 우리의 주체성 경험이 이미 변화하였다는 것을 뜻한다. 이 글은 이러한 전제 조건에서 출발하여 우선 인간의 지식과 의식을 확장하려는 디지털 미디어가 가상현실 속에서 육체를 어떻게 해체시키는지를 살펴볼 것이다. 그런 다음 인간의 직접적 경험, 즉 무無매체적 경험을 실현하려면 미디어를 다양하게 증식시킬 수밖에 없는 미디어의 변증법적 논리를 분석하고, 마지막으로 멀티미디어 기술을 통해 이루어진 새로운 자아를 해명함으로써 미디어 시대에 가능한 새로운 인간적 가치를 탐색하고자 한다.

2. 디지털 의식과 가상현실—미디어의 육체 지우기

디지털 정보 시대의 효과를 가장 직접적으로 느낄 수 있는 문화적 현상은 가상현실이다. 가상현실은 결코 실재성이 박탈된 허구의 공간을 의미하지 않는다. 디지털 문화에 익숙하지 않은 많은 사람들은 아직도 가상현실을 실재의 현실과 구별되는 허구나 가짜쯤으로 생각하지만, 우리는 영화와 전자 게임에서뿐만 아니라 텔레비전 광고와 뉴스, 인터넷과 웹 사이트를 통해 이러한 가상현실을 매일매일 직접적으로 경험한다. 가짜는 진짜와 구별될 때에만 가짜의 의미를 획득한다는 것은 주지의 사실이다. 만약 가상假像이 실재보다 더 실재 같고, 허구가 현실보다 더 현실처럼 보인다면, 가상과 현실을 가로지르는 전통적 구분은 이미 타당성을 상실한 것이다. 이런 맥락에서 보면 가상현실은 가상과 실재, 허구와 현실, 진리와 허위의 구분이 불투명해진 사회에서 우리가 그 실재성과 현실성을 직접적으로 느끼는 허구의 공간이다. 다시 말해 가상현실은 비록 현실은 아니지만, 우리가 현실처럼 '느끼는' 가상의 세계인 것이다.

우리는 여기서 '현실과 같다는 느낌'에 주목할 필요가 있다. 우리는 구체적 현실에서 경험한 것을 가능한 한 원래의 느낌대로 보존하고 싶어한다. 그러나 시간은 이러한 욕망을 종종 무색하게 만든다. 예컨대 아주 오래전 누군가와 커피를 마시면서 나누었던 정담이 때로는 희미하게 기억의 표면으로 떠오르기도 하지만, 그럴 경우에도 대개는 느낌과 감동이 탈색된 채 하나의 사실로만 기록되어 있을 뿐이다. 그러나 어떤 경우에는 커피의 진한 향기가 예전의 기억을 마치 눈앞에서 벌어지고 있는 사건처럼 생생한 이미지로 만들기도 한다. 전자의 경우, 정보가 감각을 되살리지 못한다면, 후자의 경우에는 감각이 정보를 복원하고 있는 것이다.

그렇다면 의식의 기억 속에 저장되어 있는 정보와 구체적 현실에서 느꼈던 감각을 결합할 수 없을까? 우리는 현대의 디지털 미디어 기술이 바로 이 질문에 대한 적극적 대답을 시도하고 있음을 확실히 알고 있다. 구체적 현실로부터 추상화되어 저장되었던 정보들이 문자, 소리, 이미지를 통합한 디지털 매체를 통해 감각적 현실성을 가지고 우리에게 전달되고 있는 것이다. 만약 디지털 미디어를 통해 구성되는 사이버 공간의 현실이 구체적 현실을 가지고 있다면, 어떻게 가상현실과 실재 현실을 구별할 수 있다는 말인가?

이러한 사실은 가상현실의 기술적 계보에서도 분명하게 드러난다. 가상현실virtual reality은 본래 컴퓨터에 의한 몰입 장치와 관련된 용어다. 예를 들면 HMD(Head Mounted Display)라 불리는 입체안경, 데이터 장갑과

옷을 착용하면, 그 어디에도 존재하지 않지만 실제 현실에서 경험할 수 있는 동일한 방식으로 허구적 현실을 경험할 수 있다.[7] 입체안경을 '벗지' 않는 한, 결코 가상현실과 실제의 현실을 구별할 수 없음은 명약관화한 일이다. 지금은 우리가 이러한 기술적 보조 장치를 마음대로 썼다 벗을 수 있다고 생각할 수 있다. 복잡하고 거추장스럽기 짝이 없는 보조 장치가 언젠가는 칩 하나로 단순화될 수도 있으며, 또 인간의 유기체와 결합하여 소위 말하는 사이보그가 현실화될 수도 있다. 그러나 정보 미디어 기술의 경향을 규명하기 위하여 반드시 이러한 공상이 필요한 것은 아니다. 중요한 것은 미디어 기술에 의존하는 한 쉽게 미디어를 벗어던질 수 없으며, 첨단 멀티미디어를 포기하지 않는 한 가상현실을 만들어내는 시뮬레이션의 논리에 예속될 수밖에 없다는 사실이다.

시뮬라시옹은 단지 실재를 모방하는 허구의 현실이 아니다. 그것은 흉내 낼 대상과 실재가 없는 이미지임에도 불구하고 그 자체로서 현실을 대체하게 되는 경험 현상이다. 가상현실은 근본적으로 두 가지 원리를 통해 구성된다. 하나는 디지털 매체를 통해 전달되는 언어와 가상 이미지가 구체적 현실에서 해방되어 자율성과 자기 지시적 성격을 띠고 있다는 것이며, 다른 하나는 이러한 이미지들이——아무런 미디어가 없는 것처럼——우리에게 직접적으로 전달된다는 것이다. 전자가 정보 기호의 자율화로 명명될 수 있다면, 후자는 정보 기호의 감각화로 불릴 수 있다. 전자가 정보가 생산되고 유통되는 과정의 논리를 말해준다면, 후자는 디지털 정보가 대중들에게 소비되고 수용되는 경험의 논리를 서술해준다.

---

7 이에 관해서는 Michael Heim, *The Metaphysics of Virtual Reality*(New York : Oxford University Press, 1993). 한국어판 : 마이클 하임, 《가상현실의 철학적 의미》, 여명숙 옮김(책세상, 1997)을 참조할 것.

그러나 기호가 지시 대상으로부터 분리되어 자유롭게 유동한다는 논리는 그렇게 간단하게 이해되지 않는다. 예를 하나 들어보자. 김정호가 〈대동여지도〉를 그릴 때처럼 예전에는 지도를 작성하려면 지역을 수십 번을 반복하여 답사해야만 했다. 그러나 인공위성을 이용하는 현대의 촬영 기술은 현지에 가보지 않고서도 지형을 훨씬 더 정밀하게 묘사한다. 예전에는 구체적 경험을 통해 획득한 사실을 종합해서 지도를 그렸다면, 오늘날에는 추상적 패턴으로 읽힌 정보를 바탕으로 지도가 그려진다. 이처럼 현대의 정보기술은 지식을 구체적 경험으로부터 해방시키고 동시에 자유롭게 호환되고 교환될 수 있도록 만들려는 경향이 있다.

인류가 정보를 저장하고 전달하기 위하여 창조한 미디어는 이러한 방향으로 발전되어왔다. 예컨대 문자 이전의 시대에는 우리가 오늘날 텍스트라고 부르는 모든 것이 단지 기억의 영역에만 존립하였다. 정보는 기억력의 한계 내에서 저장되었고, 기억의 정도에 따라 전파되었다. 문자와 글쓰기의 발명과 함께, 텍스트는 손으로 쓰인 글의 영역으로 옮겨 갔다. 주지하다시피 인쇄 기술의 발달은 텍스트를 교환 가능한 상품으로 만들었다. 오늘날 우리는 거대한 도서관 속에 살고 있지만, 여전히 우리가 필요한 텍스트에 쉽게 접근하지 못한다.

현대의 정보기술은 마침내 우리 모두가 쉽게 접근할 수 있는 전자 텍스트를 만들어냈다. 우리의 머릿속에 기억된 정보들을 필요에 따라 끄집어내듯, 우리는 이제 컴퓨터에 저장된 정보들을 화면에 불러낸다. 전자 텍스트 사용자들은 정보를 저장하기 위하여 가상의 집을 짓고 방을 만들어야 하며, 그것을 사용하려면 가상공간의 위치를 파악할 줄 알아야 한다. 사이버 공간에서 유통되는 정보가 구체적 현실과 인간으로부터 독립되어 저장되고 유통된다는 사실을 감안하면, 전자 텍스트는 정말 "어떤 신체도 없이 단지 정신만 지니고 있는 것"처럼 보인다.[8] 이처럼 고도의 정보기술은 문자, 책, 그림과 같은 매체 수단의 물질적 성격을 해체하고 있다.

만약 정보가 물질적 토대에 더 이상 의존하지 않는다면, 매클루언이 말한 것처럼 미디어는 정말 메시지를 스스로 산출한다. 현대사회의 정보는 어떤 공간과 시간에도 예속되어 있지 않고, 어떤 물질성도 가지고 있지 않으며, 어떤 의미와도 직접 결합되어 있지 않은 기호들로 구성되어 있다. 디지털화가 본래 모든 정보를 'on-off'의 이분법에 기초해 처리하는 컴퓨터의 정보처리 방식을 정보의 전송 부문에 적용하는 것을 의미한다면, 유통되는 정보는 사실 이진법으로 암호화된 기호들에 불과한 것이다. 우리는 전송을 위하여 기호로 암호화된 메시지가 감각적 기호로 변형될 때——예를 들면 종이에 잉크로 인쇄되거나 소리나 이미지로 바뀔 때——비로소 이 메시지의 물질적 성격을 추정하고 경험할 수 있다.

우리는 여기서 디지털 정보가 대중에 의해 수용되고 지각되는 고유한 논리 방식과 접하게 된다. 미디어를 통해 전송하기 위하여 0과 1의 조합인 디지털 코드로 전환된 정보가 이해되려면, 디지털 메시지는 다시 문자, 영상 및 소리의 아날로그 메시지로 전환되어야 한다. 여기서 우리는 정보를 전기의 강약 신호로 전환시키는 아날로그 방식과 디지털 방식의 근본적인 차이에 주목할 필요가 있다. 아날로그 방식은 복제하면 할수록 외부의 간섭으로 신호가 심하게 왜곡되거나 훼손될 수 있지만, 디지털 신호는 반복적인 복제와 유통에도 불구하고 원본의 신호 형태를 그대로

---

8 Florian Brody, "The Medium Is the Memory", Peter Lunenfeld (ed.), *The Digital Dialectic : New Essays on New Media* (Cambridge, Mass. : MIT Press, 1999), 134~149쪽에서 142쪽.

유지할 수 있다. 그것은 사이버 공간에서는, 다양한 물질들의 간섭을 받는 구체적 현실에서보다 현실을 더 정밀하고 실제적으로 경험할 수 있다는 것을 의미한다.

간단히 말하자면, 디지털 정보기술은 구체적 현실로부터 추상화된 기호들을 감각적으로 경험할 수 있는 멀티미디어를 발전시키고 있다. 오늘날 우리는 캐나다에 직접 가보지 않고서도 웹 사이트의 가상공간에서 아름다운 로키 산맥을 현실감 있게 경험할 수 있으며, 동물원을 방문하지 않아도 전자 백과사전 속에서 사자의 모습과 울음소리를 문자적 설명과 함께 들을 수 있다. 여기서 우리는 정보기술의——부인할 수 없는——편의성에 현혹되어서는 안 된다. 우리가 놓쳐서는 안 되는 핵심 사항은 추상적 정보가 구체적 물질세계에 대해 점차 우선권을 획득하고 있다는 사실이다.

이런 맥락에서 보면 가상현실은 바로 물질적 대상들로 구성된 구체적 현실이 패턴 형식의 정보 속으로 흡수되고 해체된다는 문화적 현상을 일컫는다. 가상현실과 사이버 공간 속에서는 이미 물질과 정보, 가상과 실재, 육체와 정신의 구분이 불투명해지고 있다. 물론 현대의 분자생물학자들은 구체적 현실도 가상현실과 마찬가지라고 단언한다. 그들에 따르면 육체는 유전자 속에 암호화된 정보를 단지 표현하는 것이다.[9] 내용은 이미 유전자적 패턴 속에 제공되어 있으며 육체의 물질성은 미리 존재하고 있는 의미론적 구조를 서술한다는 생물학적 지식은, 우리의 구체적

---

9 이에 관해서는 Erwin Schrödinger, *What Is Life? The Physical Aspect of the Living Cell*(Cambridge [Eng.] : Cambridge University Press, 1944) ; Richard Doyle, *On Beyond Living : Rhetorical Transformation of the Life Sciences*(Stanford : Stanford University Press, 1997)를 참조할 것.

현실이 어떤 의미에서는 이미 가상현실에 지나지 않음을 암시하는 것일까? 유전자가 비록 인간의 육체 속에 들어 있기는 하지만 인간의 육체를 생산하는 본래의 정보 패턴으로서 파악될 수 있다면, 우리의 구체적 현실은 '잠재적으로' 존립하는 가상현실이 감각적으로 실현된 것에 불과한 것인가? 인간의 유전자 정보를 완전하게 해독할 수 있다면, 우리는 인간의 육체를——미국 영화 〈스타 트렉Star Trek〉에서처럼——금빛 광선 속으로 사라지게 하여 다른 곳으로 순간 이동시킬 수 있는가?

지금 우리는 이러한 질문에 확실한 답을 제공할 수는 없다. 그렇지만 미디어 시대가 추구하는 기술적 경향을 다음과 같이 정리할 수는 있다. 정보가 구체적 현실 세계를 지배하는 물질적 제약으로부터 독립될 수 있다면, 그것은 시간과 공간을 가로질러 자유롭게 유통될 것이다. "만약 우리가 스스로 구성하였던 정보가 될 수 있다면, 우리 역시 신처럼 불멸의 존재로 자유롭게 날아다닐 수 있을 것이다."[10] 만약 인류가 이런 꿈을 버리지 못한다면, 우리는 물질적 육체를 가능한 한 벗어던지고 자유로운 의식의 세계를 추구하려는 미디어의 논리에 예속될 수밖에 없다.

그러나 이러한 가상현실은 결코 공상의 세계가 아니다. 가상현실은 이미 우리의 구체적 경험을 혁명적으로 바꾸어놓고 있다. 인간과 기계의 공유 공간이라 할 수 있는 인터페이스는 동시에 우리를 세계와 연결시켜주는 현실적 공간이다. 우리는 컴퓨터 모니터를 통해 소식을 듣고, 정보를 획득하고, 생활을 계획하고, 다른 사람들과 대화를 나눈다. 21세기 삶의 터전이 "사람의 도시"이기보다는 "비트의 도시City of Bits"라는 것은

---

10 N. Katherine Hayles, "The Condition of Virtuality", Peter Lunenfeld(ed.), *The Digital Dialectic : New Essays on New Media*, 68~94쪽 중에서 75쪽을 참조할 것.

명약관화한 일이다.[11] 인터넷의 가상공간에서 우리는 모두 얼굴도 없고 이름도 없는 사람들에 불과하다. 어떤 ID들은 종종 인격의 흔적을 가지고 있지만 대부분의 경우 그것들은 비트의 연쇄로 이루어진 익명의 기호에 불과할 뿐이다. 비트로 연결되는 인터넷의 세계에서 우리의 감정, 느낌, 얼굴, 몸은 정체성의 형성에 아무런 기여도 하지 않는다.[12] 인터넷에는 우리가 존재할 수 있는 구체적 공간이 없다. 인터넷의 공간은 구체적인 어디에도 존재하지 않으면서 동시에 어디에나 존재한다. 그것은 현대 사회에서 정보가 물질적 형태로 저장되지 않는 것과 같은 이치다.

만약 내가 나의 디스크에서 다른 사람의 디스크로 정보를 복사한다면, 우리는 동일한 정보를 공유하고 있는 것이다. 정보가 비물질적인 것과 마찬가지로 사이버 공간의 사람들은 구체적, 물질적 형태를 가질 필요가 없다. 우리가 누구이고, 어디에서 살며, 무엇을 하는지가 결코 중요하지 않은 인터넷 가상공간은 분명 반反공간적이지만, 우리에게 엄청난 영향력을 미치며 실재하고 있다는 것은 부인할 수 없다. 이렇게 첨단 미디어를 통해 구체적 물질과 공간을 지워버리면서 정보를 교환하고자 하는 태도를 디지털 의식이라고 명명할 수 있을 것이다. 디지털 의식은 분명 순수의식만이 활동할 수 있도록 육체적 장애를 극복하고자 하는 다양한 미디어를 발전시키려는 경향을 가지고 있다. 그런데 미디어가 물질적 미디어를 제거한다는 것은 자기부정의 모순이 아닌가? 우리는 과연 육체를 초월하여 순수의식에 도달할 수 있는가? 이러한 질문은 우리로 하여금

---

11 William Mitchell, *City of Bits : Space, Place, and the Infobahn*(Cambridge, Mass. : MIT Press, 1995). 한국어판 : 윌리엄 미첼,《비트의 도시》, 이희재 옮김(김영사, 1999)를 참조할 것.
12 사이버 공간에서의 개인 정체성 문제에 관해서는 김선희,《과학기술과 인간 정체성─인간, 자아, 젠더》(아카넷, 2012), 특히 제3장을 볼 것.

다시 한 번 미디어의 성격과 논리적 구조에 관심의 초점을 맞추게 한다.

3. 미디어의 변증법—매체 제거의 직접성과 하이퍼미디어의 간접성

컴퓨터 그래픽, 화상 전화, 텔레비전, 영화, 디지털 사진, 그리고 가상 현실. 현대 문화는 이러한 기술들을 미디어로 인정할 뿐만 아니라 적극적으로 이용한다. 정보를 저장하고 전달하는 미디어는 이제 문자에 국한되지 않는다. 이미지는 가상공간에서 이미 문자보다 더 커다란 영향력을 발휘하는 미디어로 정착하고 있다. 이러한 사실은 정보 전달의 수단이 편지에서 전화로 그리고 전화에서 다시 전자 편지로 바뀌고 있을 뿐만 아니라, 최근 급속도로 확산되고 있는 휴대폰이 다시 문자와 음성을 통합하고 있는 현상에서도 잘 드러난다.

간단히 말해서 정보화 시대는 다양한 미디어가 급속도로 증식되고 확산되는 멀티미디어의 시대다. 미디어에 대한 높은 평가와 인정은 단순히 각각의 미디어가 가지고 있는 기술적 기능성 때문만은 아니다. 그것은 오히려 각각의 미디어가 다른 미디어들과 결합하는 방식 때문일 것이다. 예컨대 오늘날 보편화되고 있는 전자메일은 한편으로는 편지라는 문자 미디어를 인용하지만, 다른 한편으로는 음성과 이미지를 통합할 수 있을 뿐만 아니라 쌍방향의 의사소통을 가능하게 하고 있다. 다시 말해 각각의 미디어들은 기술적, 사회적, 경제적인 네트워크에 일종의 그물망처럼 참여하고 있는 것이다. 이러한 조직은 결국 미디어 전체를 하나의 기술적 인공 세계로 구성한다.

미디어는 도대체 무엇인가? 그리고 물질적 매체 수단인 미디어가 어떻게 가상현실을 구성할 수 있는가? 미디어media는, 라틴어 메디우스me-dius에서 유래한 영어 단어 미디엄medium의 복수형으로서 대체로 중간, 매체, 수단의 세 가지 뜻을 가지고 있다. 따라서 미디어는 본래부터 중개되고 매개되어야 할 두 항을 전제한다. 예컨대 편지가 두 사람을 연결해주는 수단이라면, 매스미디어는 다수의 사람들에게 정보와 소식을 전달하는 매체다. 미디어가 편지의 경우처럼 비교적 독립적인 인격과 실체를 전제한다면 중간의 의미가 강하고, 어떤 의지와 능력을 전제한다면 이를 실현할 수 있는 도구와 수단의 뜻을 강하게 함축한다.

그런데 오늘날 문화 현상을 지배하고 있는 미디어의 논리를 발견하려면, 미디어의 존재론적 의미를 규명할 필요가 있다. 존재론적 관점에서보면 인간은 신과 동물의 '중간'에 위치한 존재이기 때문에 자신의 의지를 실현할 '수단'을 스스로 창조할 수 있다. 신이 순수한 정신적 존재이고 동물이 전적으로 물질적 존재라면, 인간은 정신과 육체를 동시에 가진 중간자적 존재다. 창조될 때부터 인간은 자신의 육체를 초월하여 신적인 의식에 도달하려는 경향을 가지고 있는지는 모를 일이다. 그러나 분명한 것은 인간이 자신의 정신과 의식을 실현하기 위하여 끊임없이 다양한 수단을 창조해왔으며, 그 결과가 바로 기술 문명이라는 사실이다.

이런 맥락에서 보면 도구와 기술만이 인간과 자연을 매개하는 수단이 아니라 인간의 육체 자체가 바로 순수의식과 외부의 물질세계를 연결하는 미디어인 것이다. 미디어의 존립 근거가 인간의 중간자적 존재에 있기 때문에 미디어는 근본적으로 두 가지 경향을 가지고 있다. 하나는 자신의 의식을 아무런 매개 없이 직접적으로 경험하고자 하는 '초월적 경향'이며, 다른 하나는 이러한 경험을 가능하게 할 수 있는 미디어를 개발하려는 '기술적 경향'이다. 정보화 시대에 우리를 엄습하고 있는 가상현실은 사실 의식을 직접적으로 경험하기 위하여 만들어진 수많은 미디어들의 효과이다. 이러한 사실은 가상성virtuality이라는 개념이 본래 절대적 의미의 있음有과 없음無 사이에 있는 제3의 중간 영역을 지칭하는 철학적 개념에서 유래한다는 점에서도 잘 드러난다.[13]

가상성의 철학적 어원인 희랍어 개념 디나미스dynamis는 구체적 현실과는 달리 현실화될 수 있는 잠재력을 가진 상태를 의미한다. 우리가 흔히 말하는 가능성이 현실로부터 파생하는 실현의 개연성을 의미한다면, 가상성은 본래 구체적으로 현실화되기 이전의 잠재 상태를 의미한다는 점에서 현실에 버금가는 중요한 의미를 보유하고 있다. 역설적으로 들릴지 모르겠지만, 순수의식의 세계는 우리에게 잠재력의 형태로 주어져 있다는 점에서 가상현실이라고도 할 수 있다. 순수의식과 정신을 실현하려는 인류의 꿈이 창조해낸 수많은 미디어들이 오늘날 가상현실을 구성하고 있다는 사실은 이미 이 점을 잘 말해주고 있다. 따라서 가상현실은 다양한 허구 세계들 중의 하나가 아니라 자신의 의식을 실현하고자 하는 미디어의 필연적 산물이다.

인간의 중간자적 존재로부터 탄생한 미디어는 항상 매체 제거의 직접성과 하이퍼미디어의 간접성 사이를 진동한다. 우리는 통상 중간 매개물이 없는 상태를 '직접적'이라고 부른다. 만약 우리가 아무런 매개 없이, 다시 말해 감각과 개념의 도움 없이 세계의 진리를 포착할 수 있다면, 이러한 직관적 인식은 직접적이고 투명한 것으로 간주된다. 감각이 우리에

---

13 이에 관해서는 김상환, 《예술가를 위한 형이상학─해체론 시대의 철학과 문화》(민음사, 1999), 338쪽 이하를 참조할 것.

게 세계를 인식시킬 뿐만 아니라 세계에 관해 우리를 종종 속인다는 사실을 감안하면, 감각과 상상의 오류를 저지르지 않으면서 세계를 직접 파악하고자 하는 것은 아마 인류의 영원한 꿈일 것이다. 우리를 속이는 것은 감각만이 아니다. 우리의 느낌, 생각, 의도를 전달하기 위하여 만들어진 미디어인 언어는 또 얼마나 이러한 목적에서 빗나갔던가?

그렇기 때문에 인류는 이제까지 가능한 한 미디어의 간접적 장애물을 줄이고 직접적 경험을 가능하게 할 수 있는 미디어를 개발해왔다. 아무런 매체를 필요로 하지 않는 투명한 직접성immediacy은 바로 모든 미디어에 내재하고 있는 '목적'인 것이다. 그러나 투명한 의식을 실현하려면 어쩔 수 없이 다양한 미디어들을 개발할 수밖에 없다. 다시 말해 인간은 의식의 투명한 직접성을 경험하고자 하는 초월적 경향과, 이를 실현할 수 있는 다양한 미디어를 발전시킬 수밖에 없는 기술적 경향을 동시에 가지고 있다. 이런 맥락에서 보면 하이퍼미디어의 간접성은 투명성을 실현하려는 미디어의 필연적 '효과'인 것이다. "우리의 문화는 미디어를 다양하게 증식시키고 동시에 이러한 매개 작용의 모든 흔적들을 지워버리고자 한다. 관념론적으로 말하자면, 우리 문화는 미디어를 증식시킴으로써 동시에 그 미디어를 지워버리고자 한다."[14]

우리는 첨단 미디어 기술을 통해 가상현실 속으로 몰입할 수 있다. 몰

---

14 Jay David Bolter · Richard Grusin, *Remediation : Understanding New Media* (Cambridge, Mass. : MIT Press, 1999), 5쪽. 이들은 멀티미디어 시대의 문화가 다양한 매체 미디어들을 상호 인용하는 미디에이션mediation의 경향을 띠고 있으며, 이러한 매개 작용은 근본적으로 매체 제거의 즉시성immediacy과 하이퍼 매체를 통해 끊임없이 미디어를 환기시켜주는 매체상기성hypermediacy의 이중적 논리에 따라 이루어지고 있다고 진단한다. 이들의 연구는 미디어의 산물인 가상현실을 규범적으로 평가하는 대신, 미디어의 논리를 정치하게 분석함으로써 변화된 자아의 성격을 규명하고 있다는 점에서 탁월한 성과를 보이고 있다.

입한다는 것은 매체를 망각한다는 것을 의미한다. 그러나 우리가 현실에서와 같은 방식으로 다른 허구의 세계를 경험하려면, 아직 컴퓨터와 연결된 입체안경과 같은 기술적 미디어를 써야 한다. 가상공간에 들어서면, 우리는 항상 세계의 시각적 중심에서 그래픽 세계를 바라본다. 다시 말해 우리는 구체적 현실에서 느끼고, 생각하고, 행동하는 것처럼 가상현실 역시 일인칭의 관점에서 바라보는 것이다. 그렇기 때문에 컴퓨터 과학자들은 주저하지 않고 가상현실의 목표가 사용자와 관찰자의 현실감을 증대하는 것이라고 주장한다. 가상현실이 발달하면, 우리는 결국 컴퓨터 인터페이스를 사용하고 있다는 사실을 망각하고 우리에게 나타나는 그래픽 이미지들을 구체적 현실처럼 직접적으로 경험하게 된다는 것이다. 현재하고 있다는 감각, 즉 현실감과 현장감을 증대시키려면 가상현실은 가능한 한 우리의 일상적 시각 경험과 가까워져야 한다. 가상현실의 그래픽 공간은 연속적이어야 하고, 구체적 사물과 대상들로 가득 차 있어야 하며, 사용자의 시야를 중단 없이 충족시켜야 한다. 가상현실을 구성하는 오늘날의 미디어 기술은 여전히 많은 결함을 가지고 있다. 이미지 장면의 이동이 불연속적이며, 색채는 불안정하고, 전체적인 체계가 분열되어 나타나기도 한다. 그렇지만 이러한 기술적 한계들은 그 자체 매체 제거의 직접성과 투명성을 실현하려는 상당한 잠재력을 시사하고 있다. 이러한 미디어 기술을 열광적으로 지지하는 사람들은 언젠가는 컴퓨터와 그 인터페이스 없이도 가상현실을 경험할 수 있다고 기대한다.

그러나 매체를 제거하고 투명성을 실현하려는 초월적 경향은 공상과학의 세계에만 등장하는 것은 아니다. 그것은 이미 현실을 있는 그대로 묘사하려는 르네상스 이후 서양 회화 예술을 관류하고 있는 일반적 경향이다. 컴퓨터 그래픽으로 현실을 투명하게 묘사하려는 것은 회화, 사진,

영화, 텔레비전이 동일한 욕망을 충족시키기 위하여 시도하였던 방식을 계승하고 있다고 해도 과언이 아니다. 예를 들면 르네상스 시대의 화가들은 회화에 직접적 현실성을 부여하기 위하여 원근법을 발전시켰다. 그들은 공간을 수학적으로 서술하는 선형 원근법이 세계를 정확하게 측정하고 묘사할 수 있는 방법이라고 확신하였다. 여기서 우리는 회화의 세계를 마치 구체적 현실의 시각적 세계처럼 바라볼 수 있도록 만드는 원근법과, 세계를 수학적으로 계산하려는 데카르트의 공간 수학이 밀접하게 결합되어 있음을 간파할 수 있다.[15]

예를 들면 사영射影기하학을 사용하면, 우리는 캔버스 너머에 있는 공간을 재현할 수 있다. 즉 선線 투시도透視圖를 사용하는 회화에 재현된 가상의 공간을 관찰자의 공간과 연결시킴으로써 회화라는 미디어를 어느 정도 지워버리는 효과를 제공한다. 만약 우리가 그림을 바라보면서 우리와 동떨어진 세계를 인식하기보다 우리의 시각세계와 연결된 가상현실을 바라본다고 느낀다면, 회화의 미디어가 가지는 물질적 성격은 그만큼 약화되는 것이다. 회화의 원근법을 계승하는 사진과 영화는 생산 과정을 자동화함으로써 이미지의 가상현실과 관찰자 사이에 개입하는 예술가의 역할을 훨씬 더 축소시킨다. 컴퓨터 그래픽은 더욱더 인간의 개입을 제거한다. 프로그램이 일단 쓰이고 실행되면, 기계는 인간의 개입 없이도 가상현실을 현실감 있게 생산하는 것이다. 간단히 말해, 현실을 마치 직접 경험하는 것처럼 투명하게 재현하고자 하는 미디어 기술은――그

---

15 이에 관해서는 Martin Jay, "Scopic Regime of Modernity", Hal Foster (ed.), *Vision and Visuality*(Seattle : Bay Press, 1988), 3~23쪽과 Martin Jay, *The Denigration of Vision in Twentieth-Century French Thought*(Berkeley : University of California Press, 1993), 69~82쪽을 참조할 것.

것이 회화든 사진이든 컴퓨터 그래픽이든 간에——인간의 개입을 가능한 한 제거할 수 있는 미디어를 발전시켜왔다.

그런데 직접적 투명성을 성취하기 위하여 이미지의 가상현실로부터 미디어의 성격을 배제한다는 것은 관찰자를 더욱더 이미지의 세계 속으로 편입시킨다는 것을 의미한다. 만약 영화의 세계가 영화가 그리는 대상 세계와 동일하다면, 영화의 투명성과 직접성은 성취된 것이다. 그렇기 때문에 인터페이스를 통해 가상현실과 접속하는 사람들이 어떻게 하면 인터페이스를 느끼지 못하게 할 수 있는가 하는 문제가 디지털 정보기술의 핵심을 이룬다. 간단히 말해 현대의 정보기술은 미디어의 존재 자체를 느끼지 못하도록 만드는 다양한 미디어를 확대 증식하는 데 여념이 없다고 해도 과언이 아니다. 주지하다시피 오늘날의 멀티미디어는 이미지, 소리, 텍스트, 애니메이션, 비디오와 같이 어떤 형태로든 마음대로 결합될 수 있는 다양한 미디어들의 그물망이다. 미디어가 본래는 매체를 뜻하는 영어 낱말의 복수형이지만 단수 형태로 사용된다는 것은 이러한 현상을 잘 말해준다.

오늘날 컴퓨터, 비디오게임, 인터넷과 웹 사이트를 구성하는 윈도 스타일은 직접적 경험의 감각을 실현하기 위한 다양한 미디어들의 '매체상기성hypermediacy'을 잘 보여준다. 요즈음 통용되는 인터페이스에서 윈도들은 글자 그대로 정보의 세계를 보여주는 창이다. 윈도들은 다른 윈도와 연결되어 있기 때문에 숙련된 사용자들은 여러 창을 동시에 사용할 수 있다. 간단히 말해서, 창들은 스크린 위에서 중첩되거나 연결되는 방식으로 증식한다. 그뿐만 아니라 윈도 내에 있는 다양한 재현 수단들은 텍스트, 그래픽, 비디오와 같이 상이한 공간들을 구성한다. 사용자에게 직접적 경험을 매개하기 위하여 만들어진 미디어들이 결국은 통일된 공간을 구성하기보다는 다양한 공간을 구성함으로써 끊임없이 미디어의 존재를 인식하게 만드는 것이다. 설령 프로그래머가 인터페이스에 보이지 않는다고 할지라도, 사용자는 버튼을 클릭하고, 메뉴를 선택하고, 아이콘과 윈도를 선택함으로써 지속적으로 인터페이스와 접촉하게 된다.

우리는 여기서 윈도의 다양성과 그 내용의 이질성을 보장하는 하이퍼미디어가 결국은 인간을 구체적 현실로 되돌려놓는다는 사실에 주목할 필요가 있다. 인간은 한편으로는 인간과 자연, 인간과 기계를 가로막는 경계를 뛰어넘어서 세계를 직접적으로 경험하고 싶어 하지만, 이러한 투명한 인식을 실현하기 위하여 만들어놓은 다양한 미디어들은 결국 인간을 끊임없이 두 영역들 사이의 중간 영역, 즉 인터페이스로 돌려놓는다. 하이퍼미디어는 그 자체 다양성을 표현할 뿐만 아니라, 디지털 정보기술시대에 "투명한 직접성을 성취하려는 욕망에 대한 문화적 평형"[16]을 이룬다. 하이퍼미디어의 관점에서 보면 인터페이스의 윈도들은 세계로 향한 창이기보다는 다른 미디어와 다른 재현 수단들을 향한 창이다. 하이퍼미디어에는 이처럼 매개의 기호들을 다양하게 증식시키는 논리가 내재하고 있다. 그렇기 때문에 하이퍼미디어를 추구하는 예술가와 프로그래머들은 관찰자가 미디어를 항상 미디어로서 인식하도록 만든다. 이런 관점에서 보면 월드 와이드 웹World Wide Web은 오늘날 가장 영향력 있는 하이퍼미디어 현상이다. 인터넷을 통해 웹 사이트를 방문하면, 우리는 연결과 대체가 하이퍼텍스트의 핵심임을 어렵지 않게 알 수 있다. 클릭 하나로 웹 페이지는 금방 다른 웹 페이지로 대체된다. 새로운 페이지

---

16 Jay David Bolter · Richard Grusin, *Remediation : Understanding New Media*, 33쪽을 참조할 것.

는 이전의 페이지를 지우거나, 이어 붙이거나, 겹쳐 놓음으로써 우리의 주의를 끈다. 이렇게 어떤 미디어가 다른 미디어들을 끊임없이 인용하거나 지시함으로써 경험의 투명성을 증대시키고자 하는 경향이 바로 하이퍼미디어의 논리다.

미디어는 경험의 투명성을 높이기 위하여 다른 미디어를 매개하는 도구다. 마셜 매클루언이 정확하게 지적한 것처럼, "어떤 미디어의 내용은 항상 다른 미디어이다. 글의 내용은 연설이다. 그것은 쓰인 낱말이 인쇄의 내용인 것과 똑같다. 그리고 인쇄된 것은 전보의 내용이다."[17] 글도 미디어고, 연설도 미디어다. 전보라는 미디어가 인쇄 미디어를 인용하는 것처럼, 손으로 쓴 원고의 미디어는 연설의 미디어를 재활용한다. 이처럼 어떤 미디어는 다른 미디어 속에 흡수되거나 재현될 수 있다. 우리는 문자 미디어를 사용하는 텍스트 속에 이미지의 미디어를 사용할 수도 있으며, 텔레비전 이미지에 문자 미디어를 통합시킬 수도 있다. 인간의 정보를 전달하는 미디어들은 끊임없이 발전해왔지만, 새로운 미디어는 문자, 회화, 사진, 영화, 텔레비전과 같은 미디어들을 다양한 방식으로 조합하거나 통합함으로써 하이퍼미디어의 그물을 형성하고 있다. 이렇게 어떤 미디어를 다른 미디어 속에 재현하거나 매개하는 것을 멀티미디어의 매개 작용이라고 부를 수 있다. 오늘날 멀티미디어는 실제로 현실보다 더 현실 같은 경험을 매개하고 있다. 이러한 미디어들의 과잉은 우리를 더 이상 바깥의 외부 세계로 인도하지 않는다는 점에서 '진정한' 경험을 가능케 한다. 이러한 가상현실은 설령 외부 세계를 지시하지 않는다고

---

17 Marshall McLuhan, *Understanding Media : The Extensions of Man* (New York : McGraw-Hill, 1964), 23~24쪽.

해도 결코 단순한 허구의 세계가 아니다. 멀티미디어가 구성하는 가상현실은 스스로를 정당화하기 때문이다. 만약 디지털 시대의 현대인이 오직 미디어를 통해서만 스스로를 보고 경험할 수 있다면, 우리의 자아와 정체성은 미디어에 의해 매개되고 형성될 수밖에 없을 것이다. 미디어 시대에 인간의 문제가 새롭게 제기되는 것은 바로 이 때문이다.

TECHNO
HUMANITIES

5장

사이보그도 소외를 느끼는가
─디지털 시대의 자아와 정체성

이제까지 항상 사람들은 자기 스스로에 대하여, 인간은 무엇이고 무엇이어야만 하는가에 대하여 잘못된 관념들을 형성해왔다. 사람들은 신이나 정상적 인간 따위의 관념들에 따라 자신들 간의 관계를 합치시켜왔다. 그들 두뇌의 산물들은 그들의 손아귀를 벗어나버려 감당할 수 없게 되어버렸다. 이들 창조자들은 그들의 창조물 앞에 무릎을 꿇어왔다.

—카를 마르크스

육체 없이도 생각할 수 있을까?

—장-프랑수아 리오타르

정신과 육체에 관한 데카르트 이원론은 우리 문제의 원인이 아니라 그 해결의 시작이다.

—사이먼 영

1. 디지털 기술과 '포스트휴먼' 시대

인간은 지성을 통해 자기를 이중화하여 자기 자신에 의해 창조된 세계 속에서 자기를 직관할 뿐만 아니라(의식 속에서 이러한 일이 이루어진다), 활동적으로 또 현실적으로 자기를 이중화하여 자기 자신에 의해 창조된 세계 속에서 자기를 직관하기도 한다.[1]

인간소외의 문제를 생각할 때 떠올리게 되고 또 반드시 전제해야만 하는 마르크스Karl Marx의 말이다. 자기 자신만을 생산하는 다른 동물과는 달리 인간은 자신의 이상을 실현할 수 있는 세계를 스스로 만들어간다. 이런 관점에서 우리는 문명을 인간의 자기실현 과정으로 간단하게 정의할 수 있다. 여기서 "이중화"라는 마르크스의 개념에 주목할 필요가 있다. 인간은 자신의 이상을 실현하려면 자신을 대상화할 수밖에 없다는

---

1 칼 마르크스, 《경제학-철학 수고》, 김태경 옮김(이론과 실천, 1987), 62쪽.

점에서 이미 주체와 객체로 분열되어 있다. 그뿐 아니라 자신의 생산물을 낯설게 느낄 수도 있다. 물론 마르크스는 인류의 자기실현 과정에서 발생하는 인간과 문명의 모든 왜곡 관계를 소외라고 규정한다.

노동과 생산이 인간에게 본질적인 것만큼이나 소외는 인류 문명의 필연적 수반 현상이다. 그것은 문명의 어느 단계에서나 이상과 현실의 간극이 존재하였다는 것을 의미한다. 동물이 직접적인 신체적 욕구의 지배를 받는다면, 인간은 신체적 욕망에서 벗어나 비교적 자유롭게 자신의 세계를 생산한다. 동물에게는 자연의 환경 세계만 있다면, 인간은 자연을 이용하여 자신을 실현할 수 있는 인공 세계를 스스로 만들어간다. 소외는 대부분 인간이 만들어놓은 인위적 환경에서 발생하기 때문에 문명화 과정에 따라 소외의 정도와 성격이 변화할 수밖에 없다. 인간의 생산물인 문명 세계는 우리에게 단순히 낯설게 느껴질 수도 있으며, 우리가 더 이상 통제할 수 없는 이질적인 세계로 대립할 수도 있다.

소외가 정도의 차이만 있을 뿐 인류의 문명에 필연적으로 수반되는 현상이라고 한다면, 이 시점에서 소외를 다시 거론하는 것은 무엇 때문인가? 어떤 사람은 마르크스가 산업사회의 모순 관계를 비판하기 위하여 소외의 개념을 도입하였다는 사실을 상기시키면서, 이미 후기 산업사회로 진입한 지금 소외의 문제를 다시 끄집어내는 것은 진부하고 시대착오적이라고 꼬집을지도 모른다. 현존 사회주의의 붕괴, 자본주의 체제의 세계화, 이데올로기의 종언, 유토피아적 사유의 해체, 포스트모던 문화의 확산 등은 실제로 이러한 인식을 굳히고 있다. 소외가 인류 문명의 필연적 요소이기 때문에 근본적으로 극복될 수 없다는 절망주의가 현대인의 영혼을 감염시키고 있는 것이다.

물론 소외당하지 않는 인간은 존재하지 않을 것이다. 그러나 이러한 태도는 문제점을 안고 있다. 만약 우리가 기존의 기술 문명이 야기할 수 있는 소외 현상을 당연한 것으로 받아들인다면, 이미 인간에 의해 통제될 수 없는 방향으로 발전하고 있는 기술 문명의 논리에 수동적으로 예속되는 결과가 초래될 것이다. 그렇게 되면 기술 문명은 인간의 생산적 업적에 의한 "고유 세계"로 체험되지 않고, 아무런 통제도 할 수 없는 "소외 세계"[2]로 체험된다. 다시 말해 현대사회에서 소외를 더 이상 거론하지 않는 것은 이미 소외가 보편화되었다는 것을 의미할 뿐이다.

그런데 상황이 근본적으로 변하고 있다. 디지털 문명과 함께 출현한 사이보그는 인간의 소외와 정체성에 관한 물음을 다시 제기하고 있다. 사이보그는 여기서 공상과학 영화에서나 등장하는 인조인간을 의미하지 않는다. 사이보그는——사이버네틱스의 발전과 더불어 보편화된——인간과 기계가 유기적으로 밀접하게 결합된 디지털 문명 시대의 인간 유형을 의미할 뿐이다. 육체적 실존과 컴퓨터 시뮬레이션, 인공두뇌학적 메커니즘과 생물학적 유기체, 로봇과 인간의 본질적 차이 및 절대적 경계가 점점 더 불투명해지고 있는 것이다.

여기서 우리는 다시 한 번 마르크스의 소외 개념이 산업사회의 산물이라는 사실을 상기할 필요가 있다. 마르크스가 인간소외의 문제를 제기하였던 시대는 인간과 인간의 생산물이 극명하게 대립되던 시대였다. 그렇기 때문에 마르크스는 인간을 대체로 노동자로 이해하였으며, 인간이 스스로의 활동을 통해 자신의 본성을 실현할 수 있다는 휴머니즘의 관점에서 소외의 문제를 제기하였다. 노동자는 도구를 사용하여 생산물을 만들

---

2 Peter Berger · Thomas Luckmann, *Die gesellschaftliche Konstruktion der Wirklichkeit* (Frankfurt am Main : Fischer, 1966), 95쪽.

어내지만 실제로는 생산 과정에서뿐만 아니라 생산물로부터도 소외된다는 것이다. 소외는 근본적으로 인간이 자기실현을 위해 사용하는 도구에 의해 야기된다고 보았기 때문에 마르크스는 생산력을 구성하는 과학과 기술의 발전은 소외의 문제를 해결할 수 있다고 생각하였다.

마르크스는 인간과 기술을 이원론적으로 파악할 뿐만 아니라 인간에 의한 기술 통제를 확신한다는 점에서 여전히 휴머니즘을 대변하고 있다. 그러나 디지털 시대의 도래와 함께 이러한 전제들이 깨지고 있다. 디지털 시대는 우리가 사용하는 도구와 기술이 예전의 그것과는 근본적으로 다르다는 것을 의미한다. 첫째, 생산기술이 사회의 중심을 이루었던 산업사회와는 달리 디지털 시대에는 정보기술이 사회관계를 구성하는 핵심적 요소이다. 디지털 정보기술의 발전은 단순히 의사소통 수단이 바뀌었다는 것을 의미하는 것이 아니라 우리가 지각하는 세계가 근본적으로 변화하였다는 것을 의미한다. 구술 문화가 지배적이었던 고대의 농경 사회에서 유통된 정보는 대부분 주어진 현실에 '관한' 정보였고, 지식의 축적이 중요하였던 산업사회의 정보는 우리가 실현하고자 하는 현실을 '위한' 정보였다. 이에 반해 디지털 시대에 유통되는 정보는 그 자체 현실'로서' 인식되고 있다.[3] 간단히 말해, 정보가 이미 주어진 현실에 관해 무엇인가를 말해주는 대신 현실 자체를 구성하고 있는 것이다.

둘째, 디지털 정보기술의 가장 커다란 특징은 정보가 그것을 전달하는 매체로부터 분리될 수 있다는 점이다. 아날로그 기술에서는 정보가 매체

---

3 이에 관해서는 Albert Borgmann, *Holding On to Reality : The Nature of Information at the Turn of the Millennium*(Chicago : University of Chicago Press, 1999)을 참조할 것. 이 책은 정보의 유형을 발전 단계에 따라 각각 "자연적 정보", "문화적 정보", "기술적 정보"로 명명하고 있다.

에 의해 영향을 받지만, 디지털 기술은 정보를 아무리 복제하고 유통시키더라도 그것을 원형 그대로 재현한다. 그러므로 정보가 상이한 물질적 수단 사이를 아무런 변화 없이 유통할 수 있다는 사실은 디지털 문화의 핵심을 이룬다. 엄밀한 의미에서 정보는 그것을 담을 물체를 필요로 하지 않는다. 우리가 정보를 입력하여 필요할 때마다 출력하여 볼 수 있는 것처럼, 인간의 신체를 정보 패턴으로 탈脫물질화한 다음 먼 곳에서 다시 물질화하는——공상과학 영화 〈스타 트렉〉에서 많이 사용되는——순간 이동이 가능한 날도 머지않았는지도 모른다. 간단히 말해 어떤 실체가 정보를 담고 있는 것이 아니라, 정보 자체가 실체를 구성하는 것이다. 이런 관점에서 보면 사이보그는 비생물학적 요소의 존재 여부에 따라서가 아니라 주체성이 구성되는 방식에 따라 결정되는 것이다. 만약 우리의 자아를 확인할 수 있는 방식이 선험적으로 주어지지 않고 다양한 정보의 관계에 따라 만들어진다면, 우리는 이미 포스트휴먼 시대에 살고 있는 것이다.

셋째, 디지털 정보기술은 이상과 현실의 절대적 경계를 불투명하게 만든다. 물론 가상현실을 실체화할 필요는 없다. 예컨대 우리가 살고 있는 구체적 현실과 완전히 구분되는 가상현실이 과연 존재하는지 아니면 우리가 구체적이라고 생각하는 현실이 실제로는 가상현실인지를 묻는 것은 흥미롭지만, 우리의 문화적 현실을 이해하는 데는 별로 도움이 되지 못한다. 가상현실은 존재론적 개념이기보다는 인식론적 개념이다. 왜냐하면 가상현실은 정보 패턴이 물질적 대상 세계에 침투하여 영향을 미치는 시대의 문화적 지각 방식이기 때문이다.[4] 다양한 정보 매체들은 물질

---

4 N. Katherine Hayles, *How We Became Posthuman : Virtual Bodies in Cybernetics,*

적 실체를 전제하지 않는 현실 공간을 만들어낸다. 서로 다른 장소에 있는 사람들이 전화와 인터넷으로 의사소통을 한다면, 정보 매체에 의해 만들어진 가상현실은 이미 구체적 의미를 가지고 있다. 다시 말해 우리는 가상현실을 더 이상 구체적 현실과 동떨어진 세계로 파악하는 것이 아니라 현실 자체로 지각하고 있는 것이다.

  이렇듯 생산기술보다는 정보기술이 사회를 구성하고, 정보가 구체적 물질로부터 분리되어 유통되며, 탈물질화된 정보가 가상현실을 구성하는 디지털 정보 시대는 근본적으로 포스트휴먼 시대다. 인간의 본성이 더 이상 명료하지 않고 불투명해졌다는 점에서도 그렇지만, 인간이 더 이상 도구와 기술을 통제할 수 없다는 점에서 더욱 그렇다. 인간에게는 자신이 사용하는 도구와 기술을 반성적으로 비판할 수 있는 거리가 더 이상 존재하지 않는 것처럼 보인다. 인간과 기계가 너무나 유기적으로 결합되어서 기계로부터 분리된 인간을 상상할 수 없다면, 우리는 이미 사이보그나 마찬가지다. 도구의 세계가 인간 세계와 대립하기는커녕 오히려 인간의 생활 세계를 구성한다면, 사이보그로 존재하는 현대인은 더 이상 소외를 느끼지 않는가? 마르크스의 소외 이론은 산업사회의 노동자에게만 해당할 뿐 디지털 시대의 포스트휴먼 현대인에게는 타당하지 않은가? 여기서는 디지털 시대의 정보기술 역시 마르크스가 말하는 이중성을 가지고 있다는 점을 확인함으로써, 그 유형과 양식이 달라졌을 뿐 소외는 여전히 중요한 문제로 남아 있다는 사실을 재인식하고자 한다.

Literature, and Informatics(Chicago : University of Chicago Press, 1999), 13쪽 이하.

2. 디지털 정보기술의 이중성

인간이 자연을 이용하여 인간다운 삶이 가능한 세계를 만들어가는 것이 노동과 생산이라면, 인류의 역사는 바로 인간과 자연을 매개하는 도구의 역사와 다를 바 없다. 마르크스는 이러한 인류의 문명화 과정을 의식과 실천의 두 측면에서 고찰하고 있다. 지성을 통해 우리가 살고 있는 현실 세계를 비판적으로 고찰하는 것이 의식의 차원이라면, 노동과 생산을 통해 자신이 이상적이라고 판단한 세계를 스스로 구축하는 것이 실천의 차원이다. 그렇기 때문에 의식의 차원에서는 현실과 이상, 실재적인 것과 이상적인 것의 구별이 본질적으로 필요하다. 물론 이 경우에도 현실과 이상은 단순한 대립으로 파악되지 않는다. 이상이 아직 실현되지 않은 현실이라면, 현실은 이상으로 발전할 수 있는 가능성을 함축하고 있기 때문이다. 간단히 말해 현실과 이상은 변증법적으로 결합되어 있다.

우리가 이상을 현실화하기 위해 발전시키는 도구와 기술 역시 이러한 이중적 성격을 지니고 있다. 기술은 한편으로 이상을 실현하는 수단이지만, 다른 한편으로는 인간의 삶에 영향을 주는 현실이기도 하다. 우리가 살고 있는 현실은 이미 기술적으로 조작되고 만들어진 현실이기 때문에 근본적으로 이상과 현실이 겹으로 중첩되어 있는 가상현실인 셈이다. 이런 관점에서 보면 다음과 같은 문제가 자연스럽게 제기된다. 실재하는 것은 정말 감각적 경험의 흐름과 무관하게 존립하는가? 이상적인 것은 우리의 마음과 정신에 존립하는 완전한 모델인가? 만약 인류의 역사가 이상과 현실, 이상적인 것과 실재적인 것의 변증법적 발전 과정이라면, 디지털 정보기술이 만들어내고 있는 가상현실과 사이버 공간은 기술의 변증법적 성격을 다시 한 번 되새기게 만든다.

사이버 공간은 이미 기술적 문제를 넘어 윤리적 문제로 확장되고 있다. '사이버 공간은 무엇을 의미하는가?' 또는 '우리는 어떻게 사이버 공간에 접속할 수 있는가?'와 같은 질문은 서서히 '사이버 공간을 어떻게 평가하는가?' 또는 '사이버 공간의 사회적 의미와 역할은 무엇인가?'의 질문으로 옮겨 가고 있다. 물론 이러한 질문들에 대한 대답은 유토피아적 공상과 증오에 찬 냉소주의 사이를 오가고 있는 실정이다. 한편에는 인간성의 본질이 기술적으로 만들어진 세계의 바깥에 있다고 생각하는 순진한 실재론자들이 있으며, 다른 한편에는 새로운 기술의 어떠한 부정적 계기도 무시하는 미래지향적 이상주의자들이 포진하고 있다. 디지털 정보기술은 가상현실을 통해 현대인들에게 공포와 열광의 이중적 감정을 불러일으키고 있는 것이다.

기술을 적대시하는 태도는 기술만큼이나 오래되었다. 반기술적 경향을 대변하는 상징적 인물은 두말할 나위 없이 유나바머Unabomber이다. 그는 현대 기술 중에서 특히 컴퓨터가 수많은 사회적 문제점을 야기한다고 강렬하게 비판한다. 그가 비행기 승객들에게 폭탄 테러를 하겠다고 위협하면서 1995년 9월 19일자 《워싱턴 포스트Washington Post》지에 게재한 "산업사회와 그 미래"라는 반기술 강령은 사실 그다지 새로운 것이 아니다. 사적인 영역의 훼손, 유전공학, 과도한 경제성장에 의한 자연의 황폐화는 누구나 알고 있는 기술 문명의 비의도적 산물이다. 순박한 기술 비판주의자들의 논리는 간단하다. 현대의 디지털 정보기술은 인간으로부터 노동의 가능성을 박탈하거나 인간의 생산양식을 변화시킴으로써 인간의 실존을 억압하는 통제 수단이라는 것이다. 인간이 자연 진화 과정을 통해 물리적으로나 심리적으로 적응해온 환경과는 철저하게 다른 기술 환경이 디지털 정보기술을 통해 만들어진다는 것이다. 이러한 관점은 "기술공학적 산업 체계"[5]의 논리를 죄악시하는 문명 비판의 전통을 계승하고 있다.

이렇게 기술 비판은 기술이 야기하는 부정적 현상에 초점을 맞추기보다는 기술 자체를 겨냥하는 경향이 있다. 우리는 현실과 실재를 도구와 기술의 매개 수단을 거치지 않고 직접적으로 경험할 수 있다고 믿는 반기술주의자들을 "소박한 실재론자"[6]라고 명명할 수 있다. 우리가 컴퓨터와 인터넷으로 만들어내는 가상현실은 우리의 일차적 감각 세계의 바깥에 존립한다. 그렇기 때문에 기술 세계와 가상현실은, 순진한 실재론의 관점에서 보면, 현실에 속하는 것이 아니라 현실을 기만하거나 억압하는 것이다. 미디어는 경험을 체계적으로 수집하고, 편집하고, 통제하기 때문에 디지털 정보 시대의 대표적인 억압 수단으로 인식된다. 간단히 말해 미디어는 매개되지 않은 순수한 직접적 경험을 훼손하고 왜곡한다는 것이다. 소박한 실재론은 우리의 순수한 경험이 오염된 물과 공기처럼 정보기술에 의해 위협받고 있다고 믿는다.

그렇다면 구체적 실재는 정말 소박한 실재론이 전제하는 것처럼 우리의 신체 기관을 통해 지각하는 물리적 현상에 불과한가? 우리가 눈으로 직접 보는 것, 코로 냄새 맡는 것, 귀로 듣는 것, 피부로 느끼는 것만이 실재하는 것일까? 이렇게 감각적 세계의 관점에서 바라보면, 컴퓨터 체계는 일차적으로 실재의 세계로부터 추상화된 신기루에 지나지 않는다. 강과 산, 들판, 우리의 발밑에 있는 이 거대한 대지는 컴퓨터가 있기 훨씬

---

5 Jacques Ellul, *The Technological Society*, John Wilkinson (trans.)(New York : Vintage, 1964)을 참조할 것.

6 Michael Heim, "The Cyberspace Dialectic", Peter Lunenfeld (ed.), *The Digital Dialectic : New Essays on New Media*, 24~45쪽 중 32쪽을 참조할 것.

이전부터 존립해왔기에 컴퓨터는 신성한 자연 세계의 침입자로 여겨질 수밖에 없다. 그러나 소박한 실재론은 한 가지 분명한 사실을 망각하고 있다. 우리가 외부 세계를 지각하고 인식하는 과정에서 우리의 몸 역시 하나의 도구로 기능한다. 다시 말해 우리의 신체로써 매개되지 않는 순수한 외부 세계가 존재하지 않는 것과 마찬가지로 도구와 기술로써 매개되지 않는 실재와 현실은 존재하지 않는다. 이런 관점에서 보면 소박한 실재론자들이 주장하는 것과는 반대로 도구와 기술은 근본적으로 우리의 몸을 확장한다.

소박한 실재론의 반기술적 주장은 물론 공포에서 기인한다. 정체를 알 수 없는 세계적 규모의 사이버 공동체에 들어감으로써 우리가 몸담고 있는 지역공동체의 가치를 상실하게 될 것이라는 두려움, 인터넷의 그물망이 더욱 촘촘해지면 우리의 신체적 친밀성과 상호 의존관계가 사라질 것이라는 두려움, 인간의 신체 활동이 궁극적으로는 기계와 로봇에 의해 대체될 것이라는 두려움, 우리의 존재 자체가 유전공학적 패턴에 의해 규정될 것이라는 두려움. 이러한 두려움들이 한편으로는 디지털 정보 시대의 소외 의식을 확산시키는 것은 틀림없지만, 다른 한편으로는 디지털 기술의 이중성을 무시함으로써 소외의 생성 과정을 제대로 인식하지 못하도록 만든다.

그런데 미래지향적 이상주의자들 역시 디지털 정보 시대의 인간소외를 간과하기는 마찬가지이다. 전통적 의미에서의 이상주의 또는 관념론은 이상이 물질적 세계를 넘어서는 관념과 의식 속에 있다고 판단하였다. 이에 반해 현재의 미래지향적 이상주의자들은 디지털 기술에 의해 우리의 의식 세계가 인식될 수 있을 뿐만 아니라 확장될 수 있다고 확신한다. 물론 그들도 새로운 정보기술이 고통과 사회적 문제를 야기할 수

있다는 점을 인정한다. 그러나 앨빈 토플러Alvin Toffler와 같은 미래주의
자들은 개인들이 보다 광범위한 경제적-정치적 체계에 속해 있다고 전
제함으로써 개인이 겪는 실존적 고통을 간과한다. 사회의 중심축이 생산
기술에서 정보기술로 옮겨 감으로써 권력 이동이 이루어지고 있는 것은
사실이다.[7] 그런데 미래주의자들은 이러한 권력 이동을 당연한 것으로
전제함으로써 정보기술이 야기할 수 있는 구체적 인간소외의 현상을 보
지 못하고 있다. 도덕적 인륜이 완전히 실현될 수 있는 국가를 지나치게
강조하는 과정에서 헤겔G. W. F. Hegel이 개인과 시민사회의 역할을 간과
하였던 것처럼, 미래지향적 이상주의자들은 사회 발전의 거대한 물결을
강조하느라 개인들이 겪게 될 고통을 경시한다.

　미래주의자들은 디지털 정보기술을 통해 세계가 하나의 생활공동체
로 압축되고 있다고 주장한다. 컴퓨터 네트워크와 인터넷은 시간과 공간
을 초월하는 가상 공동체를 가능하게 만들고 있다. 우리는 상이한 문화
들 사이에서도 시간과 공간의 제약을 뛰어넘은 사이버 공간에서 교류할
수 있다. 인터넷의 사이버 공동체는 자신의 고립에 불만을 품은 고독한
사람들에게 다양한 형태의 연대 가능성을 제공한다. 유나바머의 예에서
도 분명하게 드러난 것처럼, 오늘날에는 누구나 개인 컴퓨터를 통해 자
신의 의견을 전 세계에 알릴 수 있다. 사이버 쇼핑, 사이버 강좌, 사이버
비즈니스에서 볼 수 있는 것처럼 디지털 정보기술은 우리에게 어느 곳에
나 존재할 수 있는 잠재력을 부여해준다.

　그렇다면 디지털 정보기술이 산출하는 가상현실은 우리의 구체적 생

7　Alvin Toffler, *Powershift : Knowledge, Wealth and Violence in the 21st Century*(New York :
　Bantam Books, 1990)를 참조할 것.

활 세계를 대체하는 것일까? 자신의 신체를 실존의 토대로 여기기보다 단순한 패션 액세서리 정도로 인식하는 인공 인간의 세계와 마찬가지로, 구체적 현실과 사이버 공간의 가상현실이 구별되지 않는 세계 역시 우리에게는 악몽이다. 현대인이 군중 속의 고독을 느끼는 것도 소외 현상이지만, 사이버 세계를 현실 세계로 착각하는 것은 더욱더 심각한 소외를 야기한다. 그러나 구체적 현실과 가상현실은 컴퓨터의 인터페이스를 통해 매개되어 있다. 이런 관점에서 보면 디지털 정보 시대의 인간소외는 컴퓨터와 가상현실 자체에 의해 야기되는 것이 아니라 인간과 컴퓨터, 구체적 현실과 가상현실이 결합되는 방식에 따라 발생하는 것이다. 디지털 정보기술을 변증법적으로 파악하고자 하는 까닭이 여기에 있다. 소박한 실재론과 네트워크 이상주의는 이처럼 디지털 변증법의 양극을 이룬다.

물론 디지털 변증법은 헤겔의 변증법과는 달리 하나의 이상과 원리가 디지털 기술을 통해 실현된다고 파악하지 않는다.[8] 디지털 변증법은 인간의 역사가 도구와 기술을 발전시킴으로써 인간의 유기체적 범위를 확대한다고 파악하기 때문에 근본적으로 유물론적이다. 그러나 디지털 정보기술이 어떻게 소외를 야기하는지를 정확하게 파악하려면, 우선 소박한 실재론과 네트워크 이상주의를 수정할 필요가 있다. 도구와 기술에 의해 매개되지 않는 순수한 현실이 존재하지 않는 것처럼 사이버 공간의 가상현실 역시 구체적 현실로부터 완전히 분리될 수 없으며, 가상공간이 세계적 네트워크로 통합되고 있음에도 불구하고 디지털 정보기술이 국

---

8 이에 관해서는 Michael Heim, *Virtual Realism* (New York : Oxford University Press, 1998)을 참조할 것. 우리가 디지털 기술에 의한 가상현실을 외부 세계를 지각하는 방식으로 파악한다면, 디지털 변증법은 관념론보다는 실재론(사실주의)에서 출발할 수밖에 없다.

지적으로 존립하고 있는 구체적 인간관계에 미치는 영향에 따라 인간소외의 성격과 정도가 달라진다. 이런 관점에서 출발하여 디지털 정보기술이 인간이 세계를 이해하는 방식과 상호 관계를 맺는 방식에 어떤 영향을 미치는지를 분석할 필요가 있다.

3. 비물질적 정보에 의한 인간소외

우리는 분명 생산 패러다임이 쇠퇴하고 정보가 중심을 이루는 시대에 살고 있다. 마르크스가 분석한 것처럼 산업사회에서는 노동자가 상품을 많이 생산하면 생산할수록 그는 더욱더 저렴한 상품으로 전락한다. 이렇게 노동자가 상품을 생산하는 과정에서 자기 자신을 상품으로 생산하는 현상이 다름 아닌 소외다. 산업사회의 인간소외가 '노동'에 의해 야기되었다면, 후기 산업사회의 인간소외는 두말할 나위 없이 인간의 생산물인 '정보'에 의해 발생한다. 우리는 여기서 정보를 단순한 지식 생산물이 아니라 그 자체 생산되고, 축적되고, 유통되는 과정으로 파악할 필요가 있다. 산업사회에서 계급적 인간관계가 노동 생산물인 상품에 의해 결정되었다면, 후기 산업사회에서의 인간관계는 근본적으로 정보를 다루는 방식과 패턴에 따라 규정되기 때문이다.

그렇다면 디지털 정보사회에서는 노동의 소외 과정을 분석한 마르크스의 이론이 더 이상 적합하지 않을까? 마르크스가 노동을 인간과 자연의 '직접적' 매개 과정으로 파악하였다는 점에서, 매개 수단, 즉 미디어가 결정적 역할을 하는 디지털 정보 시대를 이해하는 데 그의 소외 이론이 한계가 있어 보이는 것은 사실이다. 마르크스가 비록 노동을 통한 인간의 직접적 자기실현을 이상으로 설정하기는 하였지만, 들머리에서 인용한 명제에서 알 수 있듯이 그의 소외이론은 도구와 기술의 이중성을 완전히 배제하지는 않았다. 왜냐하면 노동은 근본적으로 인간의 신체를 매개 수단으로 하는 실천적 활동이기 때문이다. 산업사회의 노동 과정에서 인간의 신체가 매개 수단으로 작용한다면, 디지털 정보 시대에는 인간의 생산물인 정보 자체가 결정적 매개 수단의 역할을 담당한다고 할 수 있다. 만약 인간의 소외가——그것이 상품이든 정보이든——매개 수단의 성격에 따라 결정된다면, 우리는 디지털 정보 시대의 소외 현상을 분석하는 데 마르크스의 소외 이론을 충분히 활용할 수 있다.

마르크스 소외 이론의 핵심은 인간 상호 간의 관계가 직접적으로 이루어지지 않고 노동 생산물인 상품을 통해 이루어진다는 것이다. 만약 노동자가 자신에게가 아니라 결국에는 자본가에 속할 상품을 만들어낸다면, 더 많이 일하면 일할수록 노동자는 더 가난해진다. 비유적으로 표현하자면 노동자는 자신의 생명을 대상 속에 집어넣지만, 자신의 노동이 소외된 까닭에 생명은 더 이상 그에게 속하지 않고 대상에 속하게 된다. 따라서 스스로를 상품으로 전락시키는 노동이 노동자의 본질에 속하지 않는다는 것은 당연한 귀결이다. 이처럼 노동자는 한편으로 자신이 만들어낸 생산물로부터 소외되고, 다른 한편으로는 노동과 생산과정 자체로부터 소외된다. 그렇기 때문에 소외된 노동의 산물인 상품을 통해 매개되는 인간관계는 왜곡될 수밖에 없다. 상품에 의한 인간 노동의 소외는 결과적으로 인간에 의한 인간의 소외를 야기한다.

산업사회에서의 인간소외는 근본적으로 물화物化로 서술될 수 있다. 물화는 인간의 생산물이 마치 인간의 생산물과 다른 것 같다는 견해다. 즉, 그것이 인간에 의해 생산된 것임에도 불구하고 마치 자연적으로 주어진 것으로, 또는 우주적 법칙의 결과 또는 신적 의지가 나타난 것으로 파악되는 것이다. 이렇게 되면 인간과 생산물의 관계는 단절되고, 인간은 자신의 환경 세계에 대한 창시자로서의 지위를 망각하게 된다.

그렇다면 후기 산업사회에서의 인간소외는 어떻게 발생하는가? 여기서 마르크스가 분석할 수 없었던 정보의 세 가지 특징에 따라 그의 소외 이론을 재구성해보겠다. 첫째, 우선 디지털 정보 시대에 인간과 기계의 관계가 어떻게 이루어지는가를 주목할 필요가 있다. 마르크스는 노동을 대상화로 파악한다. 노동자는 감각적 외부 세계인 자연 없이는 아무것도 생산할 수 없다. 자연은 노동자의 노동이 현실화되는 질료이다. 그러나 마르크스는 자연이 자본가의 소유이기 때문에 이미 노동자의 생활 수단으로 존재하지 않는다는 점을 강조할 뿐 도구와 기술의 역할은 강조하지 않는다. 이에 반해 디지털 정보 시대의 핵심 문제는 '인간과 기계의 관계'이다. 인간―도구(기계)―생산물이라는 삼중 관계의 관점에서 보면 산업사회는 인간 신체를 도구로 파악함으로써 인간과 생산물의 관계를 중요시하고, 디지털 정보 시대는 인간과 도구의 관계를 핵심 문제로 설정한다.

'신체'와 '기계'는 변증법적 관계를 이루고 있다. 산업사회의 인간이 자신의 신체를 모델로 삼아 기계를 발전시켰다면, 현재 우리는 기계에 인간을 맞추려는 경향이 있다. 신체가 신의 이미지에 따라 창조되었다는 점에서 신성하지만 동시에 유한하기 때문에 세속적이듯이, 기계는 인간 지성의 산물이지만 동시에 영혼이 없는 단순한 도구로 여겨지기도 한다. 그러나 디지털 정보기술과 사이버네틱스의 발전은 '기계도 사유할 수 있는가?'라는 문제를 진지하게 제기하고 있다. 오늘날 기계는 자연과 마찬가지로 중요한 인위적 환경 세계를 형성하고 있다. 전신, 전화, 인터넷과 같은 최첨단 통신수단들은 신체들 사이의 간격을 제거하고 있다. 이처럼 인간을 기계로부터 분리시키는가 아니면 기계와 통합시키는가 하는 것은 인간관계의 성격을 논하는 데 핵심적이다. 산업사회가 인간과 기계를 비교적 분리해 생각하였다면, 디지털 정보사회는——사이보그cyborg가 사이버네틱 유기체cybernetic organism의 합성어라는 사실에 알 수 있듯이——인간과 기계가 완전히 통합된 세계를 전제한다.

그렇다면 인간과 기계를 통합하고자 하는 정보화 시대는 인간을 어떻게 소외시키는가? 마르크스에 따르면 자연은 인간의 직접적인 생활 수단이기도 하지만 동시에 인간의 생명을 위한 물질, 대상, 도구이기 때문에 근본적으로 "인간의 비유기적인 몸"[9]으로 인식된다. 그렇기 때문에 마르크스는 인간의 신체적, 정신적 활동이 자연과 긴밀한 관계를 맺지 못할 때 인간의 자기 소외가 발생한다고 분석하였다. 그러나 디지털 정보사회는 자연보다 인간에 의해 창조되는 인공 세계, 즉 가상 세계에 우선권을 부여한다. 인간이 기계를 통해 자신의 신체를 연장할 수 있다고 믿기 때문이다. 이런 관점에서 보면 인간과 기계가 만나는 인터페이스는 경계 지점이기보다는 인간의 신체가 연장되는 접속점이라고 할 수 있다. 인간의 신체는 현재 컴퓨터 네트워크에 연결되어 있으며, 인간의 의식은 사이버 공간에서 재현되고 있다. 인간이 정보 테크놀로지의 영향을 받으면 받을수록, 물질적 실현보다는 정보 패턴이 삶을 규정하게 될 것이 분명하다.[10] 다시 말해 디지털 시대의 인간소외는, 기계를 인간의 비유기적 몸으로 간주함으로써 인간의 의식 세계마저 기계의 수반 현상으로 보는

---

9 칼 마르크스, 《경제학-철학 수고》, 60쪽.
10 K. Katherine Hayles, *How We Became Posthuman*, 2쪽 이하를 볼 것.

데서 일어난다. 인간관계의 물화가 산업사회의 소외 현상이었다면, '인간관계의 기계화'는 디지털 정보사회의 소외 현상이라고 할 수 있다.

둘째, 디지털 정보는 그것을 전달하는 매체로부터 분리될 수 있기 때문에 근본적으로 시간과 공간의 제약을 받지 않는다. 물질이 유한한 까닭은 그것이 시간과 공간의 지배를 받기 때문이다. 예를 들면 산업사회에서 지식을 축적하는 데 가장 중요한 수단이었던 문자 역시 물질의 영향을 받았다. 우리는 책이 없으면 지식을 획득할 수 없을 뿐만 아니라, 책마저도 시간이 흘러가면 사라질 위험을 안고 있다. 그러나 디지털 정보기술은 이러한 시간적, 공간적 제약을 근본적으로 제거한다.[11] 우리는 지식을 컴퓨터에 입력해두었다가 필요할 때마다 출력할 수 있다. 그뿐만 아니라 세계 곳곳에 있는 사람들과 컴퓨터 네트워크를 통해 동시에 의견을 주고받을 수 있다. 사이버 공간은 이처럼 다양한 시간과 공간이 혼합되어 있다.

그렇다면 정보의 탈脫물질화는 어떤 소외를 야기하는가? 인간과 기계의 통합이 인간을 자연으로부터 소외시켰다면, 정보와 물질의 분리는 인간관계를 추상화하는 결과를 초래한다. 우리는 사이버 공간에서 유통되는 정보의 주체를 알지 못한다. 구술 문화 시대에도 화자의 주체는 고정적이지는 않지만 당연한 것으로 전제되었고, 또 문자 시대에는 지식과 주체가 동일시되었다. 모든 지식이 그것을 생산한 주체로 환원될 수 있었던 것이다. 마르크스의 소외 이론도 이와 같은 관계를 전제한다. 예술

---

11 윌리엄 미첼은 이러한 현상을 "비동시화 추세"라고 명명한다. 우리에게 친숙한 공간적·동시적 도시 양태에서는 모든 대상에 일정한 시간과 장소가 주어져 있는 데 반해, 사이버 공간에서는 주어진 순간에 무슨 일이든 일어날 수 있다. 윌리엄 미첼, 《비트의 도시》, 28쪽을 참조할 것.

가가 작품을 생산하는 것처럼 노동자는 생산물을 만든다. 작품과 생산물이 예술가 및 노동자와 대립한다면, 그들의 노동은 소외된 것이다. 노동자로부터 소외된 상품을 통해 형성되는 인간관계 역시 상품의 관계처럼 물화된다.

만약 정보가 물질로부터 분리되어 어떤 감각적 성질도 가지고 있지 않다면, 이러한 정보를 통해 매개되는 인간관계 역시 추상적일 수밖에 없다. 마르크스는 인간이 자연의 일부이기 때문에 근본적으로 감성적 존재라고 주장한다. 인간이 신체를 가진 감성적 존재이기 때문에 자연은 인간과 감각적 관계를 맺고, 다른 사람들 역시 우리에게 감각적으로 존재하는 까닭에 우리는 다른 사람들을 통해 비로소 자신의 감성적 존재를 직관할 수 있다는 것이다.[12] 마르크스에 따르면 인간이 자신을 실현할 수 있는 것은 인간의 고유한 감각적 능력 덕택이다. 디지털 정보기술은 두 가지 측면에서 인간으로부터 이러한 감각적 능력을 박탈한다. 디지털 정보기술은 한편으로 직접적인 순수 경험을 추구함으로써 인간의 경험이 근본적으로 매체에 의존한다는 점을 망각하게 만든다. 눈빛, 표정, 몸짓, 언어를 통해 전달되는 다른 사람의 의식은 왜곡되고 굴절될 수 있지만, 정보기술은 다른 사람의 의식을 완벽하게 직접적으로 전달할 수 있다는 꿈을 좇고 있다.[13]

다른 한편으로 디지털 정보기술은 정보를 물질과 분리시키는 동시에 정보와 주체를 분리시킨다. 우리는 어떤 사람의 정체성을 확인할 때 그 사람의 감각적 특징을 주로 사용한다. 마르크스는 어떤 사람의 주체성

---

12 이에 관해서는 칼 마르크스, 《경제학-철학 수고》, 93쪽을 참조할 것.

13 이에 관해서는 Jay David Bolter · Richard Grusin, *Remediation : Understanding New Media*, 20~31쪽을 볼 것.

이 그의 감각적 실존을 통해 표현되고 있다고 전제한다. 구체적 현실에서 우리는 어떤 사람의 이름을 모르더라도 그를 쉽게 확인할 수 있다. 그러나 자신의 아이디ID를 자의적으로 만들어 사용하는 사이버 공간에서는 그 주체를 확인할 길이 없다.[14] 정보의 주체와 아이디 사이에는 아무런 직접적 관계가 없다. 이런 관점에서 보면 상황과 맥락에 관계없이 어떤 역할도 맡을 수 있는 근대의 유령적 자아가 사이버 공간을 배회하고 있다고 할 수 있다. 어떤 정보도 그 생산 주체로 환원되지 않고 또 사이버 공간에서 사용되는 아이디가 아무런 의미도 가지지 않는다면, 우리는 사이버 공간에서 어떤 윤리도 기대할 수 없다. 윤리는 근본적으로 자신의 행위에 책임을 질 수 있는 주체를 전제하기 때문이다. 정보를 물질로부터 분리시키는 사이버 공간은 결국 자신의 감각적 능력과 책임의식으로부터 소외된 인간을 산출하고 있는 것이다.

셋째, 이상과 현실의 경계가 불투명해짐으로써 사이보그는 가상공간을 실체화하는 경향을 보인다. 보드리야르가 시뮬라시옹이라는 개념을 통해 정확하게 분석하였듯이 감각적 경험을 직접적으로 재현할 수 있는 수준까지 발전한 현대의 디지털 정보기술은 현실보다 더 현실 같은 가상 세계를 만들어내고 있다. 전통적 소외 이론에 따르면 이 세계를 이질적 사실성으로 체험할 때 우리는 소외를 느낀다. 만약 인간에 의해 생산된 인공 세계가 추상적으로 독립하여 마치 고유한 세계처럼 인식된다면, 그것은 근본적으로 이 세계를 생산한 인간의 창시자적 성격이 박탈되었기 때문이다. 여기서 우리는 한계에 부딪힌다. 한편으로 가상공간은 인간의 의식 안에서만 존재하였던 환상 및 상상의 세계와는 근본적으로 다르다.

---

14 월리엄 미첼, 《비트의 도시》, 21쪽을 참조할 것.

그것은 우리에게 감각적 직접성을 전달하기 때문에 구체적 현실처럼 느껴지고 인식된다. 다른 한편으로 가상공간은 추상적 세계로서 인간과 대립하는 것이 아니라 구체적 현실 세계와 분리할 수 없을 정도로 결합되어 있다. 이런 관점에서 보면 전통적 소외 이론의 물화, 추상화, 대립의 개념은 가상현실의 의미와 효과를 분석하는 데 한계가 있는 것처럼 보인다.

그렇다면 인터넷과 같은 가상공간의 소외는 어디에서 기인하는가? 마르크스의 소외 이론은 이 물음에 대해서도 결정적인 답을 제공한다. 마르크스에 따르면 개인은 자신의 사회적 존재를 박탈당하였을 때 소외를 느낀다. "무엇보다도 우리는 '사회'를 추상물로 고정시켜 개인과 대립하게 하는 일을 피해야 한다. 개인은 사회적 존재다. 따라서 개인의 삶의 표현은―― 비록 그것이 다른 사람들과 더불어 공동체적으로 수행되는 삶의 표현의 직접적 형식으로 나타나지 않는다 해도―― 사회적 삶의 표현이요, 확인이다."[15] 마르크스에게 인간적으로 활동한다는 것은 사회적으로 살아가는 것을 의미한다. 그렇기 때문에 다른 사람들과 더불어 살아가는 현실의 사회에서 직접 표현되고 확인되는 "공동체적 활동과 공동체적 향유"만이 우리에게 인간성의 실현을 보장한다. 따라서 개인에게 자기 인식과 자기실현의 가능성을 부여하는 사회는 근본적으로 개방적이고 공공적이다.

이런 관점에서 보면 표면적으로는 개방적이고 공공적인 것처럼 보이는 가상공간이 폐쇄적인 사적 영역으로 폭로된다. 물론 가상공간은 인터넷을 통해 누구나 접근할 수 있다는 점에서 개방적인 것처럼 보이고, 또――카피레프트 운동에서 볼 수 있듯이――누구나 공유할 수 있는 정

---

15 칼 마르크스, 《경제학-철학 수고》, 87쪽.

보가 유통될 뿐만 아니라 자신의 의견을 마음대로 표현할 수 있다는 점에서 공공적인 것처럼 보인다. 그러나 사이버 공간은 서로 다른 사람들이 교류하는 물리적 공간이 아니라 다양한 매체들을 연결하는 전자 링크들로 구성되어 있는 가상의 공간일 뿐이다. 인터넷 중독증에서 알 수 있듯이 많은 사람들은 인터넷의 가상공간을 "제2의 고향이면서 소속감을 느끼는 특별한 장소"[16]로 생각한다. 인터넷을 통한 사이버 공간에서만 자유를 느끼고 자신이 원하는 누군가와 관계를 맺을 수 있다고 생각하는 사람들이 점점 더 늘어나고 있다. 오프라인에서 다른 사람과 의사소통이 원활하지 못한 사람도 온라인에서는 자신의 생각과 느낌을 털어놓기도 한다.

그러나 심리적으로나 정서적으로 문제가 있던 인터넷 중독자들은 현실의 문제를 회피하기 위하여 가상공간을 탈출구로 삼는다. 그들은 구체적 현실과 사회에서 해결할 수 없던 문제를 누군가와 공유하기 위하여 인터넷의 가상공간으로 빠져드는 것이다. 그들은 사이버 공간에서 사적인 동기와 관심에 따라 이 장소에서 저 장소로 옮겨 다닌다. 다시 말해 사이버 공간은 누구에게나 열려 있는 것처럼 보이지만 실제로는 개개인들의 사적 이해관계에 따라 연결되고 구성되는 폐쇄적 공간인 것이다. 이처럼 구체적 현실과의 연대가 없는 사이버 공간은 개방성과 공공성을 가장함으로써 실제로는 개인의 사회적 연대 가능성을 박탈한다. 마르크스는 종교를 민중의 아편이라고 규정하면서, 이 세상에서 실현할 수 없는 것을 저 세상에서 이루고자 하는 것은 가장 보편적인 소외의식이라고 분석하였다. 마찬가지로 현대의 사이보그들은 구체적 현실에서 성취할 수 없는 사회적 연대를 인터넷을 통한 사이버 공간에서 실현하려고 하는 것

---

16 킬벌리 S. 영,《인터넷 중독증》, 김현수 옮김 (나눔의집, 2000), 43쪽.

은 아닐까? 자신의 기호와 신념에 따라 이리저리 옮겨 다니고 자신의 공간을 만드는 네티즌들은 사이버 공간에서만큼은 스스로를 마치 신처럼 느끼는 것은 아닐까? 이 질문에 어떤 대답이 나오든 간에 디지털 정보기술이 사이보그들의 정체성을 온라인과 오프라인의 세계로 분산시키고 있음은 부인할 수 없다.

4. 디지털 자아의 정체성

인간은 스스로를 실현하기 위하여 미디어를 발전시킨다. 인간이 자신의 정체성을 확인하고 실현하기 위하여 만들어낸 미디어는 동시에 이러한 정체성 형성에 거꾸로 영향을 미친다. 구술 문화가 지배적이었던 시대에 말을 통해 구성되는 자아의 정체성은 분명 문자를 중요한 의사소통 수단으로 사용하는 근대인의 정체성과 다르다. 그렇다면 음성, 문자, 이미지를 통합하는 디지털 정보 시대의 자아가 이전의 자아와 다른 방식으로 구성될 것이라는 사실을 쉽게 추론할 수 있다.[17] 미디어는 단순한 수단을 넘어서 우리 자아의 정체성을 구성하는 문화적 관점이다. 사이버 공간에서 익명의 연쇄, 비트의 연쇄를 거치면서 나의 탈육체화된 전자적 정체가 구축된다. 나는 사이버 공간에서 필요에 따라 다양한 ID를 사용할 수 있으며, 특히 나의 디지털 자아가 피와 살을 가진 나와 다르다는 것은 분명하다.

오늘날 우리는 디지털 정보기술이 제공하는 다양한 미디어들에 포위

---

17 이에 관해서는 N. Katherine Hayles, "The Condition of Virtuality", 93쪽을 참조할 것.

되어 있다. 미디어는 우리가 스스로를 바라보는 관점을 제공하기 때문에 미디어에 따라 전혀 다른 자아가 형성된다. 원근법을 사용한 회화와 사진을 바라볼 때는 예술가와 사진가의 관점에서 자기 자신을 이해한다면, 영화를 감상할 때 우리의 정체성을 구성하는 것은 이와는 다른 유동적 관점이다. 고정된 관점에서 세계를 바라보는 사람은 스스로의 자아 역시 확고부동한 것으로 파악한다. 반대로 세계를 유동적인 관점에서 이해하는 사람에게는 자아가 유동적인 것으로 인식된다. 그렇다면 현실 세계와 가상 세계가 분명히 구별되었던 시대와 그 경계가 불투명한 시대의 자아는 상이한 방식으로 구성될 것임에 틀림없다. 물론, 우리의 정체성이 미디어에 의해 전적으로 규정되는 것은 아니다. 여기서는 단지 자아의 정체성과 문화의 정체성을 구성하는 데 미디어가 핵심적 수단이라는 사실만을 강조하고자 한다.[18]

그렇다면 현대의 디지털 자아는 어떻게 형성되며, 오늘날에도 여전히 존립하고 있는 소외를 극복하려면 어떤 정체성을 가져야 하는가? 우선 미디어가 우리 정체성의 표현이라는 점을 수용할 필요가 있다. 과거의 모든 문화에서 그러하였듯이 우리는 현재의 미디어를 생산하고 사용하는 주체이며 동시에 이러한 미디어들에 의해 구성되는 객체이다. 우리는 한편으로 카메라가 초점을 맞추는 대상이지만 동시에 세계를 바라보는 관점을 규정하는 카메라이기도 한 것이다. 오늘날 우리는 생생한 천연색 사진을 통해 자기 자신을 확인하며, 디지털 기술로써 구성된 영상과 필름을 통해 세상을 바라본다. 그뿐만 아니라 편지보다는 전화를 사용하고, 시도 때도 없이 울리는 전화의 폭력으로부터 벗어나 편리한 시간에 전자우

---

18 Jay David Bolter · Richard Grusin, *Remediation : Understanding New Media*, 231쪽을 볼 것.

편으로 들어가기도 한다. 간단히 말해, 전화, 인터넷, 디지털 영상, 컴퓨터 네트워크와 같은 미디어들을 통해 우리 자신을 정의하고 있는 것이다.

그런데 디지털 정보기술이 제공하는 미디어들은 다중성을 특징으로 하고 있다. 미디어는 필연적으로 다른 미디어들과──그것이 전통적인 것이든 다른 유형의 매체이든──결합되어 있다. 예컨대 우리는 무선 핸드폰을 통해 문자 메시지를 주고받는다. 현실에서와 똑같은 경험을 할 수 있도록 미디어의 제약을 제거하려는 디지털 정보기술의 경향은 결국 다양한 미디어들을 중첩시키는 결과를 초래한다. 사이버 공간은 그렇기 때문에 음성, 문자, 이미지와 같은 다양한 미디어들이 디지털 코드로 결합되어 있는 가상현실이다. 만약 우리가 사이버 공간의 가상현실에 참여하면, 역사적으로 발전된 다양한 매체와 그것에 의해 구성된 다양한 관점들이 겹으로 결합된 다중의 관점을 통해 스스로를 이해하게 된다. 컴퓨터에서 멀티미디어 프로그램을 작동시키면 우리가 방문하는──텍스트, 오디오, 비디오, 그래픽을 담고 있는──다양한 창들의 성격에 따라 우리의 자아와 정체성을 구성하는 미디어도 달라진다. 이처럼 멀티미디어 시대의 자아는 다중성을 특징으로 한다.

디지털 자아는 근본적으로 다양한 미디어에 의해 매개된 중층적 자아다. 그것은 데카르트가 전제하였던 확고부동한 자아의 토대가 더 이상 존재하지 않는다는 것을 의미한다. 우선 구체적 현실의 자아와 사이버 공간에서의 자아는 그 구성 논리에서 본질적으로 상이하다. 사이버 공간은 본래 물리적 세계로부터 분리된 논리적 공간이라는 점에서 가능한 한 매체를 제거하려는 속성을 가지고 있다. 미디어들에 의해 만들어졌지만 궁극적으로는 물질적 미디어가 가지는 제약을 극복하려는 기술적 경향은 되도록이면 자신의 육체를 떨쳐버리고 순수의식에 도달하려는 사이보그의 욕망과 맞아떨어진다. 우리는 사이버 공간에서 형성되는 이러한 자아를 '가상 자아The Virtual Self'라고 명명할 수 있다. 다른 한편으로 현실적 자아는 그가 관계를 맺는 다양한 매체에 따라 상이한 방식으로 구성된다는 점에서 '매개된 자아The Mediated Self'라고 할 수 있다. 그러나 구체적 현실과 가상현실이 인터페이스를 통해 연결되어 있듯이 이 두 개념은 모순적인 것이 아니라 상호보완적 성격을 띠고 있다. 왜냐하면 자아는 자신의 본성, 즉 잠재적 자아를 실현할 수 있는 다양한 수단들을 발전시키는 과정에서 형성되기 때문이다.

물론 이러한 디지털 자아의 이중성이 칸트Immanuel Kant가 구별한 것처럼 경험적 자아와 초월적 자아의 이원론을 재현하는 것은 결코 아니다. 칸트의 초월적 자아가 경험적 자아의 정체성을 규정하는 이념적 토대라고 한다면, 가상 자아와 매개된 자아는 디지털 시대의 경험적 자아가 스스로를 인식하고 이해하는 방식을 말해준다. 경험적 자아는——근대 심리학의 창시자인 윌리엄 제임스William James가 말하는 것처럼——"어떤 사람이 자기 것이라고 말할 수 있는 모든 것의 총합"[19]에 지나지 않는다. 물론 우리의 자아는 물질적, 사회적, 정신적인 요소들을 함축하고 있다. 우리의 물질적 자아가 신체, 의상, 집 등을 함축하고 있는 것처럼, 우리의 사회적 자아는 우리가 다른 사람들로부터 획득하는 다양한 인정들로 구성된다. 그렇다면 우리를 인정하는 다양한 개인들의 수만큼이나 다양한 사회적 자아들이 존재한다. 이러한 자아의 분산이 디지털 정보기술을 통해 더욱더 강도 높게 진행되고 있는 것이다.

만약 현실적 자아가 다양한 미디어를 통해 자신의 정체성을 형성한다

---

19 William James, *The Principles of Psychology* (1890) (New York : Dover, 1950), 291쪽.

면, 분산 자체를 부정적으로 인식할 필요는 없다. 분산은 근본적으로 미디어의 중첩을 의미하기 때문이다. 문제는 오히려 다양한 미디어들을 통해 구성된 상이한 자아들을 구성하는 관점의 일관성이다. 그것은 우리가 미디어에 의해 만들어지는 객체이면서 동시에 미디어의 주체라는 사실을 올바로 인식할 때 비로소 가능하다. 그러나 우리가 멀티미디어에 의해 만들어진 가상공간에만 머무른다면, 미디어의 객체로만 존재할 개연성이 높다.

그렇다면 언제 스스로를 미디어의 주체로 인식할 수 있는가? 우리의 자아를 구성하는 미디어들이 다양하다면, 미디어들과 이들이 제공하는 다양한 세계들을 자율적으로 결합시킬 수 있을 때에만 비로소 스스로를 주체적으로 구성할 수 있다. 물론 여기서 중요한 것은 멀티미디어에 의해 구성되는 다양한 가상 세계들의 결합보다는 구체적 현실과 가상현실의 결합이다. 미디어의 시대에 우리의 정체성과 관련하여 몸의 의미가 더욱더 중요해지는 까닭이 여기에 있다. 몸은 한편으로는 물질적 세계와 정신적 세계를 결합하는 수단이지만, 다른 한편으로는 구체적 현실 세계와 사이버 공간을 연결하는 주체이기 때문이다. 몸이 정신을 표현하는 단순한 물질적 수단으로 인식될 때에도 인간소외는 발생하지만, 의식이 다양한 미디어들이 빚어내는 수반 현상으로 파악되어도 인간의 본성은 왜곡된다. 그렇기 때문에 디지털 시대의 소외를 극복하려면 정신과 육체를 각각 절대화하여 이원론적으로 대립시키기보다는 이 둘 사이의 '관계'를 진지하게 규명해야 한다.[20]

---

20 Carol Gigliotti, "The Ethical Life of the Digital Aesthetic", *The Digital Dialectic : New Essays on New Media*, 46~63쪽. 미학과 윤리학의 관점에서 디지털 문명을 분석한 이 글은 현실적 삶의 변증법적 구조와의 관계에 따라 현대인의 정체성이 형성된다고 주장한다.

6장

태어난 인간과 만들어진 인간

─인간 복제에 관한 철학적 성찰

인간 존재의 탄생과 죽음은 단순히 자연적 사건이 아니라 세계와 관련되어 있다. 고유하고 대체불가능하며, 복제 불가능한 실재인 유일한 개인들이 이 세계에 왔다가 이 세계를 떠난다.

—한나 아렌트

우리는 진화를 포함한 자연이 요소, 에너지, 유전자를 수단으로 창조한 것과 우리가 이러한 유전자의 도움을 받아 이 세계에서 시작한 것을 구별한다.

—로널드 드워킨

문제는 아이를 디자인하는 부모들의 오만과 탄생의 신비를 완전히 제어하고자 하는 그들의 욕구이다.

—마이클 샌델

1. 생명과 기술공학의 결합은 어떤 문제를 야기하는가

생명공학의 새로운 수단들은 궁극적으로 우리와 다른 생명체들을 원하는 대로 바꿀 수 있는 방법을 확립하고 이를 실현시킬 수 있도록 도와주는 인간의 지배력을 의미하며, 우리들에게 우리들 자신과 후손, 세계의 비전을 만들고 영향력을 행사할 수 있는 힘을 주는 '꿈의 기술'이다.[1]

이제까지 가능성의 영역에 머물렀던 인간 복제를 현실화시킬 수 있는 생명공학이 정말 '꿈의 기술'인지는 아직 모르지만, 지난 몇 년 동안 유전학만큼 우리를 흥분시킨 자연과학이 없었던 것은 분명하다. 유전학이 생명의 신비를 해명하는 데 그치지 않고 생명을 인위적으로 조작하는 생명

---

1 Jeremy Rifkin, *The Biotech Century : Harnessing the Gene and Remaking the World*(New York : Putnam · Tarcher, 1998). 한국어판 : 제레미 리프킨, 《바이오테크 시대》, 전영택 · 전병기 옮김(민음사, 1999), 11쪽.

공학으로 발전함으로써, 생명은 이제 이 시대의 핵심적 문제로 떠오르고 있다.

생명공학의 출현으로 모든 것이 이제까지와는 전혀 다른 방식으로 이루어지게 될 것이라는 긍정적 예측이 있다. 다른 한편으로는 인간이 생명공학을 통해 창조주인 신神의 기능을 탈취함으로써 결국에는 인간 존엄성을 파괴할 것이라는 종말론적 목소리가 높아지고 있다. 사실, 생명공학의 발전은 산업혁명과 전혀 다른 유형의 혁명을 실현하고 있다고 해도 과언이 아니다. 1973년 유전자의 성분을 분리하였다가 다시 결합하는 DNA 재조합 기술이——스탠퍼드 대학의 스탠리 코헨Stanley Cohen 과 캘리포니아 대학의 허버트 보이어Herbert Boyer에 의해——성공한 이래 '생명'과 '기술공학'이 결합한 바이오테크 시대가 열렸다.

불치병이나 난치병으로 여겨졌던 질환들을 정복할 수 있는 길을 열어놓았다는 점을 감안하면 생명공학은 정말 꿈의 기술인 것처럼 보인다. 유전자 치료는 처음엔 선천성면역결핍증 같은 유전병의 치료를 주요 목표로 삼았지만, 지금은 암, 관절염, 순환기 질환은 물론 에이즈AIDS와 같은 감염성 질환의 정복에도 도전하고 있다. 이처럼 유전학이 인간적 삶을 불가능하게 만드는 고통과 질환으로부터 인간을 해방시키는 데 기여한다면 문제될 것이 없지 않을까?

생명공학은 1978년 인공수정으로 시작한 생식 의학과 결합함으로써 세포분열 단계(8세포기)의 배아胚芽 연구를 가능하게 만들었다. 이러한 기술 덕분에 수정란이 착상되기 이전에 유전병 여부를 진단할 수 있게 된 것이다. 특히, 초기 배아에서 분리한 '배아 줄기세포stem cell'는 인간을 구성하는 모든 종류의 세포로 분화, 증식할 수 있는 잠재력을 가지고 있기 때문에, 오늘날 생명공학은 배아 줄기세포 연구에 집중되고 있다.

2001년 11월 25일에 미국 매사추세츠 주 우스터의 어드밴스트 셀 테크놀로지ACT는 줄기세포의 종자로 쓰일 수 있는 작은 공 모양의 세포 배양에 복제 기술을 처음으로 사용했다고 발표했다. 인간 배아의 복제가 현실화된 것이다. 인간은 이제 자신이 발전시킨 수단으로 새로운 유전자적 성질을 만들 수 있게 되었다. 간단히 말해, 진화의 산물이라고 할 수 있는 인간이 이제는 "진화의 주체"[2]가 된 것이다.

　바로 이 지점에서 인간의 '축복'으로 여겨졌던 생명공학이 '저주'로 전환된다. 인간의 생명을 도구화하거나 살 만한 가치가 있는 생명과 그럴 가치가 없는 생명을 우생학적으로 구별하기 시작하면, 이를 멈출 길이 없다는 것이다. 이제까지 인간 복제를 막아왔던 댐들은 사실은 이미 붕괴된 것이 아닐까? 인류의 문명사에서 한번 발전된 기술은 결코 포기된 적이 없다는 사실을 확인한다면, 인공수정 기술과 함께 이미 시작된 배아 복제가 배아의 생명권을 보호하기 위해 중단되리라고 기대할 수는 없을 것이다.

　그렇다면 생명공학은 인류에게 축복인가 재앙인가? 이 물음은 순수한 연구의 자유가 침해받아서는 안 된다는 주장과 생명 현상은 인간이 절대 손대서는 안 되는 신성한 영역이라는 신념이 서로 대립하고 있는 상황에서는 결코 답을 얻을 수 없다. 그뿐만 아니라 '축복'과 '재앙' 사이에서 선택을 강요하는 극단적 이원론은 실제의 생명과학적 인식과 그것이 적용될 때 나타날 수 있는 기술적 결과들과는 별로 관련이 없다. 그것은 어쩌면 선정주의에 물든 언론이 빚어낸 새로운 종말론에서 기인할 것이다.

2　Volker Gerhardt, *Der Mensch wird geboren : Kleine Apologie der Humanität* (München : C. H. Beck, 2001), 126쪽.

그러나 한 가지 분명한 것은 생명공학에 의해 열린 미래가 불투명하다는 사실이다. 우리를 불안하게 만드는 것은 생명공학이 적용되는 과정에서 야기될 수 있는 위험이 아니다.[3] 어떤 인간이 태어나야 하는지를 결정할 수 있는 생명 권력이 마침내 인간의 손에 들어왔다는 사실 자체가 우리를 불안하게 만드는 것이다. 유전자 재조합 기술을 최초로 실험한 생명공학자들이 이 실험을 인간이 최초로 불을 사용한 사건에 견주었던 것처럼, 생명을 만드는 신의 놀이를 한다는 것은 프로메테우스의 불을 가지고 논다는 것을 의미한다. 불의 위험 때문에 불을 포기할 수 없는 것처럼, 생명공학이 야기할 부작용 때문에 생명공학을 포기할 수는 없는 것이다.

이런 관점에서 보면 인간 복제 및 유전자 조작을 생각하며 느끼는 공포는 "잘못된 것에 대한 불안"에서 오는 것이 아니다. 그것은 오히려 "무엇이 잘못된 것인지를 정확하게 알 수 있는 확실성을 상실한다는 불안"[4]에서 기인한다. 기술공학의 발전으로 자연에 대한 인간의 힘이 커질수록 윤리의 문제는 더욱더 심각하게 제기된다. 윤리적 책임은 항상 권력의 크기에 비례한다. 따라서 인간에게 생명을 창조하는 신의 힘을 부여하

---

3 로널드 드워킨은 〈신의 역할을 한다는 그릇된 불안〉이라는 시사적인 글에서 복제 기술을 반대하는 이유를 "물리적 위험", "사회정의에 대한 염려", "심미적 획일화"의 세 가지로 분류하고, 이러한 이유들은 복제 기술을 반대할 충분한 근거가 되지 못한다는 것을 논증하고 있다. 즉 복제와 유전자 조작이 유산과 기형을 초래함으로써 미래 세대를 위협할 것이라는 주장은 기술 발전을 통해 해소될 수 있으며, 이 기술이 초기 단계에는 너무 비싸 부유한 사람들에게만 유용할 것이라는 주장은 공정한 분배를 통해 해결될 수 있으며, 유전자 기술이 유행하는 크기, 지성, 머리 색깔, 성격 등을 획일화할 수 있다는 주장 역시 근거가 없다고 반박한다. Ronald Dworkin, "Die falsche Angst, Gott zu spielen", *Die Zeit*, Nr. 38(September 16, 1999), 15 · 17쪽. R. Dworkin, "Playing God, Genes, Clones, and Luck", *Sovereign Virtue*(Cambridge, Mass. : Harvard University Press, 2000), 427~452쪽을 참조할 것.

4 Ronald Dworkin, "Die falsche Angst, Gott zu spielen", *Die Zeit*, Nr. 38, 17쪽.

는 것처럼 보이는 생명공학의 출현은 분명 새로운 윤리적 성찰을 요구한다. 그렇지만 우리는 배아 연구와 생명 복제에 관한 윤리적 합의를 이루지 못한 채 '기술'과 '생명' 사이에서 우왕좌왕하고 있다. 생명 복제는 어느 편을 택하든 윤리적 문제를 야기한다는 점에서 위험한 주제가 된 것이다. 생명공학의 도전을 비겁하게 회피하지 않고 정면으로 대응한다면, 이 불확실성을 철학적으로 해명할 필요가 있다.

생명을 위해 '기술'을 포기할 수도, 기술을 위해 '생명'을 포기할 수도 없다. 생명공학은 '생명을 위한 기술'을 표방하고 있지만 생명공학을 둘러싼 논의들이 합의점 없이 평행선을 달리는 현실이 말해주듯 문제는 그렇게 간단해 보이지 않는다. 그것은 윤리적 관점의 부재 또는 방향 감각의 상실을 웅변하는 것처럼 보인다. 낙태와 관련된 윤리적 문제가 인공 수정의 도입으로 무의미해진 것처럼, 복제 기술의 도입은 태아와 관련된 인권 문제를 무력하게 만들 수 있다. 간단히 말해, '생명' 및 '인간 존엄'과 같은 추상적 도덕 이념들은 인간 복제를 금지할 수 있는 충분한 근거가 되지 못하고 오히려 생명공학에 의해 재해석을 강요받고 있는 실정이다.

이제는 인간 복제를 '무조건' 반대할 것이 아니라 생명공학이 인간다운 삶에 기여할 수 있도록 윤리적 '조건'을 부여할 필요가 있다. 그렇다면 인간을 특정한 목적에 따라 생산할 수 있는 복제 기술은 인간 존엄과 양립할 수 있는가? 생명을 지나치게 신성화하지 않고서도 복제 기술을 윤리적으로 통제할 수 있는 합의에 도달할 수 있는가? 이러한 문제들은 모두 '인간답게 산다는 것'의 의미와 밀접하게 연관되어 있다는 점에서 윤리적 문제들이다. 인간 복제를 가능하게 만든 생명공학은 이처럼 인간에 관한 "전혀 다른 종류의 물음"을 제기한다.

그 물음들은 이제까지 당연한 것으로 전제되었던 "인류의 윤리적 자기 이해 전체"[5]와 관련된 것이다. 인간은 우리 자신을 어떻게 이해해야 하는가? 우리는 누구이며, 어떤 존재이기를 바라는가? 이러한 물음은 근본적으로 인간이 만들어질 수 있다는 기술적 가능성에서 제기된다. 왜냐하면 오늘날 우리가 직면하고 있는 윤리적 불확실성은 근본적으로 자연스럽게 '태어난 것'과 인공적으로 '만들어진 것' 사이의 경계가 흐릿해진다는 사실에서 기인하기 때문이다. 이 글은 이러한 사실에서 출발하여 우선 생명공학이 인간의 자기 이해에 미친 영향을 추적함으로써 인간 본성에 관한 형이상학적 이념으로는 인간 복제를 도덕적으로 규제할 수 없음을 살펴볼 것이다. 그런 다음 생명은 수정된 순간부터 인간의 존엄성을 가진다는 주장의 문제점을 비판적으로 검토함으로써 '인간 존엄'을 '인간다운 삶의 존엄'으로 구체화하고, 마지막으로 만들어진 것과 태어난 것의 차이를 철학적으로 분석함으로써 인간 이념에 대한 생명공학의 도전을 성찰하고자 한다.

2. 인간 복제와 포스트휴머니즘—몸의 기술화와 인간 본성의 도덕화

인간 복제의 가능성은 근본적으로 인간의 자기 이해에 영향을 준다. 이제까지 인간은 스스로를 한편으로는 자연적 존재로 이해하고, 다른 한편으로는 이 자연성을 극복할 수 있는 이성을 가진 존재로 이해해왔다.

---

5 Jürgen Habermas, *Die Zukunft der menschlichen Natur : Auf dem Weg zu einer liberalen Eugenik?*(Frankfurt am Main : Suhrkamp, 2001), 27 · 32쪽. 하버마스는 이러한 물음을 "종種의 윤리Gattungsethik"라고 명명한다.

인간을 고전적 의미에서 '이성과 언어를 가진 동물zoon logon echon'로 규정하든 '합리적 동물animal rationale'로 규정하든, 인간존재는 이성을 통해 당연히 다른 동물과 구별된다고 여겨졌다. 인간에게 이성이 '자연으로부터von Natur aus, by nature' 주어졌기 때문에 인간은 이 이성을 통해 자신과 자연을 연구한다. 우리는 연구를 하면서 연구의 전제 조건이라고 할 수 있는 이성의 자연적 성격을 결코 의심하지 않는다. '이성'은 우리에게 오랫동안 '자연' 자체로 인식되어왔다.

이렇게 자명한 사실은 자연과학과 기술이 인간 자체를 연구 대상으로 삼은 시점부터 근본적으로 흔들리기 시작한다. 사실, 인간을 둘러싼 자연은 인간에 의해 심각하게 파괴되기 전까지는 훼손될 수 없는 영역으로 여겨졌다. 그러나 인간이 자신의 기술 권력을 자제하지 않는다면 자연이 보존될 가능성이 없을 정도로 자연은 이제 인간에 의해 철저하게 지배받고 있다. 그렇다면 우리 삶의 터전인 외부의 자연환경만 훼손될 것인가? 인간이 자연과의 조화를 모색하지 않고 자연을 파괴할수록 인간 본성도 변해가지 않는가? 자연에 대한 인간의 책임을 역설한 철학자 한스 요나스는 이 물음에 대해 "인간 행위의 본성이 사실상 변화하였다"[6]고 분명하게 대답한다.

여기서 자연이라는 낱말이 가지는 두 가지 뜻에 주목할 필요가 있다. 자연은 우리가 지각하고, 연구하고, 이용할 수 있는 '외부적 자연'을 의미하기도 하지만, 인간에게 주어져 있는 '내부적 자연'으로서 본성을 뜻하기도 한다. 이런 맥락에서 외부적 자연을 이용하기 위한 도구를 제작하

---

6 H. 요나스, 《책임의 원칙—기술 시대의 생태학적 윤리》, 이진우 옮김(서광사, 1994), 33쪽.

는 인간을 '호모파베르homo faber'라고 부르고, 자연으로부터 인간의 내면에 주어진 본성을 성찰하는 이성적 인간을 '호모사피엔스homo sapiens'라고 부른다. 호모사피엔스가 인간다운 삶의 목적을 성찰하고 그에 따라 자신의 행위를 규제하는 윤리적 인간이라면, 호모파베르는 주어진 목적의 효율적 실행을 추구하는 기술적 인간이라고 할 수 있다. 전통 사회에서는 호모사피엔스가 호모파베르를 지배했다면, 기술공학이 지배하는 현대사회에서는 이 지배 관계가 전도된다.[7]

우리가 발전시킨 기술이 성공하면 할수록, 이러한 성공은 다시금 새로운 기술을 발전시킬 것을 요구한다. 우리가 직면하고 있는 생명공학의 문제점은 이처럼 실험의 실패에서 기인하는 것이 아니라 실험의 과다한 성공에서 기인한다. 인간의 게놈을 해독하고 나면, 유전자를 분리했다 다시 결합시킬 수 있는 조합 기술을 발전시키고, 성공적으로 이루어진 조합 기술은 다시 생명 복제를 강요한다. 그렇다면 이러한 기술공학의 성공은 어떤 방식으로 우리의 본성에 영향을 주는가? 많은 철학자들은 인간에게 자연적으로 '주어진 것'과 인간이 인공적으로 '만드는 것'의 구별이 불투명해짐으로써 인간의 본성이 근본적으로 변화하고 있다는데 합의한다.[8]

인간의 기술이 발전할수록, 기술의 지배 대상은 점점 더 확장된다. 종래의 과학과 기술은 단지 외부적 자연만을 지배 대상으로 규정하고 그 영역을 확장해왔지만, 생명공학의 출현으로 이제까지 훼손될 수 없는 영

---

7 H. 요나스,《책임의 원칙》, 37쪽 이하를 참조할 것.
8 이에 관해서는 J. Habermas, *Die Zukunft der menschlichen Natur : Auf dem Weg zu einer liberalen Eugenik?*, 28쪽과 83쪽 ; R. Dworkin, "Die falsche Angst, Gott zu spielen," *Die Zeit*, Nr. 38, 17쪽을 참조할 것.

역으로 여겨졌던 '생명'마저 지배의 대상으로 전락하고 있다. 자연과학과 기술에 의한 자연의 식민지화는 대체로 세 단계로 실행된다. 첫째 단계에서 자연과학은 인간을 제외한 외부의 물리적 자연만을 지배 대상으로 삼는다. 둘째 단계에서는 연구 대상을 자연의 일부인 인간의 몸으로 확장한다. 그리고 셋째 단계에서 자연과학은 마침내 의학과 유전학을 결합시킨 생명공학으로 발전함으로써 생명의 질서 자체를 지배하게 된다. 자연과학과 기술이 첫째 단계에 있을 때에는——몸과 정신을 포함한——인간의 존재 자체가 이러한 기술 행위를 규제할 수 있는 윤리적 기준이 되었다. 자연과학과 기술이 둘째 단계로 접어들면, 인간의 기술 행위를 규제할 수 있는 윤리적 경계선은 인간의 몸에서 생명의 질서로 후퇴한다. 그러나 외부적 자연과 내부적 자연의 경계선이 무너지면 결국 '몸'과 '생명'의 경계선마저 불투명해지게 된다.

이처럼 생명공학은 이제까지 불가침의 영역으로 여겨졌던 자연을 대상화함으로써 외부적 자연과 내부적 자연의 경계를 점점 더 불투명하게 만들고 있다. 우리가 겪고 있는 윤리적 혼란은 바로 여기에서 기인한다. 기술이 발전할 때마다 항상 윤리적 한계가 문제되어왔다. 주사, 뇌와 심장을 대상으로 한 수술, 장기이식, 인공장기, 유전자 치료 기술의 출현은 항상 '인간이 통제할 수 있는 것'과 '인간이 훼손해서는 안 되는 것'의 경계선에 관한 논의를 불러일으켰다. 생명공학에 대한 도덕적 과잉 반응을 비판하는 과학자들은, 인간 복제를 반대하는 사람들은 25년 전 체외수정도 반대했다고 꼬집는다. 한편에서는 의학 연구 목적을 위해 잉여 배아나 성체 줄기세포 연구를 제한적으로 허용하자는 의견이 있는가 하면, 다른 한편에서는 줄기세포 연구를 위해 인간 배아의 생산, 복제를 이미 승인하고 있다. 어쩌면 기술화가 더 이상 정당화될 수 없는 한계에 도달하였는지도 모르지만, 한 가지 분명한 것은 "이러한 논쟁들 중 어떤 것도 기술을 중단시키지 않았다"[9]는 사실이다.

만약 연구의 자유를 제재하려는 어떠한 시도도——자율적 삶의 영역을 확대하려는 인간의 욕망 때문에——좌초할 것이라면, 생명공학에 아무런 도덕적 한계도 설정할 수 없을까? 우리는 이제까지 자연에 대한 인간의 기술 행위를 규제하고자 할 때 항상 인간에 의해 훼손될 수 없는 영역을 설정하여왔다. 인간을 에워싸고 있는 외부적 자연이 기술에 의해 훼손될 때 인간의 '몸'은 건드려서는 안 되는 터부의 영역이었다면, 인간의 몸마저 기술의 대상으로 전락한 지금도 우리는 다른 터부의 영역을 설정함으로써 기술 행위를 도덕적으로 규제하고자 한다. 다시 말해 "과학과 기술이 외부적 자연을 탈사회화 또는 탈마법화하는 대가를 치르면서 우리의 자유 공간을 확대하고 난 후, 이 제어하기 어려운 경향은 인위적 터부의 울타리를 세움으로써, 즉 내부적 자연을 재再마법화함으로써 정지되어야 한다"[10]는 것이다.

자연의 일부가 인간의 기술에 의해 통제되고 지배당하면, 우리는 이처럼 다른 자연을 건드릴 수 없는 마법의 영역으로 만듦으로써 이러한 행위를 규제하고자 한다. 인간 복제에 직면하여 자연과 생명의 섭리, 즉 인간의 자연성이 강조되는 것은 이 때문이다. 그러나 생명 자체가 기술화되고 있는 지금의 시점에서 인간 본성을 도덕화함으로써 인간 복제를 반

---

9 W. van den Daele, "Die Natürlichkeit des Menschen als Kriterium und Schranke technischer Eingriffe", *WechselWirkung*, Juni · August(2000), 24~31쪽 중에서 25쪽.

10 J. Habermas, *Die Zukunft der menschlichen Natur*, 28쪽 이하. 이에 관해서는 W. van den Daele, "Die Moralisierung der menschlichen Natur und Naturbezüge in gesellschaftlichen Institutionen", *Kritische Vierteljahrsschrift für Gesetzgebung und Rechtswissenschaft*, 2(1987), 351~366쪽을 참조할 것.

대하려는 시도는 시대착오적인 것처럼 보인다. 이런 맥락에서 하버마스 Jürgen Habermas는 과학과 기술을 규제할 수 있는 전통적 가치는 문명화 과정에서 거의 "고갈되었다"[11]고 단언하면서, 이제 인간 복제와 관련한 도덕적 규범을 민주적 합의를 통해 창출해야 한다고 주장한다. 다시 말해 우리가 어떤 존재로 살기를 바라는가 하는 문제에 합의할 수 있다면, 인간 생명에 관해 허용될 수 있는 연구와 금지되어야 하는 연구의 경계선이 설정될 수 있다는 것이다. 유전자 조작은 실제로 우리가 함께 살아가기 위해 필요한 규범적 전제 조건 자체를 건드릴 정도로 인간의 자기 이해를 변화시키고 있다.

하버마스가 마지막 경계선으로 설정하고 있는 전제 조건은 두말할 나위도 없이 '인간은 자율적으로 행위하는 인격이다'라는 도덕적 인간관이다. 생명공학은 이처럼 우리가 스스로를 어떻게 이해하고자 하는가 하는 본질적 문제와 결합되어 있다. 첫째, 우리는 생명공학 시대에도 '자기 삶의 창조적 주체'로서 실존할 수 있는가? 둘째, 우리는 생명공학 시대에도 서로를 자율적으로 행위하는 인격으로 인정할 수 있는가? 만약 우리가 이러한 인간 이해를 도덕적 전제 조건으로 받아들인다면, 이러한 전제 조건을 침해하는 기술 행위에 동의할 수 없을 것이다.

이런 관점에서 보면 배아 연구 자체를 무조건 배척할 근거는 없다. 왜냐하면 치료의 목적으로 이루어지는 연구는 인간의 도덕적 자기 이해를 침해하지 않을 뿐만 아니라 오히려 개인의 자율성을 증대시키기 때문이다. 어느 누가 수명을 연장시키는 동시에 삶의 질을 증대시킬 수 있는 생명공학을 쉽게 반대할 수 있겠는가? 문제는 이러한 생명공학 기술이 '유

---

11 J. Habermas, *Die Zukunft der menschlichen Natur*, 50쪽.

전자의 선별과 변형을 목적으로 하는 우생학'과 결합될 때 발생한다. 오늘날 생명공학이 기초 연구와 의학적 적용의 구별을 불가능하게 만든다는 점을 상기하면, 이러한 위험은 생명공학과 함께 탄생하였다고 해도 과언이 아니다.

그렇다면 생명공학은 어떤 측면에서 인간의 도덕적 이해에 근본적인 변화를 가져오는가? 생명공학은 인간에게 자연적으로 주어진 조건을 연구 및 실험의 대상으로 삼음으로써 인간의 도덕적 본성마저 변화시키고 있다. 예컨대 고대 그리스인들은 자신들의 삶과 근본적으로 신의 영향을 받는 운명을 구별하였다. 이와 마찬가지로 칸트 역시 자연법칙의 지배를 받는 '필연성의 영역'과 인간이 역사를 통해 만들어나가는 '자유의 영역'을 구별하였다. 그렇지만 칸트도 자연에 내재하는 초월적 이성은 근본적으로 인간의 자유와 맞물려 있다고 말함으로써, 인간이 마음대로 훼손할 수 없는 자연이 '우연'의 성격을 띠고 있음을 강력하게 시사했다. 우리가 이 세상에 태어난 것이 우리의 '선택'이 아니라 '우연'이었다는 사실을 상기하면 이러한 사태는 쉽게 이해된다. 그러나 생명공학은 이 '우연'의 영역을 '선택'의 영역으로 전환시키려 하고 있다.

법철학자인 로널드 드워킨Ronald Dworkin은 생명공학으로 야기된 도덕적 본성의 변화를 이렇게 설명한다. "우리는 진화를 포함한 자연이 요소, 에너지, 유전자를 수단으로 창조한 것과 우리가 이러한 유전자의 도움을 받아 이 세계에서 시작한 것을 구별한다. 아무튼, 이러한 구별은 있는 그대로의 우리 존재와 우리가 자신의 책임하에 이 유산을 다루는 방식 사이에 경계를 긋는다. 우연과 자유로운 결정 사이의 이 결정적 경계는 우리 도덕의 척추를 형성한다."[12] 만약 우리가 다른 사람을 고안하여 만들어낼 수 있다면, 이러한 가능성은 우리가 자연스럽게 전제하는 우연과 자유로운 선택의 구별을 불투명하게 만들 것이다. 그것은 도덕적으로 행위하고 자신의 실존을 스스로 염려하는 인격 전체에 영향을 줄 것이기 때문이다. 이런 관점에서 인간의 영역에서 모든 우연성을 제거하려는 자연과학적 시도는 결국 우연에 속해 있는 인간의 본성을 변화시킬 것임에 틀림없다.

3. '생명'의 존엄과 '인간다운 삶'의 존엄

외부적 자연과 내부적 자연의 경계가 불투명해지면서 생명 자체가 도덕적 논의의 중심을 차지하고 있다. 인간이 본래부터 어떤 이유에서 도 훼손될 수 없는 인권을 가지는 것처럼 생명 역시 절대적으로 존엄한 가? 만약 생명 자체가 절대적 권리를 가지고 있다면, 인간의 생명은 언제부터 시작되는 것인가? 생명권에 관한 철학적 논쟁은 근본적으로 생명이 언제 시작되는가 하는 과학적 인식과 밀접하게 관련되어 있다. 낙태에 관한 논쟁에서 형성된 '생명권' 옹호론Pro Life과 '선택권' 지지론Pro Choice의 양극단은 인간 복제에 관해서도 반복되고 있다. 보수주의자는 난자와 정자가 수정되는 순간부터 인간의 생명이 시작된다고 파악함으로써, 생명의 존엄성을 통해 생명공학에 도덕적 빗장을 걸려고 한다.[13]

---

12 R. Dworkin, "Die falsche Angst, Gott zu spielen", *Die Zeit*, Nr. 38, 17쪽.
13 이에 관해서는 Robert Spaemann, "Kein Recht auf Leben? Zur Auseinandersetzung um den Schutz des ungeborenen Kindes", P. Hoffacker · B. Steinschulte · P.-J. Fietz · M. Brinsa (Hrsg.), *Auf Leben und Tod : Abtreibung in der Diskussion* (Bergisch Gladbach : Lübbe, 1991), 114~138쪽을 볼 것.

이에 반해 자유주의는 정도의 차이는 있지만, 태아는 탄생을 통해 비로소 하나의 인격으로 발전한다는 전제로부터 출발하여 태아의 보호는 인격의 자율성의 관점에서 결정되어야 한다는 관점을 견지한다. 자신이 처한 불리한 사회적 상황을 극복할 수 없을 뿐만 아니라 미래에 아이를 돌볼 수 없는 처지의 임산부가 낙태밖에 선택할 수 없다고 판단한다면, 누가 그녀를 쉽게 매도할 수 있겠는가? 여기서 우리는 도덕적으로 정당화될 수는 없지만 이해될 수 있는 상황에 부딪히게 된다.[14] 마찬가지로 어떤 행위가 부도덕하다고 해서 모두 처벌의 대상이 되는 것은 아니다. 이런 맥락에서 오늘날 12주까지의 낙태는 비록 도덕적으로 정당화될 수는 없지만 대체로 법적인 제재를 받지는 않는다.

물론 이러한 자유주의적 견해가 배아 연구 및 인간 복제에 그대로 적용되는 것은 아니다. 자유주의자들 역시 탄생하기 이전의 배아를 연구용으로 마음대로 다룰 수 없다는 태도를 취할 수 있기 때문이다. 유전적 결함이 있는 착상 이전의 배아에 대한 검사와 연구는 낙태와 몇 가지 측면에서 분명하게 구별된다. 원하지 않는 아이를 거부하는 경우 엄마의 자율권은 태아의 생명권과 정면으로 충돌한다. 아이를 원하기는 하지만 태아가 건강하지 못할 경우에도 태아의 생명 보호는 근본적으로 부모의 판단과 충돌하게 된다. 만약 부모가 태아에 대한 유전자 검사를 허용한다면, 그들은 처음부터 이러한 갈등을 고려하였음에 틀림없다.

하버마스가 분명하게 지적하고 있는 것처럼, 태아의 질을 미리 통제할 수 있는 이러한 상황은 결국 "특정한 조건"을 충족할 때에만 생명체

---

14 이에 관해서는 Wolfgang Kluxen, "Anerkennung des Menschen. Ethische Prinzipien und Abtreibung", *Auf Leben und Tod : Abtreibung in der Diskussion*, 139~154쪽 중에서 154쪽을 볼 것.

를 생산할 수 있도록 만들며, "이 생명체를 제3자의 선호와 가치관에 따라 도구화할 수 있는"[15] 가능성을 열어놓는다. 그렇다면 여기서 생명체에 생명을 부여하는 '특정한 조건'이란 도대체 무엇인가? 사회적으로 선호되는 조건을 자의적으로 설정함으로써 어떤 아이가 탄생되어야 하는지를 결정해도 좋은가? 여기서 태아에 대한 선별 기준은 결국 원하는 유전자의 결합이라고 할 수 있다. 그렇지만 낙태에 대한 실존적 결단은 특정한 관점에 따라 생명체를 도구화하는 유전자 선별과 결코 관련이 없으며, 이 생명체를 연구의 목적으로 이용하는 것과도 거리가 멀다. 왜냐하면 낙태는 임산부의 자율적 삶이 심각하게 위협받을 때에만 도덕적으로 정당화될 수 있기 때문이다. 그러나 착상 이전의 배아에 대한 유전자 검사가 의학적으로 가능해짐으로써 이러한 실존적 결단과 부모의 가치 선호 사이의 경계선 역시 불투명해진다.

이 글에서는 '생명의 존엄'과 '인간다운 삶의 존엄'을 구별함으로써 배아 연구를 전면적으로 거부하는 보수주의의 문제점을 피해 가는 한편, 자유주의적 입장을 견지하면서도 인간 복제를 도덕적으로 규제할 수 있는 관점을 획득하고자 한다. 외부적 자연과 내부적 자연의 경계선이 불투명해지는 것과 비례하여 생명이 시작되는 시점 역시 정확하게 규정할 수 없다. 보수주의자는 난자와 정자의 수정을 인간 생명의 시작으로 보며, 따라서 탄생한 인격체에 부여되는 인간의 존엄성이 이 잠재적인 인격체에도 부여되어야 한다고 주장한다. 다른 한편으로 자유주의자는 초기 발전 단계의 배아는 단순한 세포 덩어리에 불과하기 때문에 엄격한 의미에서 도덕적 주체에게 부여되는 인간의 존엄성을 부여할 수 없다고

---

15 J. Habermas, *Die Zukunft der menschlichen Natur*, 58쪽.

생각한다.

그렇다면 언제부터 인간의 생명은 시작되는가? 예컨대 유전적 결함을 점검하기 위한 배아 검사를 허용한 영국의회의 결정(2001년 7월 18일)은, 태아의 인간존재는 수정 후 14일경에 이루어지는 자궁 내 착상과 함께 시작한다는 견해에 토대를 두고 있다. 생명의 시점에 관한 논의는 대체로 수정, 착상, 기관이 형성되는 12주기의 태아를 기준으로 한다. 물론 보수주의자들은 수정란에서 완성된 인격체의 발전까지는 연속 과정이기 때문에 이렇게 단계를 설정할 수 없다고 단호하게 말한다. 이 논쟁을 통해 분명해진 것은 수정과 탄생 사이에 도덕적으로 중요한 전환점을 설정한다는 것은 지극히 자의적이며, 또한 모든 시민들이 수용할 수 있는 태아의 도덕적 지위에 관한 중립적 관점은 존재하지 않는다는 사실이다.[16]

여기서 우리는 자유주의적 관점의 원리를 되새겨볼 필요가 있다. 자유주의적 관점은 자신의 삶을 스스로 결정할 수 있다는 자율성을 도덕적 기준으로 설정한다. 그렇다면 이 관점에서 배아 및 태아의 도덕적 지위를 해명할 수 있는 가능성은 없는가? 우리는 인간의 모습을 분명하게 가지고 있는 아이에게는 인격과 인간의 존엄성을 부여한다. 수정란보다는 12주기의 태아에 인격성을 쉽게 부여할 수 있는 것도 이 때문이다. 물론 우리는 탄생하기 이전의 태아를 마음대로 처리할 수 없다고 생각한다. 여기서 마음대로 처리할 수 있다는 것이 도구로서 이용하고, 소유하고, 통제할 수 있다는 것을 의미한다면, 인간 존엄을 가진 경우에만 이것이 용납될 수 없는 것은 아니다. 절대적 생명권을 주장하지 않더라도, 우

---

16 R. Dworkin, *Life's Dominion : An Argument about Abortion, Euthanasia, And Individual Freedom* (New York : Vintage Books, 1994)을 참조할 것.

리는 어떤 것의 이용과 통제를 도덕적 이유에서 금지할 수 있다.

이런 맥락에서 하버마스는 인간의 존엄은 인격과 더불어 주어진다는 전제에서 출발하여 인격에게 주어진 절대적 "불가침성不可侵性, Unantast-barkeit"과 "불가용성不可用性, Unverfügbarkeit"을 구별한다. 그는 도덕적 행위의 주체인 개인 상호 간의 관계에서 있을 수 있는 물리적, 인격적 훼손을 막기 위하여 전제된 것이 바로 인격의 불가침성이라고 말한다. 다시 말해 인격에게 주어진 존엄은 결국 자율적인 인격들 사이의 평형 관계에 기초한다는 것이다. 이렇게 "스스로 행위할 수 있고, 또 스스로 행위하고자 하는 인격"[17]의 자율을 도덕의 근원으로 설정하면, 탄생은 자연스럽게 인간다운 삶의 시점으로 규정될 수 있다. 칸트가 거듭 강조하는 것처럼 우리는 태어날 때 비로소 이 세계에 새로운 인간으로 존재하며, 이때부터 천부적 권리의 주체가 된다. 한나 아렌트Hannah Arendt가 말하는 것처럼 "인간에게 생명(삶)이란 '사람들 사이에 머문다는 것inter homines esse'을 의미하며, 죽음은 '사람들 사이에 머물기를 중단하는 것desinere inter homines esse'을 의미한다"[18]면, 생명권은 근본적으로 인간들 사이에서 자율적으로 생활할 수 있는 '인간다운 삶의 권리'에 기초하는 것이라고 할 수 있다. 이런 관점에서 보면 인간을 비로소 인간으로 만드는 것은, 개인이 상호 주관적 성격을 띠고 있는 생활 세계에 의해 수용되는 사회화 과정이다.[19] 개인이 자신의 정체성을 획득해가는 삶은 유전자의 결합을 통해 이루어지는 것이 아니라 사회 과정을 통해 실행되기

---

17 Volker Gerhardt, *Der Mensch wird geboren*, 20쪽.

18 Hannah Arendt, *Vita Activa oder Vom tätigen Leben*(München : Piper, 1959), 15쪽.

19 이에 관해서는 J. Habermas, *Die Zukunft der menschlichen Natur*, 64쪽.

때문이다.

인간의 생명에 천부적으로 주어지는 권리는 근본적으로 인간다운 삶의 권리이다. 그런데 하버마스는 이런 관점을 취하더라도 탄생 이전의 태아에 대한 도덕적 의무를 정당화할 수 있다고 주장한다. 인간의 생명체가 아직 권리와 의무의 주체인 하나의 인격으로 성장하지 못하였다고 할지라도 우리가——설령 그것이 비대칭적이라고 할지라도——관계를 맺을 수 있는 의무의 대상으로서 도덕적으로 고려될 수 있다는 것이다. 예컨대 부모는 엄마의 자궁에서 자라고 있는 태아에 '관해about'서만 말하는 것이 아니라 어떤 의미에서는 이 태아와 '서로with' 의사소통을 한다. 우리는 태아와 관계를 맺으면서, 우리를 위해서가 아니라 이 태아 자신을 위해 걱정을 한다. 다시 말해 부모와 태아의 관계가 비대칭적이기는 하지만, 태아가 하나의 수단으로서가 아니라 목적으로서 파악되는 것이다. 여기에서 우리는 '생명'과 같은 초월적 가치를 설정하지 않고서도 생명공학 시대에 배아 연구와 인간 복제를 규제할 수 있는 윤리적 관점을 획득할 수 있다.

4. 인류의 자기 도구화와 바이오테크 시대의 생명윤리

탄생 이전의 인간 생명체를 어떻게 다루는가 하는 것은 '유類적 존재'로서의 인간의 자기 이해와 밀접한 관련이 있다. 만약 우리가 스스로를 '자율적인 존재'로 이해한다면, 우리는 인간의 존엄성을 태아에까지 확장하지 않고서도 배아 연구를 '도덕적으로' 규제할 수 있다. 여기서 우리는 도덕을, 하버마스와 함께, 정의로운 공동생활의 문제로 이해하고자 한다. 모든 인격들이 평등한 도덕적 지위를 가지고 있을 뿐만 아니라 호혜적으로 상대방의 인격을 인정해야 하는 책임이 있다고 한다면, 인간 상호 간의 관계는 근본적으로 달라질 수 있다. 예컨대 어린아이에 대한 부모의 책임은 일방적인 것처럼 보이지만, 아이가 성장하면서 이러한 관계는 역전될 수 있다. 이처럼 자율적인 인격들 상호 간의 관계는 가역성可逆性을 특징으로 한다.[20] 그렇지만 만약 유전조작을 통해 자식을 디자인할 수 있다면, 이러한 관계가 비대칭적으로 경직될 수 있다. 인간 복제와 유전조작이 도덕적으로 문제되는 것은 바로 이 때문이다.

인간 복제는 인류의 자기 정체성을 심각하게 위협한다. 치료의 목적을 위해 인간 배아를 복제하거나 연구 목적으로 배아를 사용할 수 있다는 논의를 둘러싼 감정적 대응을 자세히 살펴보면, 도덕적 분노보다는 오히려 자연스러움을 배반하는 외설적인 것에 대한 혐오감이 표현되고 있다. 왜냐하면 우리가 스스로를 인간으로서, 즉 인류에 속하는 존재로서 확인함으로써 다른 생명체와 구별할 수 있는 직관적 자기 이해가 심각하게 훼손되고 있다고 느끼기 때문이다. 인간 복제는 이렇게 '인류의 정체성'을 불안하게 만듦으로써 "윤리적 문제"[21]를 야기한다. 물론 좋은 삶에 관해서는 문화적으로 다양한 가치와 해석들이 있을 수 있다. 무엇이 좋은 삶인가에 관한 문제에서는 항상 '다른 문화, 다른 윤리'의 정식이 적용된다. 이런 맥락에서 태어나기 이전의 태아에 대한 평가가 문화에 따라 다

---

20 J. Habermas, *Die Zukunft der menschlichen Natur*, 110쪽을 참조할 것.
21 하버마스는 주지하다시피 자율적 존재가 충돌할 때 이를 해결하는 정의의 관점을 '도덕 Moral'으로 규정하고, 이를 좋은 삶에 관한 '윤리Ethik'의 문제와 구별한다. 이런 관점에서 보면 '정의'는 도덕의 문제고, '정체성'은 윤리의 문제다. 이에 관해서는 J. Habermas, "Begründete Enthaltsamkeit : Gibt es postmetaphysische Antworten auf die Frage nach dem richtigen Leben?", *Die Zukunft der menschlichen Natur*, 11~33쪽을 참조할 것.

를 수 있으며, 또 인간 복제에 관한 다양한 관점이 있을 수 있다는 주장이 제기될 수 있다. 그러나 이러한 다양성은 오직 모든 사람이 공유할 수 있는 인류의 자기 이해의 토대 위에서만 가능한 것이다.

인간은 스스로를 자율적으로 행위할 수 있는 도덕적 존재로 이해할 때 비로소 인류에 속한다. 그러나 인간 자체가 기술적 행위의 대상으로 전락함으로써 이러한 인간의 자기 이해는 위협을 받게 된다. 만약 우리가 복제 기술로 장기를 배양할 수 있다면, 우리에게 자연스럽게 주어진 것과 기술적으로 만들어진 것을 어떻게 구별할 수 있겠는가? 만약 어떤 인간의 존재가 전적으로 타인의 의지와 선호에 예속되어 있다면, 우리는 이 존재의 자율성을 어떻게 이해해야 하는가?

여기서 인간이 스스로를 자율적 존재로 이해하면서 자연스럽게 받아들였던 '생산'과 '제작', '성장한 것'과 '만들어진 것'의 차이를 살펴볼 필요가 있다. 일상생활에서는 여전히 유기체와 비유기체가 구별되고, 식물과 동물이 구별되고, 동물은 다시금 이성을 가진 인간의 본성과 구별된다. 인간은 한편으로 이성을 부여받은 자연적 존재이기는 하지만, 다른 한편으로는 자연을 활용하여 자신의 삶을 건설하는 존재이기도 하다. 이런 맥락에서 아리스토텔레스는 인간의 행위를 두 측면에서 구별한다. 하나는 자기의 목적을 실현하기 위하여 도구를 생산하는 인간의 '기술적 행위techne'이고, 다른 하나는 자유롭고 평등한 존재로서 상호 관계를 맺음으로써 인간성을 실현하는 '실천적 행위praxis'이다.

우리는 여기서 인간의 생산 행위에 주목할 필요가 있다. 인간이 인위적으로 설정한 목적을 효율적으로 실현하기 위하여 외부의 물품을 만드는 생산 행위는 근본적으로 제작이다. 그렇다면 인간이 인간을 낳는 생산生産 행위는 이러한 제작 행위와 어떻게 구별되는가? 제작은 그 목적이 외부에서 주어진다면, 인간의 생식은 그 자체가 하나의 목적이라고 할 수 있다. 그것은 우리가 자식을 결코 우리의 제작품 또는 소유물로 생각하지 않는다는 사실에서 분명하게 드러난다. 이런 맥락에서 칸트는 "교접의 행위"에서 인간 자유의 실천적 근거를 인식할 수 있다고 주장한다. 우리는 교접을 통해 새로운 자유 존재를 그의 동의 없이 이 세상에 낳기 때문에 성숙하지 않은 아이를 가능한 한 자유롭게 만들 의무가 있다는 것이다.[22] 칸트에 따르면 인간의 자유는 역설적이게도 인간이 태어난다는 자연적 사실에서 비롯된다. 그렇기 때문에 인간의 행위는 근본적으로 자유로운 존재를 생산한다는 자연의 섭리에 순응하는 것이다.

그런데 생명공학은 '만들어진 것'과 '자연적으로 성장한 것'의 차이를 모호하게 만든다. 우리가 인간 게놈의 조합을 통해 생명의 질서에 무차별적으로 간섭하면 할수록, 간섭의 형태는 점점 더 제작의 성격을 띠게 된다. 물론, 생명공학의 간섭은 전통적 제작과 근본적으로 차이가 있다. 전통적 제작의 재료가 대체로 수동적 물질이라고 한다면, 생명공학의 간섭 대상은 그 자체가 살아 있는 능동적 물질이다. 유전자 조작은 자연적으로 기능하는 생물학적 체계에 새로운 결정 인자를 투입하는 기술 행위라고 할 수 있다. 이러한 간섭 행위는 살아 있는 생명 체계를 대상으로 하기 때문에 훨씬 더 통제하기 어려운 결과를 초래할 수 있다.[23]

그렇다면 유전자 조작을 통해 자신이 선호하는 아이를 가질 수 있는 우생학은 어떤 결과를 가져오는가? 부모는 대체로 아이들에게 자신의

---

22 I. Kant, *Metaphysik der Sitten*, Rechtslehre, §28. 이에 관해서는 V. Gerhardt, *Der Mensch wird geboren*, 22쪽 이하를 참조할 것.

23 이에 관해서는 H. Jonas, *Technik, Medizin und Ethik : Zur Praxis des Prinzips Verantwortung* (Frankfurt am Main : Suhrkamp, 1985), 165쪽을 참조할 것.

가치관을 투영하는 경향이 있다. 예컨대 자식이 어떤 재능을 가지고 있는지 모른 채 훌륭한 예술가, 과학자, 정치가로 커나가기를 바라는 부모들이 그렇다. 자식을 설령 우연히 생산하였다 할지라도, 부모는 자식을——자율적 존재로 키우라는 칸트의 제안과는 달리——자신의 소망에 맞게 만들고자 하는 경향을 가지고 있는 것이다. 생명공학에 기반을 둔 우생학은 이런 부모들의 오랜 꿈을 현실로 만들 수 있다고 주장한다. 이런 맥락에서 일부 자유주의자들은 유전자를 변형시키는 '우생학'과 태도 및 가치관을 변화시키는 '교육' 사이에는 아무런 차이가 없다고 주장한다.[24] 물론 자유주의 우생학은 특정한 유형의 시민만을 생산하고자 하였던 권위주의적 우생학과 달리 중립적이다. 자유주의 우생학은 부모들이 유전자 치료에 관한 모든 정보에 쉽게 접근할 수 있도록 보장하고, 미래의 아이를 선택할 때 자신의 가치를 고려할 수 있도록 한다. 물론, 자유주의 우생학은 유전자 치료를 받은 인격이 결코 자율적 삶을 침해받아서는 안 되고 또 다른 사람들과 평등한 관계를 맺을 수 있는 조건이 제한받아서는 안 된다고 주장한다.[25]

그러나 이러한 주장은 만들어진 것과 자연적으로 성장한 것의 경계선이 무너지면 타당성을 상실한다. 아이들이 단지 부모의 가치관과 선호 체계에 의해 만들어진다면, 인간 존엄을 보장하는 인격들 상호 간의 평형 관계는 깨어진다. 아이들은 결코 자신에게 강요된 삶에 대해 자기 견해를 표명할 수 없으며, 어떤 의미에서는 자신의 삶을 스스로 결정하는

---

24 John Robertson, *Children of Choice : Freedom and the New Reproductive Technologies* (Princeton : Princeton University Press, 1994), 167쪽을 볼 것.

25 이에 관해서는 Nicholas Agar, "Liberal Eugenics", Helga Kuhse · Peter Singer (eds.), *Bioethics : An Anthology*(Oxford · Cambridge : Blackwell, 1999), 171~181쪽을 참조할 것.

대신 이미 설계된 계획에 따라 살게 된다. 생명공학과 함께 이루어지는 이러한 변화는 간단하게 '다자인Dasein에서 디자인Design으로'라는 명제로 서술될 수 있다. 실존철학의 중심 개념인 다자인은 '자연에 의해 우연히 부여된 실존'을 의미한다. 실존철학은 물론 우연한 실존을 스스로 계획하고 책임질 수 있는 자유가 우리에게 동시에 주어졌다고 주장한다.

그러나 부모의 계획으로 디자인된 실존은 엄밀한 의미에서 이러한 자유가 박탈된 것이다. 생명공학은 이처럼 인간의 몸뿐만 아니라 성향, 기질, 성격과 같이 삶 전체를 기술적 조작의 대상으로 전락시킬 수 있다. 우리는 여기서 생명공학이 외면적 자연인 몸뿐만 아니라 삶 자체에 개입한다는 사실에 주목할 필요가 있다. 몸은 우리에게 일차적으로 외면적 자연이다. 그렇기 때문에 우리는 몸을 자연의 다른 대상물처럼 소유할 수 있다고 생각한다. 그렇다면 우리의 몸은 정말 인격적 삶과 분리될 수 있는 것인가? 우리의 몸이 태어나 성장하는 과정을 살펴보면, 우리는 우리의 몸과 반성적 상호 관계를 맺는다. 우리의 몸은 우리의 인격을 표현하고 동시에 다른 사람들에게 특정한 인격으로서 인정받는 수단이다. 몸과 인격은 분리될 수 없다. 그러므로 우리는 우리의 특정한 몸으로 '존재하는' 한에서만 우리의 몸을 '가질' 수 있다. 몸을 구성하는 부분들이 시시각각으로 변한다면, 어떻게 우리의 정체성을 확보할 수 있겠는가?

성장하는 과정에서 우리의 몸이 변화하는 모습을 바라보면서 정체성을 획득하는 것처럼, 인간은 근본적으로 만들어지는 것이 아니라 태어나 성장하는 것이다.[26] 태어난다는 것은 자신의 삶을 스스로 시작할 수 있

---

26 이런 의미에서 게르하르트는 인간을 인간으로 만드는 인간화의 행위는 다름 아닌 탄생이라고 단언한다. V. Gerhardt, *Der Mensch wird geboren*, 41쪽.

다는 것을 의미한다. 스스로 존재한다는 것은 다시금 다른 사람과 인격적 관계를 맺는다는 것을 의미한다. 그렇기 때문에 '인간다운 삶', '인격적 존재', '스스로 존재할 수 있음'을 불가능하게 만드는 생명공학은 도덕적으로 정당화될 수 없다.

여기서 우리는 치료의 목적으로 이루어지는 소극적 우생학과 치료의 논리를 넘어서 유전자의 특성을 변형시키는 적극적 우생학을 구별할 필요가 있다. 모든 시민에게 자율적 삶의 평등한 권리를 부여하는 다원주의 사회에서는 유전자 조작에 바탕을 둔 적극적 우생학은 결코 정당화될 수 없다. 이 경우 부모와 자식 사이에 인격적 상호 관계가 성립하지 않고 단지 프로그래머와 제작된 생명체의 일방적 관계만이 지배하기 때문이다. 오직, 인간의 자율성을 심각하게 훼손하지 않는 범위에서 치료를 목적으로 이루어지는 소극적 우생학만이 윤리적으로 허용될 수 있을 뿐이다.

이러한 인식에도 불구하고 우리는 논의의 출발점에서 한 걸음도 더 나아가지 못했는지도 모른다. 한편으로는 인격에게 주어지는 절대적 생명권을 배아와 태아에게 처음부터 부여할 수 없으며, 다른 한편으로는 태어나기 이전의 생명체를 단순한 물질처럼 마음대로 다룰 수 없다는 사실은 우리에게 여전히 도덕적 딜레마다. 이러한 딜레마는 근본적으로 '태어난 것'과 '만들어진 것', 자연과 기술의 차이가 제거됨으로써 생겨났다. 만약 우리가 소극적 우생학을 허용한다면, 어쩌면 이러한 허용과 함께 적극적 우생학으로 나아갈 수 있는 길을 이미 열어놓았는지도 모른다. 어쩌면 우리는 진화의 과정에 적극적으로 간섭할 수 있는 지점에 이미 도달하였는지도 모른다.[27]

---

27 이에 관해서는 Peter Sloterdijk, *Regeln für den Menschenpark : Ein Antwortschreiben zu*

아무튼, 한 가지 분명한 사실은 태어나기 이전의 생명체를 도구화함으로써 인간의 자기 이해가 시험대에 올랐다는 점이다. 태어나기 이전의 생명체를 어떻게 다룰 것인가 하는 문제는 인류가 스스로를 어떻게 이해할 것인가 하는 문제와 직결되어 있기 때문이다. 만약 우리가 여전히 이러한 도덕적 공동체에 속하고자 하는 실존적 관심을 가지고 있다면, 다음과 같은 외설적 물음을 심각하게 제기해야 한다. '우리는 태어나기를 바라는가, 아니면 만들어지기를 바라는가?'

Heideggers Brief über den Humanismus(Frankfurt am Main : Suhrkamp, 1999), 46쪽 이하를 볼 것.

TECHNO
HUMANITIES

7장

인간 복제 시대의 책임윤리
－개별적 인간은 인간 種種 전체에 대해 책임이 있는가

문명 과정은 장기적으로 인류의 특성을 유전적으로 변화시킬 수도 있다.
—페터 슬로터다이크

인간의 행복을 위해 고안되었던 자연 정복은 이제 인간 본성 자체에까지 확장되고 있는 그 과도한 성공의 결과 때문에 가장 커다란 도전을 야기하였다.
—한스 요나스

윤리적 문제들은 일정한 삶의 역사 또는 특별한 삶의 형식의 맥락 안에서 제기된다. 그 문제들은 우리는 우리 스스로를 어떻게 이해할 것인지, 우리는 누구이며 누구이고 싶은지에 대한 정체성에 관한 물음과 연결되어 있다.
—위르겐 하버마스

우리는 인간의 가치와 개인의 야망에 부합하게 우리 자신과 우리 본성을 정당하게 개선할 수 있다.
—닉 보스트롬

1. 인간 본성도 담론의 대상이 될 수 있는가

인간 복제의 가능성은 우리를 철학의 핵심 문제로 인도한다. 인간이 스스로의 존재를 결정하고 계획하고 생산할 수 있다는 생명공학적 현실은 궁극적으로 인간존재에 관한 철학적 성찰로 이어지기 때문이다. '인간은 자신의 이성으로 무엇을 인식할 수 있는가?'라는 계몽주의적 질문이 근대의 과학과 기술을 발전시켰다면, 대상 영역을 우리의 바깥에 존재하는 외부의 자연에서 스스로 자연의 일부이기도 한 인간 자신에게까지 확대한 현대의 생명공학은 필연적으로 다음과 같은 문제를 제기한다. '인간은 어떤 존재로서, 어떻게 살기를 원하는가?'

우리가 대응할 수 없을 정도로 급속도로 발전하고 있는 생명공학의 현실을 지켜보면, 이러한 질문의 방향 전환을 어렵지 않게 이해할 수 있다. 줄기세포 연구, 유전자 분리 및 결합, 유전자 형질 변경 등으로 진행되는 현재의 생명공학은 실제로 인간의 본성과 맞물려 있기 때문이다. 독일의 철학자 슬로터다이크Peter Sloterdijk는《인간농장을 위한 규칙》이라는 도발적인 책에서 "문명 과정은 장기적으로 인류의 특성을 유전적으로 변화시킬 수도 있다"[1]는 주장을 통해 인간 복제를 둘러싼 윤리적 문제의 민감한 핵심을 건드렸다. 사람들은 여전히 생명공학이 아무리 발전한다고 해도 인간 본성은 영원히 변하지 않을 것이라고 생각하는 것처럼 보이지만, 인간 본성에 관한 물음은 인간 복제 시대의 필연적 운명이다.

물론 우리가 가지고 있는 성향, 기질, 품성이 바뀐다 해도 인간의 본성과는 아무런 관계가 없다고 말하는 사람이 있을 수 있다. 그것이 인간의 진화 과정이 가져올 무시무시한 결과에 대한 두려움에서 기인하든 자신의 운명을 기술적 진보에 내맡기는 도덕적 불감증에서 기인하든, 부인할 수 없는 한 가지 사실은 생명공학이 인간존재에 심각한 영향을 준다는 것이다. 인간 본성에 관한 철학적 성찰을 거부하는 사람조차 실존 양식에 관한 물음만큼은 피해 갈 수 없다. 인간은 도대체 어떤 존재로 살기를 원하는가?

인간 복제에 관한 철학적 입장에서 슬로터다이크의 대척점에 있는 것처럼 보이는 하버마스도 이 점에서는 동일한 결론에 도달한다. 모든 자연을 도구적으로 지배하고자 하는 현대의 과학기술은 결국 자연적인 것과 인공적인 것의 경계를 허물어뜨림으로써 이제까지 불변적인 것으로 전제되었던 인간 본성을 생명공학적으로 해체시킨다는 것이다. 우리의 생명을 어떻게 다룰 것인가 하는 문제는 피부색, 인종, 종교, 관습과 같은 문화적 다양성에 따라 상대화될 수 있는 문제가 아니다. 예컨대 원자력을 평화적으로 이용할 것인지 아니면 대체 에너지를 활성화할 것인지는

---

1 P. Sloterdijk, *Regeln für den Menschenpark : Ein Atnwortschreiben zu Heideggers Brief über den Humanismus*, 49쪽. 한국어판 : 페터 슬로터다이크, 《인간농장을 위한 규칙》, 이진우 · 박미애 옮김(한길사, 2004), 73쪽. 아래에서는 원문과 한국어판의 쪽수를 병기하여 인용함.

문화적 삶의 형식에서 다르게 결정될 수 있지만, 생명은 이러한 문화적 차이를 넘어서 모든 인류를 당사자로 만드는 초월적 문제이다. 하버마스에 따르면 이 문제는 "우리 스스로를 인간으로서 동일시하고 다른 생명체들과 구별해주는 직관적인 자기 서술, 다시 말해 유적 존재인 우리 자신의 자기 이해"[2]를 건드린다.

하버마스는 인간 복제의 관점에서 도덕과 윤리의 관계를 새롭게 규명한다. 잘 알려진 것처럼 하버마스는 모든 사람에게 적용되는 보편적 관점을 규정하는 '도덕'과 개인의 삶의 형식과 실존적 정체성을 해명하는 '윤리'를 구별하였다. '우리는 우리 스스로를 어떻게 이해할 것인가', '우리는 누구이고 싶은가' 등은 윤리적 물음이다. 올바른 삶에 관한 생각은 개인마다 다르기 때문에 도덕적 관점은 대체로 이러한 윤리적 물음들을 초월한다. 그러나 인류의 실존 양식에 직접적으로 영향을 미치는 생명공학은 올바른 삶에 관한 윤리적 물음을 새롭게 제기한다. 우리는 어떤 존재로서 스스로를 이해하고 싶은가? 우리가 스스로를 유적 존재로 이해한다는 것은 무엇을 의미하는가? 하버마스는 생명공학이 새로운 "인류의 윤리Gattungsethik"를 요구하고 있다고 주장하면서 이렇게 말한다. "새로운 과학기술들은 우리에게 문화적 삶의 형식 그 자체의 올바른 이해에 대한 공적 담론을 진행하도록 내몰고 있다."[3]

그러나 인간 복제에 관한 담론은 합의는커녕 과학자 공동체와 종교 공

---

2 J. Habermas, *Die Zukunft der menschlichen Natur : Auf dem Weg zu einer liberalen Eugenik?*, 72쪽. 한국어판 : 위르겐 하버마스, 《인간이라는 자연의 미래—자유주의적 우생학 비판》, 장은주 옮김(나남출판, 2003), 80쪽. 아래에서는 《인간이라는 자연의 미래》로 줄여 원문과 한국어판의 쪽수를 병기하여 인용함.

3 위르겐 하버마스, 《인간이라는 자연의 미래》, 33/46쪽.

동체 사이에서 양극화되고 있는 실정이다. 인간 복제가 신의 섭리에 간섭함으로써 궁극적으로 인간 존엄을 훼손할 것이라는 비판론과 복제 인간이 고유한 정체성을 가지지 못할 것이라는 생각은 과학에 관한 무지에서 기인한다는 옹호론이 평행선을 긋고 있다.[4] 이러한 담론의 양극화는 인간 복제와 같은 생명공학의 발전에 반대하는 것이 오로지 종교적 신념 때문이라는 오해를 불러일으킨다. 만약 이러한 과정이 복제, 세포 연구, 유전공학과 같은 생명과학은 종교적 신념과 아무런 관련이 없다는 인식만을 심화한다면, 다시 말해 과학의 가치중립성만을 강화한다면, 생명공학의 발전은 아무런 제재 없이 진행될 것이다.

우리는 우선 종교적 신념과는 관계없이 생명공학을 제재할 수 있는 도덕적 관점을 획득해야 한다. 만약 생명공학이 생명을 대상으로 한다면, 생명의 본질로부터 도덕적 관점을 도출할 수는 없을까? 미국의 정치사상가 후쿠야마Francis Fukuyama는 옳고 그름에 관한 견해는 궁극적으로 인간 본성에 근거해야 한다는 아리스토텔레스의 입장을 적극적으로 수용함으로써 인간 복제에 관한 담론 역시 인간 본성에 관한 철학적 성찰에서 시작해야 한다고 주장한다.[5] 유전자 지도가 모두 밝혀진다고 해서 인간 본성이 해명되는 것이 아니라면, 우리는 인류 역사를 관통하는 불변의 인간 본성이 존재한다는 사실을 더욱더 진지하게 받아들여야 한다. 우리는 근본적으로 과거의 역사에서 배우고 또 이러한 교훈을 비유전적 수단을 통해 다음 세대로 넘겨준다. 이 점에서 인간은 본성적으로 문화

---

4 이에 관해서는 이진우 외, 《인간 복제에 관한 철학적 성찰》(문예출판사, 2004), 36~49쪽을 참조할 것.
5 Francis Fukuyama, *Our Posthuman Future : Consequences of the Biotechnology Revolution*, 12쪽 이하를 참조할 것.

적 동물이다. 인류가 지속적으로 문화적 자기 변형을 시도한다는 것은 어쩌면 우리 모두가 합의할 수 있는 인간 본성일지도 모른다. 그렇다면 인류의 생물학적 진화와 문화적 진화 사이에는 어떤 관계가 있을까? 누군가는 인간의 생물학적 진화에 개입하는 것도 인간의 문화적 본성에 속하지 않는가, 하고 반문할 수도 있을 것이다. 인간 복제에 관한 담론이 복잡해지는 것은 바로 이 지점에서다.

인간이 생명의 비밀을 과학적으로 탐구할 뿐만 아니라 이러한 지식을 통해 생명의 질서에 개입할 수 있다는 것은 분명 부인할 수 없는 과학적 사실이다. 그러나 이러한 생명공학적 현상이 사실이라고 해서 이러한 사실로부터 생명공학의 정당성이 도출되는 것은 아니다. 과학과 기술은 근본적으로 인간 본성을 실현하고자 하는 인류의 문화적 노력의 하나이기 때문이다. 인간 본성은 인류의 문화적 자기 변형에 의미를 부여하고 과학과 기술의 발전을 정당화하는 궁극적 목표이다. 만약 자유가 인간의 본성이라면, 인간의 모든 문화적 활동은 자유의 진보를 실현할 때에 비로소 정당화될 것이다. 모든 정치적 발전이 저절로 자유의 진보를 가져오지 않는 것처럼, 모든 기술적 진보가 인간의 자유를 확대하는 것은 아니다.[6] 따라서 어떤 생명공학적 행위가 인간 본성의 실현에 기여하기는커녕 오히려 장애가 된다면, 그것은 도덕적으로 비난받아야 한다.

그렇다면 우리는 인간 복제마저 가능하게 만드는 생명공학을 도덕적으로 비판할 수 있을 정도로 인간 본성에 관해 합의하고 있는가? 모든 현상을 하나의 동일한 근원으로 환원시켜 설명하는 형이상학의 토대가

---

6 Francis Fukuyama, *Our posthuman future : Consequences of the biotechnology revolution*, 15쪽.

붕괴된 지금, 인간 본성에 관한 담론이 과연 가능한가?[7] 만약 인간 본성에 관해 플라톤처럼 강한 전제를 할 수는 없다고 하더라도, 과학과 기술의 발전을 통해 이룩하고자 하는 목표를 가지고 있다면, 어떤 이유에서도 훼손될 수 없는 인간 본성을 전제해야만 한다. 인간 복제를 가능하게 하는 생명공학 기술은 인간의 가장 민감한 본성의 문제를 건드리기 때문에, 새롭게 요청되는 생명윤리는 결과적으로 인간 본성에 관한 담론에 기초할 수밖에 없다.

인간 복제 시대의 책임윤리는 두 가지 문제에 봉착한다. 한편으로 책임윤리는 인간 본성에 관해 강한 전제를 하지 않으면서 동시에 인간 존엄에 대한 기술공학적 훼손을 윤리적으로 통제할 수 있는 관점(약한 목적론적 관점)을 획득해야 하며, 다른 한편으로 이러한 관점은 합리적 논증을 통해 모든 사람이 동의할 수 있는 합리성(의무론적 관점)에 근거해야만 한다. 하버마스와 아펠Karl-Otto Apel이 발전시킨 담론윤리는 이 두 가지 문제를 해결할 수 있는 좋은 모델을 제공한다. 물론 담론윤리는 실존하는 의사소통 공동체 내의 도덕적 관점과 주로 관련이 있지만, 새롭게 요구되는 책임윤리는 인류의 역사를 통해 실현될 인간 본성과 밀접하게 결합되어 있다. 이런 관점에서 하버마스는 인간 복제를 가능케 하는 생명공학이 "인류 전체의 윤리적 자기 이해"와 관련된 "다른 종류의 문제"[8]를 제기한다고 주장한다. 이 문제의 밑바탕에 깔려 있는 근본 물음은 간단하다. 인간 개개인은 인류 전체에 대해 책임이 있는가? 이 물음에 답하기 위해 우선 인간의 문화적 진화가 어떻게 책임 문제와 연결되어 있

---

7 이에 관해서는 위르겐 하버마스, 《탈형이상학적 사유》, 이진우 옮김(문예출판사, 2000), 제3장 〈탈형이상학적 사유의 동기들〉을 참조할 것.
8 위르겐 하버마스, 《인간이라는 자연의 미래》, 32/45쪽.

는지를 살펴보고자 한다. 그리고 도덕과 윤리의 차이에 관한 하버마스의 입장을 재구성한 다음, 인간 복제와 관련한 담론윤리의 책임 개념을 해명하고자 한다.

2. 인간의 문화적 진보와 인류에 대한 책임

이제까지 책임의 문제는 행위의 결과를 확인할 수 있는 인간 상호 간의 관계와 동시성의 차원에서 현재에 국한되었다. 이런 관점에서 보면 우리는 자연에 대해 책임을 질 필요가 없었으며, 그 결과를 예측할 수 없는 먼 미래에 대해 책임을 진다는 것은 형이상학적 수사처럼 여겨졌다. 그러나 생명공학과 같은 새로운 기술권력은 전통윤리의 틀을 근본적으로 변화시키고 있다. 환경오염에서 볼 수 있는 것처럼 인간 이외의 세계역시 심각한 도덕적 고려의 대상이 되고 있으며, 생명공학은 인간의 본성마저 변화시키고 있다. 또한 발전한 과학 덕택에 우리는 현재의 기술 행위가 가져올 미래의 결과도 예측할 수 있게 되었다. 새로운 윤리가 요청되고 있는 것이다.

한스 요나스는 인간 스스로 통제하기 힘들 정도로 발전한 기술의 관점에서 책임을 미래의 차원으로 확장한 철학자다. 그는 현대의 기술이 인간의 실존에까지 영향을 준다면, 기술 행위의 개별적 결과뿐만 아니라 인간 실존 자체에 대해서도 책임을 져야 한다고 주장한다. "인간의 행복을 위해 고안되었던 자연 정복은 이제 인간 본성 자체에까지 확장되고 있는 그 과도한 성공의 결과 때문에 가장 커다란 도전을 야기하였다. 그런데 인간존재에 대한 이 도전은 인간 자신의 행위에 의해 생겨난 것이다. 이 도전에 나타나는 모든 점은 그 종류와 규모에 있어 전혀 새로운 것이며, 이제까지의 그 어떤 것과도 유사하지 않다."[9] 한스 요나스는 기술의 진보를 통해 유토피아를 실현할 수 있다는 근대의 유토피아주의가 인간의 본성마저 파괴할 수 있는 디스토피아의 위험을 가져왔다고 주장하면서, 이러한 유토피아주의와 과감하게 결별하고 미래에 대해 책임을 질 수 있는 새로운 책임윤리를 제안한다.

요나스의 책임윤리는 다음과 같은 간단한 물음으로 압축된다. "왜 인간은 결국 이 세계에 존재해야만 하는가?" "인간의 실존을 미래에도 보장해야 하는 무제약적 정언명법이 왜 타당해야 하는가?"[10] 전통윤리에서 인간의 실존은 당연한 것이었고, 인간의 본성은 변하지 않는다고 전제되었다. 우리는 지금 인간의 실존을 개선한다는 명분으로 인류의 실존마저 위협하고 있다. 새로운 생명공학은 난치병을 고치고 인간의 생명을 연장시킨다는 명분으로 인류의 생물학적 진화 과정에 간섭하고 있다. 한스 요나스에 따르면, "자신의 구상에 따라 인류를 개선하고 변화시키려는 목표를 가지고 이제 인간은 스스로 진화의 작업을 인수하고자"[11] 한다.

이처럼 미래의 책임윤리는 진화의 문제와 밀접하게 연결되어 있다. 과학과 기술의 진보 역시 인류의 진화 과정에 속한 것은 아닌가? 왜 우리는 인류의 생물학적 진화 과정에 책임을 져야 하는가? 기술의 진보 자체가 인류의 목적이 아니라 인류가 자신의 고유한 목적을 실현하기 위해 기술

---

9 Hans Jonas, *Das Prinzip Verantwortung : Versuch einer Ethik für die technologische Zivilisation*(Frankfurt am Main : Suhrkamp, 1984), 7쪽. 한국어판 : H. 요나스, 《책임의 원칙—기술시대의 생태학적 윤리》, 이진우 옮김(서광사, 1994), 5쪽. 아래에서는 《책임의 원칙》으로 줄여 원문과 번역본의 쪽수를 병기하여 인용함.

10 H. 요나스, 《책임의 원칙》, 8/6쪽.

11 H. 요나스, 《책임의 원칙》, 52/56쪽.

을 진보시키는 것이라면, 우리가 인류의 문화적 진화에 책임을 지기 위해서도 인간 본성에 관해 진지한 성찰을 해야 하는 것은 아닌가? 담론윤리는 한스 요나스의 책임의 원칙을 이성의 관점에서 재구성함으로써 이 물음에 대한 의미 있는 답을 시도한다. 한스 요나스의 책임윤리는 미래의 문제를 다룬다고 해서 "후손의 소망"에 관해 논하는 것이 아니라, "우리가 만든 것도 아니며 현재의 우리와 후손 모두를 넘어서는 문제인 그들의 당위Sollen"에 관해 논한다. 요나스에 따르면, "실존의 당위가 후손에게 불가능하도록 만드는 것이 본래의 범죄이다".[12] 미래에도 문제가 되는 것은 미래 세대의 단순한 실존이 아니라 그들의 당위라는 것이다.

그렇다면 인류의 당위가 계속되어야 한다는 것은 무엇을 의미하는가? 다음과 같은 하버마스의 질문은 이미 이 물음에 대한 답을 시사하고 있다. "우리는 아직도 도대체 스스로를 규범적 존재로서 이해하고 싶은가? 그것도 서로 연대책임을 지고 상호 간에 평등한 존중을 기대할 수 있는 규범적 존재로서 이해하고 싶은가?"[13] 인간의 존엄이 현상의 단순한 보존을 통해 구원될 수 있는 것이 아니라, 인간이 지향하는 목적의 이념을 통해서만 지켜질 수 있는 것이라면, 우리가 미래를 위해 책임져야 하는 것에는 단순한 인류의 실존뿐만 아니라 인류의 당위도 포함된다.

담론윤리는 미래에도 지속되어야 할 당위를 이성의 관점에서 재구성한다. 자연뿐만 아니라 인간의 생명마저 이미 오래전부터 기술적, 사회문화적으로 변형되고 있는 상황에서 인간의 본성은 "기술적, 사회적 진보에 관한 규제적 이념 없이는"[14] 보존할 수 없다고 보기 때문이다. 기술

---

12 H. 요나스,《책임의 원칙》, 89/88쪽.
13 위르겐 하버마스,《인간이라는 자연의 미래》, 32/45쪽.

적, 사회적 진보의 규제적 이념은 동시에 우리가 과학과 기술을 발전시켜야 하는 목적이기도 하다. 따라서 어떤 기술적 진보가 이러한 목적의 실현에 해가 된다면, 그것은 윤리적으로 정당화될 수 없을 것이다. 물론 이러한 규제적 이념이 단순한 도덕적 구호에 머물지 않기 위해서는 구체적 현실에 대해서 도덕적 구속력을 가져야 한다. 그렇기 때문에 담론윤리는 인간 존엄의 윤리적 보존을 인간다운 사회적 관계의 구축과 연결시킨다. 다시 말해 서로에게 연대적 책임을 지고 상호 평등한 존중을 기대할 수 있는 사회적 관계를 실현하지 않고서는 인간 존엄을 윤리적으로 보존할 수 없다는 것이다.

담론윤리는 우선 인간의 기술 행위를 규제할 수 있는 도덕적 이념을 이성의 개념으로 환원시킨다. 이런 맥락에서 아펠은 한스 요나스가 현대의 진보 이념을 비판한다고 해서 동시에 현대의 이성 원칙을 비판하는 것은 아니라고 단언한다. 인간의 이성이——고전적 형이상학에서나 현대의 포스트모더니즘에서도——여전히 다른 동물과 인류를 구별하는 본질적 특성이라고 한다면, 인간은 자신의 이성을 실현하기 위해서 과학과 기술을 발전시키는 것이다. 여기서 우리는 과학과 기술에 내재하는 도구적 합리성이 인간 이성과 동일시되지 않는다는 점을 인식할 필요가 있다. 담론윤리의 관점에서 보면 도구적 합리성은 대체로 목적을 실현하기 위한 수단과 관련되어 있는 반면, 인간의 언어에 내재하는 의사소통

---

14 Karl-Otto Apel, *Diskurs und Verantwortung : Das Problem des Übergangs zur postkonventionellen Moral*(Frankfurt am Main : Suhrkamp, 1988), 184쪽. 특히 "Verantwortung heute—nur noch Prinzip der Bewahrung und Selbstbeschränkung oder immer noch der Befreiung und Verwirklichung von Humanität?", 179~216쪽을 참조할 것.

적 합리성은 인간이 궁극적으로 실현하고자 하는 목적과 연결되어 있다.

다른 한편, 담론윤리는 인간 본성을 규제적 이념으로 끌어들이기는 하지만 결코 형이상학으로 돌아가지는 않는다. 그렇다면 어떻게 형이상학을 전제하지 않고서도 특정한 시대 특정한 사회의 인간관계에 한정된 관습을 뛰어넘는 보편적 도덕을 발전시킬 수 있는가? 담론윤리는 특정한 시대와 특정한 장소에서만 타당성을 갖는 관습적 도덕에서 시간과 공간을 초월하는 이성 원칙에 바탕을 둔 탈관습적 도덕으로의 이행이 인류의 모든 문화가 안고 있는 문제라고 전제한다.[15]

탈관습적 도덕의 대표 모델은 두말할 필요 없이 계약에 의한 도덕의 정당화다. 그렇다면 우리는 한스 요나스가 제시하는 새로운 명법을 계약론적으로 정당화할 수 있는가? 한스 요나스는 미래에 대한 책임을 "너의 행위의 효과가 지상에서의 진정한 인간적 삶의 지속과 조화될 수 있도록 행위하라"[16]라는 명법으로 표현한다. 우리 사회가 갖고 있는 기존의 관습과 법칙으로는 이러한 명법의 도덕적 의미를 해명할 수 없다. 만약 우리가 인간 생명과 존엄의 지속적 보존에 관심을 갖고 있다면 이러한 명법에 합의하게 될 것이라는 원초적 계약의 가정이 훨씬 더 설득력이 있을 것이다. 그러나 도덕의 정당성을 상호 이익에 바탕을 둔 '계약'에 입각하여 설명하는 탈관습적 도덕의식의 단계만으로는 미래의 책임윤리를 설명할 수 없다.

우리가 미래의 인류와 계약을 체결할 수 없다는 사실은 이 단계의 문제점을 분명하게 드러낸다. 이 명법을 준수하는 것이 현재의 행위자에게

---

15 이에 관해서는 Karl-Otto Apel, *Diskurs und Verantwortung*, 190쪽을 볼 것.
16 H. 요나스, 《책임의 원칙》, 36/41쪽.

도 유익하다는 이유만으로 미래에 대한 책임을 도덕적으로 강요할 수 없기 때문이다. 어떤 경우에는 배아세포 연구가 설령 인간 복제의 길을 열어놓는다고 하더라도 그것을 통해 현재의 불치병을 치유하는 것이 유익할 수도 있다. 그렇기 때문에 담론윤리는 완전히 일반화될 수 있는 호혜성에 바탕을 둔 보편적 관점을 도덕적 관점으로 제시한다. 도덕적 관점에 따르면 '왜 우리는 계약과 규칙을 준수해야만 하는가?'라는 질문에는 반드시 '그것이 모든 사람에게 유익하기 때문에'라는 대답이 수반되어야 한다는 것이다. 물론 여기서 말하는 모든 사람은 단순히 계약 체결에 참여한 사람만을 지칭하는 것이 아니라, "계약에 의해 영향을 받는 모든 당사자"[17]를 포괄한다. 아펠과 하버마스가 대변하는 담론윤리는 이처럼 칸트의 정언명법을 새롭게 해석하여, 일반적인 도덕 법칙의 내용은 모든 당사자들의 합의를 얻을 수 있어야 한다고 주장한다.[18]

미래에 대한 책임은 일반화될 수 있는 호혜성의 원리를 미래에까지 확장할 것을 요구한다. 한스 요나스는 결코 현재 존재하는 인류의 보존만을 요구하지 않는다. 그는 한편으로 현재의 기술 행위가 미래의 인간 조건을 변화시킬 수 있다는 점을 강조하지만, 다른 한편으로는 현재의 인류에 의한 이성의 실현이 미래의 인류에 의한 이성의 실현과 일치할 수 있다고 전제한다. 우리가 미래에 영향을 미칠 수 있는 행위 규칙에 합의할 수 있다면, 그것은 인류가 그러한 규칙의 실천을 통해 자신의 이성을 실현할 수 있기 때문이다. 그렇다면 우리는 역사를 통해 실현된다는 점에서 구체적이지만 모든 문화적 진화 과정을 관통한다는 점에서 초역사

17 Karl-Otto Apel, *Diskurs und Verantwortung*, 191쪽.
18 담론윤리의 도덕적 관점에 관해서는 위르겐 하버마스, 《담론윤리의 해명》, 이진우 옮김(문예출판사, 1997), 특히 제3장 〈정의와 유대성―단계 6에 관한 논의〉를 참조할 것.

적이고 일반적인 이성을 전제해야 하지 않는가? 담론윤리는 이렇게 우리가 현재뿐만 아니라 미래에도 실현해야 하고 동시에 보존해야 하는, 즉 구체적이고 일반적인 인간 본성이 있다고 전제한다. 그렇기 때문에 이러한 인간 본성을 실현하기 위한 수단으로 발전된 과학과 기술이 인간 본성의 실현 자체를 훼손한다면, 이러한 과학과 기술을 도덕적으로 비판해야만 한다. 다시 말하면 인간의 문화적 진보는 인간적 삶의 실현이라는 도덕적 진보에 관한 성찰과 함께 진행되어야 한다. 그러므로 우리가 인류에 대해 책임을 져야 한다는 것은 다양한 개인들을 연결시키는 보편적 이성에 대해 책임을 져야 한다는 것을 의미한다. 인간의 생명과 진화의 과정에 간섭하려는 생명공학의 행위를 도덕적으로 비판하려면, 우리는 어쩔 수 없이 이성의 사실을 전제해야만 한다.

3. 인간 복제 담론과 '종種의 윤리'

인간 본성마저 변화시킬 수 있는 인간 복제의 기술은 전통적 도덕의 패러다임을 근본적으로 변화시켰다. 이제 우리는 윤리적 지평을 상호 예측할 수 있는 인간 상호 간의 관계로만 국한할 수 없게 되었다. 이러한 변화는 담론윤리 자체에서도 감지된다. 하버마스는 인간 복제 기술의 등장으로 말미암아 "말할 수 있고 행할 수 있는 주체들의 윤리적 자기 이해 전체가 문제되었다"고 주장하면서, 이러한 문제에 대한 철학적 입장 표명은 필연적으로 "종의 윤리Gattungsethik의 물음"[19]을 함축한다고 말한다. 하버마스가 제안하는 새로운 윤리는 분명 인류 전체와 관련되어 있다는 점에서 "전 인류적 윤리"[20]로 이해될 수 있다.

그러나 이 용어를 올바로 이해하려면, 문제 제기의 맥락을 먼저 파악할 필요가 있다. 복제, 배아 연구, 유전자 조작과 같은 생명공학의 문제로 야기된 도덕적 질문들은 한결같이 인간존재의 문제를 직접적으로 건드린다. 인간은 하나의 종種으로서 왜 계속 존재해야만 하는가? 인간은 어떤 존재로서 스스로를 이해하고자 하는가? 이 물음들은 모두 인간을 다른 동물들과 본질적으로 구별하는 종차적種差的 특성과 밀접한 관련이 있다. 아리스토텔레스가 인간을 본질적으로 정의한 것처럼 인간은 분명 "말할 수 있고 행위할 수 있는 동물zoon logon echon"이다. 인간이 아무리 과학과 기술을 발전시킴으로써 스스로를 문화적으로 변형시킨다고 해도 인간의 종차적 특성이 훼손된다면, 인간은 더 이상 인간으로서 존재하지 않을 것이다. 종차적 특성은 생명공학을 규범적으로 통제할 수 있는 최소한의 기준이다. 하버마스의 새로운 윤리를 '종의 윤리'로 이해하려는 까닭이 여기에 있다.

하버마스는 인간이 언어의 존재라는 점에서 출발하여 한편으로는 인간의 언어에 의사소통적 구조가 선험적으로 내재한다는 점을 밝히고, 다른 한편으로는 이러한 의사소통적 합리성을 따르면 우리의 우연적 관습과 이해관계를 초월하는 도덕적 관점에 도달할 수 있다는 담론윤리를 발전시켰다. 하버마스는 이 과정에서 도덕과 윤리를 엄격하게 분리한다.[21]

---

19 위르겐 하버마스, 《인간이라는 자연의 미래》, 27/41쪽.
20 하버마스의 《인간이라는 자연의 미래》의 한국어 번역자 장은주는 독일어 "가퉁스에틱 Gattungsethik"을 "전 인류적 윤리"로 번역하고, 이 단어에서 파생된 형용사 "가퉁스에티슈 gattungsethisch"는 "인류 전체와 연관된 윤리적"으로 풀어서 옮기고 있다. 이 번역어는 의미를 전달하는 데는 문제가 없지만 하버마스가 새로운 윤리의 토대가 될 수 있는 보편적 이성 원칙으로서 제시하고 있는 인간의 종차적 특성은 간과하고 있다.

도덕은 사회정의를 다루는 데 반하여, 윤리는 개인의 정체성과 밀접한 관련이 있다. '나는 무엇을 해야 하는가?'라는 물음이 실존적-윤리적으로 사용될 때에는 대체로 '나는 스스로를 어떤 존재로 이해하고자 하는가?'의 의미를 갖고 있다. 자기 이해는 이처럼 특별한 삶의 역사와 관련이 있으며, 무엇이 특정한 인격에 좋은가에 관한 가치 평가적 발언으로 연결된다.

우리가 살고 있는 이 세계에는 좋은 삶, 올바른 삶에 관한 다양한 견해와 세계관이 존재한다. 그렇기 때문에 이러한 세계관이 충돌할 때 발생하는 갈등을 해결할 수 있는 도덕적 관점은 습관화된 구체적 관습의 자명성과 결별하고 자신의 정체성에 기여하는 삶의 맥락으로부터 거리를 둘 때에만 획득할 수 있다. 다시 말해 도덕적 관점은 문제가 된 규범과 행위방식의 타당성 주장을 논증적으로 비판할 수 있는 정당화의 근거이다. 물론 하버마스는 논증적 의사 형성의 과정에 참여하고자 하는 자율적 의지가 인간 이성에 내재해 있다고 본다. 이처럼 정체성을 지향하는 윤리는 역사를 통해 형성된 특정한 공동체에 국한되었으며, 정의의 문제를 다루는 도덕은 공동체의 역사적 맥락을 초월하는 보편주의의 성격을 띠고 있다.

하버마스는 인간존재의 물음을 새롭게 제기하는 인간 복제에 직면하여 이러한 도덕과 윤리의 관계를 재규정한다. 그는 물론 인간 복제와 관련된 근본적 물음에서 출발한다. 인간을 복제할 수 있는 능력을 가지고 있다고 하더라도 실제로 복제해서는 안 되는 까닭이 도대체 무엇인가?

---

21 이에 관해서는 위르겐 하버마스, 《담론윤리의 해명》, 123~145쪽 〈실천이성의 실용적, 윤리적, 도덕적 사용에 관하여〉를 참조할 것.

이미 자동적으로 진행되고 있는 인간 복제의 기술을 통제해야만 한다면, 우리는 스스로를 절제할 수 있는가? 하버마스는 "정당화된 절제, '올바른 삶'의 문제에 관한 탈형이상학적 대답은 있는가?"[22]라는 질문을 제기함으로써 이 물음에 답하고자 한다. 이 물음은 이미 인간 복제의 가능성에 직면하여 새롭게 요구되는 '종의 윤리'가 도덕적 문제이기보다는 윤리적 문제라는 점을 시사하고 있다.

우리는 여기서 인간 복제와 관련된 도덕적 의식을 세 단계로 구별할 수 있다. 첫 번째 단계는 특정한 공동체 속에서 이루어지는 개인적 삶의 역사와 정체성을 다루는 윤리(윤리 1)이며, 두 번째 단계는 모든 사람이 좋은 삶에 관한 각자의 생각을 실현할 수 있는 평등한 자유를 보장하는 정의의 도덕이며, 세 번째 단계는 이러한 도덕적 의식을 가능하게 만드는 인류 전체의 자기 이해와 연관된 윤리(윤리 2)이다. 정체성의 윤리와 정의의 도덕은 인간이 가지고 있는 이성의 특성상 서로 동근원적으로 연결되어 있다. 하버마스가 '종의 윤리'로 서술하고 있는 세 번째 윤리는 우리가 윤리적일 수 있는 가능성의 조건이며, 동시에 왜 우리가 도덕적이어야 하는지를 설명해주는 최종적 근거이다.

주지하다시피 올바른 삶에 관한 "윤리적 문제들은 일정한 삶의 역사 또는 특별한 삶의 형식의 맥락 안에서 제기된다. 그 문제들은 우리는 우리 스스로를 어떻게 이해할 것인지, 우리는 누구이며 누구이고 싶은지에 대한 정체성에 관한 물음과 연결되어 있다."[23] 이러한 삶의 형식을 발전시킬 수 있는 능력이 주어져 있을 뿐만 아니라 스스로 이러한 능력에 책

---

22 위르겐 하버마스, 《인간이라는 자연의 미래》, 11/25쪽.
23 위르겐 하버마스, 《인간이라는 자연의 미래》, 14/29쪽.

임을 질 수 있을 때 우리는 비로소 자신의 정체성을 형성할 수 있다. 모든 개인에게 자신의 고유한 삶을 자율적으로 영위할 수 있는 평등한 기회를 보장하는 사회적 정의가 필요한 까닭이 여기에 있다. 이처럼 '스스로 존재할 수 있음Selbstseinkönnen'은 인간이 도덕적일 수 있는 가능성의 조건이다.

이러한 가능성의 조건이 인간 복제의 기술로 심각하게 흔들리고 있다. 하버마스는 인간의 정체성과 관련된 윤리적 문제를 인류 전체의 차원에서 거론한다. 여기서 우리는 하버마스의 '종의 윤리'를 다시 한 번 인간의 종차적 특성과 연결시킬 필요가 있다. 인간을 다른 동물과 본질적으로 구별하는 것은 도대체 무엇인가? 인간과 다른 동물 사이의 근본 차이는 무엇인가? 하버마스는 이 질문에 대해 이렇게 간단하게 대답한다. 우리는 "도덕적"이기 때문에 다른 동물과 구별된다. 하버마스는 인간에게 주어진 인격의 극단적 훼손 가능성에 대처하기 위해 발전된 모든 직관들을 도덕적이라고 명명하면서, 이러한 도덕적 직관은 인간의 고유한 특성이라고 단언한다. 그리고 "도덕은 인간학적 관점에서 보면 사회문화적 사회형식들 속에 구조적으로 설치되어 있는 훼손 가능성을 보완하는 보호 장치"라고 말하면서, 인간의 정체성이 유전자에 의해 결정되지 않는다는 점을 강조한다. "개별적 표본들로의 인류의 시공적 개인화는 種으로부터 개별적 유기체로 직접 전해지는 유전학적 성향을 통해 이미 규제되지 않는다."[24] 어떤 개인의 정체성은 그가 특정 언어공동체의 구성원으로서 상호 주관적으로 공유하고 있는 생활세계 속에 성장해 들어감으로써 형성된다는 것이다.

---

24 위르겐 하버마스, 《담론윤리의 해명》, 21쪽.

그렇다면 인간 복제의 기술은 이러한 가능성을 훼손하는 것인가? 하버마스는 인간 복제의 기술이 우리에게 본질적으로 주어져 있는, 스스로 존재할 수 있음의 능력을 훼손함으로써 우리가 도덕적일 수 있는 가능성을 원천적으로 박탈할 수 있다고 말한다. 왜냐하면 인간 복제는 내가 나의 삶을 스스로 결정하는 것이 아니라 다른 사람에 의해 결정될 수 있다는 것을 함축하고 있기 때문이다. 하버마스에 따르면, 인간 복제의 기술은 우리의 "스스로 존재할 수 있음"에 영향을 줌으로써 인류의 도덕적 자기 이해와 관련된 두 가지 물음을 제기한다. (1)우리는 여전히 우리 자신을 우리 삶의 유일한 저자로 이해할 수 있는가? (2)우리는 여전히 서로를 자율적으로 행위하는 평등한 인격체로서 인정할 수 있는가?[25] 인간의 생명마저 도구화하는 생명공학에는 바로 이와 같은 종의 윤리적 문제가 걸려 있다.

우리는 이러한 윤리적 전제 조건들이 인류의 역사적 산물이라는 점을 부인할 수 없다. 인류는 긴 역사 과정을 통해 이와 같은 윤리적 자기 이해를 발전시켰다. 우리가 도덕적이어야 하는 까닭이 신의 계시 또는 주어진 본성 때문이 아니라고 주장한다는 점에서 하버마스의 입장은 탈관습적이고 탈脫형이상학적이다. 역사적으로 형성된 인류의 윤리적 자기 이해에 동의한다면, 우리는 이 윤리적 관점에서 인간 복제를 규범적으로 통제할 수 있는 도덕적 관점을 형성할 수 있다.

그렇기 때문에 인간 복제가 우리에게 던지는 윤리적 질문은 '왜 우리가 도덕적이어야 하는가?'라는 지극히 간단한 물음이다. 우리는 여전히 "하나의 도덕적 공동체에 속하는 데 대한 실존적인 관심"[26]을 가지고 있

---

25 위르겐 하버마스, 《인간이라는 자연의 미래》, 124/126쪽을 참조할 것.

는가? 어쩌면 하버마스가 말하는 것처럼 모든 사람에게 평등한 존중과 연대적 책임을 요구하는 공동체의 성원이 되고 싶다는 바람이 그렇게 자명한 것이 아닐 수도 있다. 이것이 자명하다는 사실을 밝히는 것이 바로 도덕의 과제다. 그러나 인간 복제는 이러한 자명성을 끊임없이 침식하고 있지 않은가. 생명공학은 이미 생명의 단계를 불투명하게 만들고 있으며, 유전공학의 발전은 주관적인 것과 객관적인 것, 자연스럽게 성장한 것과 인공적으로 만들어진 것 사이의 범주적 구분을 흐리게 만들고 있다. 다시 말해 생명을 도구로 만드는 생명공학의 기술적 행위를 규범적으로 통제할 수 있는 기준을 설정한다는 것이 거의 불가능한 것처럼 보인다. 생명이 탄생한 이후 가시화되었던 인간의 신체적, 인격적 훼손 가능성은 이제 탄생 이전까지 확대되고 있다. 이러한 기술적 행위들은 한결같이 인간적인 삶의 보장과 확대라는 목적에 의해 정당화되고 있다. 그렇다면 우리가 실현하고자 하는 인간적 삶의 본질은 도대체 무엇인가? 우리는 우리 스스로를 어떤 존재로 이해하고자 하는가? 인간의 자기 보존이 문제되면 될수록, 인간의 윤리적 자기 이해는 더욱더 심각한 문제로 떠오른다.

4. 진보의 윤리로서의 책임윤리

인간 복제에 관한 철학적 성찰은 한편으로는 인간 본성과 직결되고, 다른 한편으로는 진화의 문제와 연결되어 있다. 그렇다면 '본성'과 '진화'

---

26 위르겐 하버마스, 《인간이라는 자연의 미래》, 같은 곳.

는 어떤 관계에 있는가? 인간이 스스로 존재함으로써 실현하고 추구해
야 할 목적이 바로 본성으로 이해된다면, 인간 본성은 그 자체 목적론적
요소를 함축하고 있다. 그렇기 때문에 혹자는 인간 복제를 윤리적으로
규제하기 위해서는 강한 목적론적 존재론을 전제해야 한다고 주장한다.
도덕의 정당성은 특정한 세계상에 근거하고, 이 세계상은 변하지 않는
인간 본성에 토대를 두어야 한다는 것이다.[27] 만약 이러한 도덕과 세계상
의 논리적 순환 관계를 인정한다면, 우리는 다양한 세계상들이 존재하는
현대사회에서 개별적 세계관에 대해 중립적인 보편적 도덕을 포기해야
만 할 것이다.[28]

인류 전체와 관련된 인간 복제 문제는 결코 역사적으로 형성된 특정한
세계상으로는 해결될 수 없다. 보편주의적 이성 원칙에 입각한 생명 존
중 사상이 문화적으로 생활화된 서양과 자연주의적 순환론의 경향을 보
이는 동양의 생명 사상 사이에는 인간 복제의 문제와 관련하여 비교적
커다란 차이가 있다. 만약 인간 복제의 문제가 특정한 문화에 국한된 것
이 아니라 인류 전체와 연관된 '종의 윤리'를 요청한다면, 다양한 문화와
세계상들을 뛰어넘는 보편적 규범이 있어야만 한다. 이런 관점에서 "평
등주의적 보편주의는 현대의 위대한 성취"로서 계속 인정받을 뿐만 아
니라, "다른 도덕이나 다른 인류 전체와 연관된 윤리적 입장에 의해 도전
을 받지 않고 있다".[29]

하버마스의 담론윤리는 이성 원칙에 토대를 두기 때문에 약한 존재론

---

27 이에 관해서는 Robert Spaemann, "Habermas über Bioethik", Deutsche Zeitschrift für
Philosophie, 49(2001)을 참조할 것.
28 위르겐 하버마스, 《인간이라는 자연의 미래》, 152쪽을 참조할 것.
29 위르겐 하버마스, 《인간이라는 자연의 미래》, 152쪽.

을 전제한다. 인간존재에 관한 내용이 결정되어 있다는 인식이 강한 존재론이라면, 약한 존재론은 인간 본성이 특정한 시대의 특정한 세계상으로 환원될 수 없다고 생각한다. 인간 본성은 근본적으로 진보를 통해 실현되기 때문이다. 이처럼 본성과 진화는 밀접하게 결합되어 있다. 그러나 우리는 이성의 문화적 진화를 다윈식의 자연주의적 입장에서 이해해서는 안 된다. 요나스가 주장하는 인류의 지속적인 보존 역시 다윈적 의미의 자기 보존과는 다른 개념이다. 인류의 자기 보존에는 미래에 실현될 본성과 이상에 대한 이성적 예측이 필수적이기 때문이다.

현재 요청되는 책임윤리는 항상 미래윤리의 성격을 띤다. 예컨대 전통윤리는 모든 개인은 스스로 사유할 뿐만 아니라 자신이 참여한 행위에 대해서만 책임을 진다는 전제에서 출발한다. 언뜻 보기에는 이러한 방법론적 유아론이 타당한 것처럼 보이지만, 이러한 전제는 본질적인 의미에서 그릇된 것이다. 경험적 관점에서 보면 오직 자신을 위해 생각하고 행위하는 것처럼 보이지만, 우리는 이러한 행위를 할 때에도 이미 상호주관적 타당성을 주장한다. 만약 우리가 '배아 연구는 인류에게 유익하다'고 말한다면, 이러한 발언은 이 명제가 갖고 있는 진리의 관점에서뿐만 아니라 의미의 차원에서 이루어지는 것이다. 언어적으로 서술된 이 명제의 의미를 다른 사람들과 공유할 수 있어야만 하는 것이다. 이처럼 담론윤리는 언어와 행위가 갖고 있는 의사소통적 토대를 전제한다.

물론 이러한 의사소통적 토대가 이제까지는 문화와 역사를 공유하는 특정 집단에 국한되어 있었다. 담론윤리는 이러한 토대에 내재하고 있는 이성적-보편주의적 규칙들을 밝힘으로써 이 토대가 근본적으로 동시대의 모든 인류로 확장될 수 있다고 주장한다. 미래윤리로서 발전되는 담론윤리, 즉 '종의 윤리'는 이 의사소통적 토대가 동시대의 인류뿐만 아니라 후세대의 모든 인류에까지 확대되어야 한다고 말한다. 예컨대 배아 연구는 유전적 불치병을 치유할 수 있는 길을 열어놓음으로써 현재 세대의 인류에게 유익할 수 있다. 그렇다면 우리는 이렇게 물을 수 있다. 만약 배아 연구가 인간 복제로 이어진다면, 그것은 자신의 정체성을 스스로 결정지을 수 없는 미래 세대의 인류에게도 유익한 것인가? 인간 복제에 관한 담론은 '모든 사람들에게' 유익할 수 있는 길을 찾아야 한다.

담론윤리가 모든 사람에게 유익한 배분적 이익을 추구하지만, 어떤 규범도 실제로 모든 사람의 동의를 받을 수는 없다. 그렇지만 우리가 현재의 인류뿐만 아니라 미래의 인류에게도 의미 있는 윤리적 규범을 발전시키고자 한다면, 우리는 "잠재적으로 제약이 없는 논증 공동체의 일반화된 상호성"[30]을 전제한다는 점에서 이미 미래의 책임윤리를 갖고 있는 것이다. 현재 인간 복제의 문제를 해결하기 위하여 상호 이해를 위한 논증 과정에 참여하고 있는 현세대의 인류만이 (실제적) 의사소통 공동체의 구성원이 아니라, 미래 세대 역시 경험적으로는 참여할 수 없지만 (이상적) 의사소통 공동체의 구성원인 것이다. 미래 세대는 자신의 의견과 이해관계를 직접 대변할 수 없기 때문에 우리가 스스로 미래 세대를 이성적으로 예견하여 대변해야만 한다. 다시 말해 현재의 세대나 미래 세대 모두 문제 해결에서 평등하게 존중되어야 한다.

담론윤리는 이처럼 "지금 살아 있고 담론의 능력을 가진 실제 의사소통 공동체의 구성원들이 갖고 있는 문제 해결에 대한 책임을 지금은 담론의 능력을 가지지 못한 사람들의 가능한 문제에까지, 다시 말해 미래에 실존할 것이라고 예견되는 무제약적 의사소통 공동체의 구성원들에

---

30 K.-O. Apel, *Diskurs und Verantwortung*, 201쪽.

게까지" 확장한다.[31] 이처럼 실제의 의사소통 공동체와 이상적 의사소통 공동체 사이에 놓인 간격에는 이성적 진보의 가능성이 함축되어 있다. 현재의 조건 속에는 이미 미래의 가능성이 함축되어 있으며, 현재의 가능성을 이성적으로 실현할 때 비로소 미래의 이상이 현실화될 수 있다는 것이다. 달리 표현하면, "이상적 의사소통 공동체는 항상 실제의 의사소통 공동체 속에서 비로소——진보적으로——실현되어야만 한다".[32] 우리는 이처럼 인간의 존엄을 실현하는 과정에서의 진보의 윤리를 전제하지 않고 인간 실존의 보존 윤리만을 주장할 수는 없다.

한스 요나스가 미래에도 인류는 존재해야만 한다고 주장한다면, 그는 바로 이와 같은 진보의 윤리를 말하는 것이다. 배아 연구 및 인간 복제가 인간에게 인간다운 삶을 보장하려는 기술적 진보라고 한다면, 이는 반드시 인류의 윤리적 진보와 함께 실행되어야 한다는 것이다. 이런 관점에서 보면 책임은 "윤리적 과제로서 주어진 진보의 원칙"[33]이라고 할 수 있다. 그렇다면 인간 복제가 가시권에 들어온 지금 우리는 무엇을 선택해야 하는가? 배아 연구를 인간 복지를 향상시킨다는 명분으로 허용할 것인가, 아니면 인간 존엄을 훼손할 수 있기 때문에 금지해야 하는가? 하버마스는 이 물음에 대해 구체적인 대답을 피한다. 배아 연구를 자연주의적 생명 개념에 입각하여 금지하려는 입장에 대해서는 생명의 시작을 경험적으로 규정하는 것은 상당히 어려울 뿐만 아니라 자연주의적 오류에 빠질 수 있다고 경계하고, 착상 전 유전자 검사나 소모적 배아 연구의 허용

---

31 K.-O. Apel, *Diskurs und Verantwortung*, 202쪽.
32 K.-O. Apel, *Diskurs und Verantwortung*, 203쪽.
33 K.-O. Apel, *Diskurs und Verantwortung*, 204쪽.

여부에 대한 분명한 입장을 요구하는 데 대해서는 소극적 우생학에서 적극적 우생학으로의 이행 과정은 미끄러운 언덕이 될 수 있다고 대답한다.

담론윤리는 이처럼 인간 복제의 윤리적 문제에 관해 명쾌한 대답을 주지 않는 것처럼 보인다. 사실, 담론윤리는 현실에서 이루어지는 실천적 담론의 형식적(절차적) 논증 원리만을 제공한다. 다시 말해 담론윤리는 모든 당사자들이 제시하는 문제 해결의 대안이 타당하며 모든 사람의 동의를 받을 수 있는지를 검증할 수 있는 형식적 원리만을 발전시키고 있는 것이다. 그것은 어떤 기술적 진보가 특정 단계에서 과연 인간 본성의 실현에 기여하는지를 판단할 수 있는 기준이기도 하다. 담론윤리의 관점에서 보면 이 기준은 지극히 간단한 질문으로 표현될 수 있다. 우리는 아직은 태어나지 않았지만 담론의 능력을 가지게 될 미래의 세대가 우리가 지향하는 것과 같은 도덕 공동체에 속하기를 바라는가? 다시 말해, 우리는 미래의 세대를 자신의 삶을 스스로 책임지는 하나의 평등한 인격체로서 생각하는가?

여전히 인간다운 삶을 실현하고자 한다면, 우리는 우리에게 인간다움의 규범적 방향을 설정하는 인간 이해에 대해 책임을 져야 한다. 역사적 과정을 통해 발전해온 인간 이해는 기술적 진보를 도덕적으로 통제할 수 있는 규제적 이념이다. 그렇기 때문에 하버마스는 인간 복제에 관한 윤리적 성찰이 기술 자체를 반대하는 방향으로 이루어져서는 안 된다고 주장한다. "배아 단계의 생명을 다루는 데 필요한 규범적 자기 제한은 유전공학적 간섭 그 자체를 반대하는 식으로 향해서는 안 된다. 당연한 이야기이지만 유전공학이 아니라 그것을 사용하는 방식과 영향이 문제다. 우리들의 도덕 공동체의 잠재적 성원들의 유전적 상태에 간섭하는 데 대한 도덕적 망설임은 그런 간섭을 어떤 태도를 가지고 하는가에 따라 달라진다."[34] 우리가 여전히 우리 자신을 자율적으로 행위하는 인격체로서 이해한다면, 우리는 충분히 인간 복제를 윤리적으로 규제할 수 있는 규범에 합의할 수 있다는 것이다.

아무튼, 인간 복제의 담론은 이러한 인류의 자기 이해를 정면으로 겨냥한다. 배아 연구, 유전자 조작, 인간 복제를 둘러싼 담론들에는 다양한 태도들이 혼란스럽게 뒤섞여 있다. 한 가지 분명한 것은 우리가 인류의 구성원으로서 자신에 대한 실존적 태도를 요구받고 있다는 사실이다. 우리에게 '인간다운 삶'은 도대체 무엇인가? 이러한 질문이 과학적 연구 과정에서 성찰적으로 반영되고 있는지는 의문이다. 한스 요나스가 지적하는 것처럼, 기술적 진보의 과잉 성공으로 이러한 질문은 연구와 적용의 타당성을 정당화하는 단순한 수사학으로 변하였는지도 모른다. 어쩌면 생명공학은 이러한 질문을 무의미하게 만들 정도로 빨리 발전하고 있는지도 모른다. 여기에서 그 어느 때보다 절실하게 요청되는 것이 바로 '자기 실존에 대한 태도'이다. 우리의 생명과 인간 존엄과 관련된 문제를 생명과학자들과 공상과학에 도취된 기술자들의 손에 내맡겨야 하는가? 만약 그렇지 않다면, 우리는 스스로 어떤 존재로 살고자 하는지를 진지하게 생각해야만 한다. 그것이 인간 복제 시대의 책임윤리가 던지는 근본적인 도전이다.

---

34 위르겐 하버마스,《인간이라는 자연의 미래》, 78/84쪽. 강조는 논자에 의한 것임.

TECHNO HUMANITIES

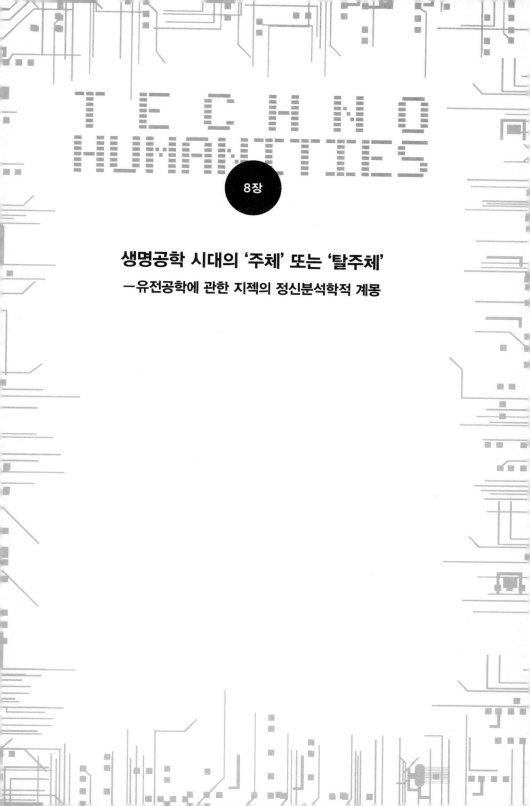

8장

생명공학 시대의 '주체' 또는 '탈주체'

—유전공학에 관한 지젝의 정신분석학적 계몽

생명공학의 새로운 수단들은 우리들에게 우리들 자신과 후손, 세계의 비전을 만들고 영향력을 행사할 수 있는 힘을 주는 '꿈의 기술'이다.

—제러미 리프킨

나의 실체적 존재를 무의미한 게놈 공식으로 환원시키는 것은 자아의 환상적 재료, 즉 우리의 자아가 만들어지는 재료를 제거하고, 또 그렇게 함으로써 나를 순수한 주체로 환원시킨다는 것이다. 게놈을 마주 보고 있는 나는 아무것도 아니다. 그리고 이 아무것도 아닌 것이 주체 자체이다.

—슬라보예 지젝

의식적인 인간 정신은, 우리에게 진화를 선물한 평행적 하드웨어 위에서 실행되는, 연속적 가상기계와 같다.

—대니얼 데닛

1. 유전공학은 왜 정신분석학과 연결되는가

21세기의 기호로 등장한 생명공학은 오늘날 이중적인 평가를 받고 있다. 한편에서는 생명공학의 출현이 인간의 삶을 혁명적으로 변화시킬 것이라는 낙관적 전망을 하며, 다른 한편에서는 인간이 생명공학을 통해 창조주인 신神의 기능을 탈취함으로써 결국에는 인간의 존엄과 자율성마저 파괴할 것이라는 종말론적 목소리가 높아지고 있다. 생명공학이 어떤 평가를 받든 우리가 부인할 수 없는 사실은 그것이 이제까지 불가능했던 것을 가능하게 만들고, 환상 속에서만 그려왔던 것을 현실화하고 있다는 점이다. "생명공학의 새로운 수단들"은, 제러미 리프킨Jeremy Rifkin이 정확하게 지적하고 있는 것처럼, "우리들에게 우리들 자신과 후손, 세계의 비전을 만들고 영향력을 행사할 수 있는 힘을 주는 '꿈의 기술'"[1]로 인식되고 있다.

---

1 Jeremy Rifkin, *The Biotech Century : Harnessing the Gene and Remaking the World*(1998).

생명공학과 유전공학의 효과가 구체화되면 될수록 이에 대한 윤리적 경고의 목소리도 그만큼 커진다. '기술-윤리', '환경-윤리' 등에 이어 또 하나의 하이픈 윤리, 즉 '생명-윤리'가 등장한 것도 바로 이 때문이다. 그렇다면 유전공학의 윤리적 도전은, 수많은 하이픈 윤리들이 말해주는 것처럼, 기존의 윤리적 규칙들을 적용하기만 하면 되는가? 슬로베니아의 정신분석학자이자 철학자인 슬라보예 지젝Slavoj Žižek은 '생명-윤리'와 같은 하이픈 윤리는 생명공학의 윤리적 도전을 직시하지 못하고 있을 뿐만 아니라 기존의 윤리적 규칙을 적용하려고 시도하려다가 자칫 "윤리 그 자체를 잃어버릴 수 있다"고 경고한다.

그렇다면 정신분석학은 생명공학에 대해서 무슨 말을 할 수 있단 말인가? 전혀 어울릴 것 같지 않은 두 학문, 유전공학과 정신분석학 사이에는 어떤 관계가 있는가? 슬라보예 지젝은 2003년 10월 9일 계명대학교에서 발표한 〈유전공학에서 정신분석학으로From Biogenetics to Psychoanalysis〉[2]에서 이 문제에 대한 독창적인 대답을 시도하고 있다. 물론 유전공학이 '꿈의 기술'이기 때문에 꿈을 다루는 정신분석학의 대상이 된 것은 아닐 것이다. 지젝은 유전공학이 이제까지 우리가 견지해온 인간에 관한 규정, 즉 인간의 존엄과 자율에 관한 의미 체계를 근본적으로 바꿀 수 있다고 말한다. 우리는 우리의 내면 깊숙한 곳에 어떠한 이유

한국어판 : 제레미 리프킨,《바이오테크 시대》, 11쪽.

2 지젝이 다산강좌의 일환으로 계명대학교 목요철학 세미나에서 강연한 이 글은 영어로 발표되었다. 이해하기 어려운 '유전공학'의 철학적 문제를, 마찬가지로 이해하기 어려운 라캉의 '정신분석학'의 개념으로 설명하려는 그의 시도는 청중에게 한 마디로 도전과 충격이었다. 필자의 글은 그의 철학적 입장에 대한 비판적 논의라기보다는 그의 사상을 이해 가능한 수준으로 옮겨놓은 것이다. 물론 그의 철학적-정신분석학적 통찰을 재구성하는 과정에서 필자 자신의 생각이 스며들 수 있음을 미리 밝혀둔다.

에서도 훼손할 수 없는 자연, 즉 본성을 가지고 있기 때문에 존엄성을 가진다고 확신해왔다. 유전공학은 이러한 확신을 동요시킨다. 인간이 이제까지는 과학과 기술을 통해 자연을 지배하고 조작해왔지만, 생명공학은 이제 인간마저 조작할 수 있는 다른 하나의 자연적 대상으로 환원시킨다. 이로써 우리가 상실하는 것은 "단지 인간성만이 아니라 자연 그 자체"이다.

지젝은 우선 생명공학이 이러한 위험을 현실화하고 있다고 진단한다. 인간 복제가 이론적으로는 가능하지만 아직은 실현될 수 없다는 주장은 실제로는 아무런 의미도 없다. 인간을 복제할 수 있는 생명공학은 가능성으로서 이미 존재하고 있기 때문이다. 이런 맥락에서 그는——모든 성적 욕망의 동인이고 또 그렇기 때문에 억압의 대상이 되기도 하는 성욕의 근원을 서술하는 정신분석학적 용어 '그것Thing'에 빗대어—— 생명공학의 욕망을 "과학적 그것the scientific Thing"으로 표현한다. '그것'은 우리에게 "우리의 정신은 게놈이다"라는 판단을 받아들이도록 강요함으로써 우리의 도덕관과 인간관을 파괴하는 블랙홀일 수도 있다. 우리는 어쩌면 인간 복제의 가능성이 현실화되고 있는 생명공학의 시대에 어떤 개념과 담론으로도 설명될 수 없는 '그것'과 직면하고 있는지도 모른다. 주지하다시피 라캉Jacques Lacan은 '실재하지만 우리가 도달할 수 없는 것'을 실재계the Real라고 명명하는데, 지젝은 유전공학이 우리를 바로 이실재계로 인도하고 있다고 주장한다. 즉, 인간의 모든 삶과 행위를 자연과학적으로 해독할 수 있다고 확신하는 게놈 시대, 이제까지 불가능한 것으로 여겨졌던 것을 가능하게 만드는 생명공학의 시대, 인간의 환상이 현실화되는 시대에 우리는 설명할 수 없는 환상의 본질과 맞닥뜨리고 있다는 것이다.

우리의 정신은 정말 게놈인가? 그리고 이러한 인식에 우리는 어떻게 반응하는가? 이것은 마치 언제 헌팅턴병Huntington's disease에 걸려 죽게 될지를 정확하게 말해주는 지식을 얻었을 때, 어떻게 행동할 것인지를 묻는 질문과도 같다. 스스로 자신의 삶을 결정하는 것이 아니라 유전자에 의해 삶이 결정되어 있다면, 다시 말해 "우리의 삶을 결정하는 우연성이라는, 전적으로 무의미한 실재와 대면한다면", 우리는 어떻게 행동할 것인가? 지젝은 우리의 환상을 가로지르는 이러한 상황에서 대부분 "무지"를 택할 것이라고 말한다. 알지 못한다는 것은 결코 부정적인 것만은 아니다. 지젝에 따르면 무지는 환상을 위한 빈 공간을 열어놓기 때문에 긍정적인 역할을 하기도 한다. 정신분석학은 '우리가 알지 못한다고 착각하지만 실제로는 알고 있는' 무의식에 초점을 맞추고 있다. 이런 점에서 유전공학은 무지의 문제를 건드림으로써 이미 정신분석학의 영역과 겹쳐지고 있는 것이다. 그러나 지젝은 우선 무지가 유전공학의 도전에 대한 회피의 수단으로 사용되고 있음을 밝힘으로써 소위 말하는 생명윤리의 한계를 폭로한다.

2. 생명윤리의 한계와 '무지'의 전략

유전공학의 위험은 근본적으로 인간의 자연에 대한 지배가 자신에 대한 통제로 역전된다는데 있다. 만약 인간이 스스로를 자연과학적으로 지배한다면, 인간은 스스로를 더 이상 도덕적이고 자율적인 존재로 파악하지 않게 되리라는 것이다. 유전공학의 윤리적 결과를 둘러싼 논의는 근본적으로 인간 존엄과 자율성을 파괴할 수 있는 가능성에 집중되어 있다. 지젝은 이러한 생명윤리학적 논의가 대부분 무지의 전략을 사용하고 있음을 지적하면서 그 첫 번째 예로 하버마스를 든다. 하버마스에 따르면, 생명공학은 자연적으로 '성장한 것'과 인공적으로 '만들어진 것'의 경계를 불투명하게 만듦으로써 개인의 자율성을 심각하게 훼손한다. 그뿐만 아니라 생명공학은 자연적으로 태어난 사람들과 인위적으로 조작된 성격을 가진 사람들 사이의 비대칭적 관계를 형성함으로써 정체성 형성의 문제를 야기한다.

지젝은, 하버마스가 논의를 전개하면서 "자연적 존재"를 전제하고 있지만 그것은 유전공학적 개입을 통해 사후적으로 변화될 수 있다고 주장한다. 우리는 "우리의 자연적 성향 자체를 직접적으로 주어진 것이 아니라 '매개된' 어떤 것으로, 즉 원칙적으로 조작 가능한 어떤 것으로" 경험할 수 있다는 것이다. 유전공학 시대는 우리의 자연적 성향이 유전자에 의해 매개되고 결정된다는 사실을 알고 있는 시대다. 그러므로 "우리의 자연적 성향이 유전자의 맹목적인 우연성에 의존하고 있다는 것을 우리가 일단 알게 되면, 이러한 성향에 완고하게 집착하는 것은 자기기만이다".[3] 이런 관점에서 보면 하버마스의 주장은 "비록 우리가 우리의 성향들이 무의미한 유전자적 우연성에 의존하고 있다는 것을 알고 있지만, 존엄성과 자율성을 유지하기 위해 마치 이것이 사실이 아닌 것처럼 속이자"는 것과 다를 바 없다. 도덕적 존엄성을 유지하려면 정말 어떤 것들에 대해서는 알지 못하는 편이 더 나은가? 자율성을 확보하기 위하여 과학적 인식을 짐짓 모른 체해야 하는가? 지젝은 이러한 무지의 전략이 오히려 인간의 자유와 자율성에 관한 진정한 질문을 가로막는다고 주장한다.

---

3 강조는 지젝 자신에 의한 것임.

두 번째 무지의 전략은 인간의 영혼을 강조함으로써 생명공학의 간섭을 제어하고자 하는 종교적 보수주의의 관점이다. 이 관점은 생명공학으로 인해 우리는 영혼에 대한 우리의 앎을 상실하고 우리 자신을 단지 생물학적 유기체로만 다룬다고 주장한다. 그러나 지젝은 오히려 이러한 주장이 인간존재의 물질적 측면만을 다루는 유전공학에 면죄부를 줄 수 있다고 말한다. 지젝은 또한 인간의 몸은 신에 의해 창조된 도구로서 영혼의 그릇이라는 주장 역시 생명공학을 금지할 근거를 제시하지 못한다고 말한다. 몸이 영혼의 도구라면, 몸의 개선은 궁극적으로 영혼에도 도움이 되기 때문이다.

　지젝은 이러한 문제의 핵심은 근본적으로 "상징적 질서의 자율성"에 있다고 분석한다. 우리가 살고 있는 현실은 인간 상호 간의 관계이기도 하지만 인간과 자연의 상호작용이기도 하다. 이 관계와 상호작용은 '우리가 스스로를 이해하는 방식'을 규정하는 상징적 질서로 표현된다. 그렇다면 유전공학의 간섭은 이러한 상징적 질서에 어떤 영향을 미치는가? 지젝은 상징체계의 왜곡 또는 봉쇄로 인한 성행위 불능자가 설령 비아그라를 먹고 성 능력을 회복하였다고 하더라도 상징적 장애 자체를 해결하지 못한다면, 결국 더욱 근본적인 정신병적 왜곡을 야기할 것이라고 말한다. 그것은 범죄의 가능성을 촉발시킨 사회적 기제를 문제 삼는 대신, 공격성을 약화시킬 수 있는 약을 통해 범죄를 해결하려는 태도와 똑같다는 것이다. 이에 대해 지젝은 "'노력해서 얻지 않은' 해결책에 대해서는 항상 치러야 할 상징적 대가가 존재한다"고 말한다. 여기서 지젝은 생명공학이 제공하는 해결책에 대해 우리가 치러야 할 상징적 대가보다는 오히려 생명공학의 도전을 회피할 때 우리가 치러야 할 상징적 대가를 언급하고 있다.

이런 맥락에서 지젝은 인간에게는 "너무 많이 알려고 하지 않는 근본적인 욕망"이 있다고 주장한다. 그것이 앎의 충동을 전제한 전통 형이상학과 비교할 만한 정신분석학의 위대한 발견이라는 것이다. 만약 내가 언제 불치의 병에 걸려 죽게 될지 알 수 있고 또 그 사실을 견딜 수 없다면, 다른 기관에 나를 검사할 수 있는 권한을 위임하고 필요한 경우에는 내가 잠들어 있을 때 나를 고통 없이 죽이도록 만드는 것이 이상적인 해결책일 수도 있다. 이 경우 "타자가 알고 있다는 것을 내가 알고 있기" 때문에 그것은 궁극적인 해결책이 될 수 없다. "우리가 알지 못하는 상태에서 우리를 위해 모든 것을 할 수 있는 익명의 국가 제도"에 관한 환상을 가지는 까닭이 여기에 있다. 그렇지만 "타자를 고통으로부터 보호하기 위하여 그를 무지 속에 내버려두는 것이 윤리적 의무"라고 생각하는 이러한 환상은 전체주의를 유혹할 뿐이다. 지젝은 이처럼 무지의 전략으로 유전공학의 도전을 회피할 수 없다고 단언한다. 그렇다면 지젝은 왜 지식의 진보가 우리의 자연스러운 성향에 대항하는 고통스런 투쟁을 통해 이루어졌다고 인정하면서도, "너무 많이 알려고 하지 않는 욕망"을 "근본적"이라고 말하는가? 우리는 무엇에 관해 너무 많이 알려고 하지 않는 것인가?

이 물음에 대해 지젝은 어쩌면 유전공학 자체가 문제가 아닐지도 모른다고 주장한다. 만약 유전공학을 위험한 것으로 만드는 것이, 그것을 이용하려는 자본의 이해관계와 국가의 권력관계라고 한다면, 그것을 통제할 수 있는 제도적 정치를 마련하면 된다. 이 경우 "문제는 궁극적으로 윤리적인 것이 아니라 경제적, 정치적인 것이다". 그런데 유전공학 자체가 문제가 아니라는 지젝의 주장은 보다 심층적인 차원에서 이해되어야 한다. 지젝은 약을 먹고 퀴즈 대회에서 이긴 경우를 분석함으로써 상징적 질서의 상호주관성을 다시 한 번 강조한다. 만약 내가 기억력을 증진시키는 약을 먹고 퀴즈 대회에서 이겼다면, 나는 이 성취에 대해 자부심을 가질 수 없는가? 나는 노력해서 얻은 성취에 대해서만 자부심을 가질 수 있는가?

지젝은 노력이나 자연적 재능 모두 "나의 부분"이라고 강조하면서, 만약 "나의 자연적 재능이 나의 뇌에 있는 어떤 화학물질에 의존하고 있다는 것을 알고 있는 이상, 내가 그것을 외부에서 얻어왔는가 아니면 자연적으로 타고났는가 하는 것"은 도덕적으로 문제되지 않는다고 암시한다. 만약 생명공학이 인간의 유전자를 완전히 해독할 수 있을 뿐만 아니라 통제할 수 있다면, 그것이 자연적인 것인지 아니면 외부적으로 조작된 것인지는 그렇게 중요하지 않다는 것이다. 물론 약은——유전자적 간섭은——실재적 성취에 근거하지 않는 자기 존중감을 만들어낼 수 있다. 여기서 지젝은 라캉과 함께 묻는다. "우리가 실재적 성취를 통해 얻은 자기 존중감은 실제로 선천적으로 가치가 있는가?" 아니면, 상징적인 공적 의식을 통한 사회적 "인정은 실재적 수행real performance에 무엇인가를 덧붙이는 것은 아닌가?" 여기서 지젝은 '실재적 성취의 차원'과 그것에 대한 '상징적 승인' 사이에는 간극이 존재한다고 단언한다. 이 간극이 바로 우리에게 자기 존중감을 만들어주는 동인이다. 그렇기 때문에 유전공학은 우리에게 실재적 성취에 근거하지 않는 자기 존중감을 만들어주기 때문에 문제되는 것이 아니라, 더 역설적으로 그것이 "우리에게서 상호주관적인 상징적 의식에 의해 제공되는 만족을 빼앗아갈 때" 비로소 문제가 된다는 것이다.

지젝은 상호주관적인 상징적 질서의 관점에서 유전공학을 판단한다. 다시 말해 유전공학 자체가 문제가 아니라 우리가 그것을 어떻게 인정하는지가 문제라는 것이다. 이런 관점에서 그는 자율성을 확보하기 위하여 마치 유전공학의 결과를 알지 못하는 것처럼 행위해야 한다고 주장하는 하버마스의 주장을 반박하고, 영혼을 전제함으로써 유전공학을 통제하려는 종교적 보수주의를 단호하게 배격한다. 하버마스에 대해 그는 "유전공학과 더불어 우리는 우리의 자유와 존엄을 상실하기보다는 오히려 우리는 처음에도 그것을 가지고 있지 않았다는 경험을 한다"고 반박하며, 가톨릭의 보수적 입장에 대해서는 "우리는 처음부터 영혼을 가지고 있지 않았다"라고 단호하게 말한다. 영혼, 자유 그리고 존엄은 어쩌면 상징적 질서, 즉 인간과 자연 사이에서 이루어지는 상징적 상호작용의 산물일지도 모른다. 그렇기 때문에 지젝은 이렇게 말한다. "유전공학의 주장들이 옳다면, 우리는 인간 존엄인가 아니면 개인을 기술적으로 생산하는 포스트휴머니즘인가 하는 양자 사이에서 선택해야 하는 것이 아니라, 존엄이라는 착각에 집착할 것인가 아니면 실제로 존재하는 바의 현실을 받아들일 것인가 사이에서 선택해야 한다."

3. 환상과 주체의 '탈중심화'

우리가 자유와 존엄을 처음부터 가지고 있었던 것이 아니고 영혼도 처음부터 있었던 것이 아니라면, 유전공학을 반대할 어떤 윤리적 명분도 존재하지 않는다. 그렇다면 지젝은 유전공학 자체를 전혀 문제 삼지 않는 것은 아닌가? 이 물음에 대해 지젝은 유전공학의 도전이 존재론적, 윤리적 차원에서 훨씬 더 심층적이라고 분석한다. 왜냐하면 유전공학은 우리에게 자아와 주체를 구성하는 핵심을 있는 그대로 보여주기 때문이다.

물론 지젝은 우리가 그 핵심을 견뎌낼 수 있을지 아닐지는 별개의 문제라고 덧붙인다. 우리는 대체로 '당신은 게놈이다'라는 인간 규정을 두려워한다. 왜 우리는 이것을 두려워하는 것일까? 지젝은 두려움으로부터 슬쩍 도망치기 위하여 "모험보다는 무지를 선호"해서는 안 된다고 말하면서 이 두려움의 실체를 다음과 같이 암시한다.

"게놈이라는 무의미한 실재와의 대면은 내가 현실을 지각하는 '환상의 스크린'을 제거한다. 게놈 공식에서 나는 어쩔 수 없이 실재에 직접 접근한다. 하버마스와는 반대로, 우리는 게놈의 완전한 객관화를 취해야 하는 윤리적 필연성을 주장해야만 한다. 나의 실체적 존재를 무의미한 게놈 공식으로 환원시키는 것은 자아의 환상적 재료, 즉 우리의 자아가 만들어지는 재료를 제거하고, 또 그렇게 함으로써 나를 순수한 주체로 환원시킨다는 것이다. 게놈을 마주 보고 있는 나는 아무것도 아니다. 그리고 이 아무것도 아닌 것이 주체 자체이다Faced with the genome, I am nothing, and this nothing is the subject itself."

언뜻 난해한 것처럼 보이는 이 문장의 의미는 사실 간단명료하다. 지젝의 주장은 대체로 세 가지 명제로 압축된다. (1)우리의 자아는 환상으로 그리고 환상을 통해 구성된다. (2)인간을 게놈으로 규정하는 생명공학은 환상의 스크린을 제거한다. (3)그러므로 환상이 제거된 자아는 아무런 의미가 없는 무無이다. 인간을 게놈으로 환원시키는 생명공학이 인간은 본래 아무것도 아닌 존재라는 사실을 적나라하게 폭로하기 때문에, 이러한 두려움으로부터 회피하기 위하여 유전공학을 반대한다는 것이다.

지젝은 여기서 헤겔의 통찰에 주목할 것을 권유한다. 헤겔은 정신의 객관화가 설령 자기분열을 가져올지라도 완전한 자기 객관화를 실현하지 않고서는 주체의 순수한 형식을 인식할 수 없다고 주장한다. 왜 우리는 '인간은 게놈이다'라고 규정하는 유전공학의 논리를 끝까지 따라가지 않고 중간에서 존엄과 자유의 윤리로 회피하고자 하는가? 주체는 본래 아무것도 아니라는 인식을 통해 오히려 주체의 순수한 인식을 알 수 있는 것은 아닌가? 우리는 인간의 자기 계몽이 자신의 과학적 객관화로 끝날 것이라고 너무 성급하게 생각하는 것은 아닌가? 이 물음에 대해 지젝은 "계몽은 끝까지 밀고 가야 할 '미완성의 기획'"이라고 주장하면서 인간존재의 의미는 결코 과학적 설명으로 해결되지 않는다고 암시한다. 계몽의 목표는 "우리가 과학의 논리를 끝까지 따라갔을 때 도래하게 될 새로운 형태의 자유"이기 때문이다.

인간이 아무리 게놈으로 설명된다고 하더라도 자유의 가능성을 가지고 있다는 점을 이해하려면, 우선 인간의 주체를 구성하는 환상의 성격을 파악할 필요가 있다. 정신분석학이 인간 정신에 관한 이해에 관련하여 개입하는 곳은 바로 이 지점이다. 인간이 동물과 구별되는 가장 본질적인 차이는 도대체 무엇인가? 그것은 대체로 '본능'과 '문화'의 차이로 설명된다. 예컨대 동물의 짝짓기 행동을 조절하는 좌표는 자연적 본능 속에 구현되어 있는데, 인간은 이를 결여하고 있기 때문에 제2의 자연이라고 불리는 상징적 제도를 필요로 한다. 우리의 짝짓기 행동을 결정하는 것은 역사적으로 형성된 상징적 질서이다. 라캉의 정신분석학은 이와 같은 상식적 인식에 새로운 통찰을 덧붙인다. 상징적 질서는 한편으로는 "우리로 하여금 '타자의 욕망'이라는 궁지에 대처할 수 있도록 해주지만", 다른 한편으로는 "궁극적으로는 항상 실패한다"는 것이다.

우리는 여기서 라캉과 지젝에 의해 다시 해석되고 있는 타자의 욕망, 쾌락jouissance, 잉여쾌락 등의 개념을 상술할 필요는 없다. 프로이트Sigmund Freud가 "근원적 마조히즘"으로 명명하고 또 라캉이 "타자의 욕망"

으로 서술하고 있는 인간의 가장 원초적인 본능은 통상 자신을 파괴하여 본래 모습인 흙으로 돌아가고픈 충동을 의미한다. 우리는 이러한 본능을——라캉이 '오브제 프티 아objet petit a'라고 부르는——상징적 대상을 통해 해결하려 하지만, 이 상징적 대상에 의해 완전히 해소되지 않는 남겨진 본능이 있다. 지젝은 이를 "잉여쾌락"이라고 부른다. 잉여쾌락은 근본적으로 상징적 질서에 속하지 않기 때문에 "의미를 부여할 수 없는, 그래서 잉여적인 에로틱한 매혹과 애착an excessive, non-signifiable, erotic fascination and attachment"이다. 간단히 말하면 인간과 사회를 움직이는 근본 동력인 리비도의 일부는 상징적 대상을 통해 실현되지만 항상 남는 것이 있다는 것이다. 이 잉여로 비로소 욕망이 생성되기 때문에 그것이 '잉여쾌락'으로 불리는 것이다. 그렇다면 잉여쾌락은 어떻게 새로운 욕망을 불러일으키는가? 여기서 지젝은 "주체가 자신의 환상 속에서 매우 강렬하게 갈망하는 것이 그들에게 현실로 나타난다면, 그들은 그럼에도 불구하고 그것으로부터 도피할 것이다"라고 말한 프로이트의 말을 인용하면서, 우리는 근본적으로 죽음의 충동을 지시하는 욕망과 환상의 핵을 견디지 못하기 때문에 결국 다른 욕망의 대상으로 도피한다고 분석한다.

우리는 아무것도 아닌 대상을 숭고한 욕망의 대상으로 만듦으로써 죽음의 충동으로부터 벗어나려고 하지만, 모든 욕망의 대상은 근본적으로 우리가 부인한 어떤 것을 건드리기 때문에 우리에게 외상적 충격을 준다. 지젝은 이러한 욕망과 환상의 관계를 부모의 성행위를 목격한 어린아이의 위치에 비유하여 설명한다. 만약 어린아이가 성행위에 동반되는 강렬한 호흡을 듣고 부모의 성행위 장면을 목격한다면, 아이가 보는 것은 자신이 듣는 것을 설명하기 위한 분명한 환상적 보충이다. 이 경우 우리는 흔히 그 아이가 부모가 섹스를 하고 있다는 사실을 알아차렸을 것이라고 추정한다. 그러나 지젝은 여기서 환상에 내재하고 있는 근본적인 역설을 언급한다. "주체가 결코 '그래 이젠 됐어. 나는 완전히 이해했어. 내 부모님이 섹스를 하고 있어. 나는 이제 더 이상 환상을 가질 필요가 없어!'라고 말할 수 있는 순간에 결코 도달하지 못한다는 것이다." 지젝에 따르면 어린아이가 부모의 성행위를 이해할 수 있는 것은 그것에 대한 환상을 가질 수 있기 때문이다. 다시 말해 "우리가 '됐어. 이제 난 그것을 이해해'라고 말할 때 이것이 궁극적으로 의미하는 것은 '이제 나는 그것을 내 환상의 틀 안에 위치하게 할 수 있어'일 뿐"이라는 것이다. 만약 의미를 부여할 수 없는 것이 있기 때문에 환상을 가지고 또 환상을 통해서만 그것을 이해할 수 있다면, 의미 불가능성은 결국 의미 가능성의 조건인 셈이다. 이런 의미에서 지젝은 "형이상학과 성性 사이에는 연결 고리가 있다"고 주장한다. 우리가 의미를 부여할 수 없는 충동을 해결하려고 성적 욕망을 추구하는 것처럼, 우리는 해결할 수 없는 일들을 풀고 대답할 수 없는 물음에 답하려고 형이상학에 집착하기 때문이다.

여기에서 우리는 문득 지젝이 논의의 실마리를 잃어버린 것은 아닌가 하는 의문을 갖게 된다. 환상과 잉여쾌락이 유전공학의 문제와 무슨 관계가 있단 말인가? 지젝의 궁극적 관심은 "우리가 과학의 논리를 끝까지 따라갔을 때 도래하게 될 새로운 형태의 자유"이다. 유전공학에 대해 회의적인 사람들은 대체로 '조작된 인간은 자유를 가질 수 없다'고 생각한다. 마찬가지로 정신분석학을 삐딱하게 보는 사람들은 무의식의 지배가 인간의 자유 가능성을 박탈한다고 생각한다. 무의식이 인간의 삶과 행위를 통제한다면 우리가 어떻게 자유로울 수 있는가? 이 질문에 대한 대답은 결국 '인간이 게놈에 의해 통제된다고 하더라도 과연 자유로울 수 있는가?' 하는 물음에도 적용될 수 있다.

지젝은 정신분석학이 다루는 인식은 근본적으로 "알려져 있지 않은 알려진 것unknown knowns"이라고 말한다. 우리가 알고 있다는 것을 알지 못하는 것들은 두말할 나위 없이 무의식의 문제다. 우리는 흔히 무의식을 우리의 통제를 벗어나 있지만 우리의 주관적 경험을 규제하는 객관적인 기제로 이해한다. 우리가 의식하지 못하지만 우리의 삶과 행위를 규제하는 것이 무의식이라는 것이다. 그러나 지젝은 "무의식이란 접근 불가능한 현상이지 나의 현상적 경험을 규제하는 객관적 기제가 아니"라고 단언한다. 지젝은 라캉의 탈중심화의 개념을 더욱 철저하게 이해하여 "우리는 우리의 가장 내밀한 주관적 경험마저 박탈당할 수 있다"고 말한다. 즉, 우리의 존재 핵심을 구성하고 보장하는 근본적인 '환상'마저 박탈당할 수 있다는 것이다. 환상이 주체를 구성한다면, 무의식에는 환상을 제거함으로써 주체를 탈중심화하는 무언가가 있는 것이다.

지젝에 따르면 우리 내면에 확고부동한 실체로서 자아가 존재하기 때문에 주체가 형성되는 것이 아니다. 지젝의 정신분석학에 따르면 무의식의 주체는 오히려 "주체의 현상적 경험이 그에게 접근 불가능하게 될 때" 발생한다는 것이다. 의식의 주체는 일반적으로 현상적인 자기 경험에 토대를 두고 있다. "내가 나 자신에게 '내가 알지 못하는 기제가 나의 행위와 지각, 사유를 지배한다고 할지라도, 아무도 나로부터 내가 보고 느끼는 것을 빼앗아갈 수 없다'고 말하는 순간 나는 주체이다." 그러나 지젝은 정신분석가의 궁극적 목표는 주체로부터 이러한 환상을 박탈하는 것이라고 말한다. 왜냐하면 현상적 경험이 주체에게 이해될 수 없을 때에만 억압된 근본적 환상이 등장하기 때문이다. 정신분석학의 무의식은 주체를 '빈 것'으로 만든다. 그렇기 때문에 정신분석학은 역설적인 의미에서 "주체 없는 현상학"이라고 할 수 있다.

우리는 이러한 현상을 유전공학에도 적용할 수 있다. 어떤 유전공학자가 나의 모든 강렬한 감정들은 나의 몸속에서 일어나는 생화학적 과정의 결과에 지나지 않으며, 궁극적으로는 유전자적 정보로 환원될 수 있다고 말할 때에도 우리는 현상에 매달려 이렇게 말할 수 있다는 것이다. "당신이 말하는 모든 것이 사실일지도 모른다. 그러나, 그럼에도 불구하고, 그 무엇도 내가 지금 느끼는 열정의 강렬함을 나로부터 빼앗아갈 수 없다." 만약 우리의 삶과 행위가 철저하게 유전자에 의해 결정된 것이라면, 우리는 어쩌면 주체를 구성하는 내적 경험을 전제할 수 없을지도 모른다. 그렇다고 하더라도 우리는 "주체의 현상이 아니지만 주체에게 나타나는 현상"이 있다는 사실은 부인할 수 없다. 그렇다면 '인간은 게놈이다'라고 주장하는 유전공학에 의해 완전히 탈중심화된 주체에게 도대체 어떤 현상이 등장하는가? 이러한 현상을 이해할 수 있을 때 우리는 비로소 유전공학의 간섭에도 불구하고 자유로울 수 있을 것이다.

4. 유전공학 시대에 정신은 무엇을 의미하는가

오늘날 우리는 인간의 정신 활동마저 과학적으로 설명하려고 한다. 우리는 이미 우리가 경험하는 모든 것이 신경적 활동으로 존재한다는 것을 알고 있다. 우리는 뉴런의 활동으로 사과의 맛을 즐기며, 시각 역시 뇌에서 일어나는 전자파와 상응한다. 그렇다면 뇌의 주름 부분이 신神을 창조하는 것인가, 아니면 신이 우리 뇌의 주름 부분을 창조한 것인가? 만약 우리가 뇌의 적당한 부분에 개입함으로써 종교심을 가진 사람을 만들어낼 수 있다면, 인간의 정신 활동은 완전하게 뇌의 활동으로 환원될 수 있는가? 지젝은 이 물음에 답하기 위하여 미국의 과학철학자 대니얼 데닛 Daniel Dennett이 분석한 좀비zombie의 문제를 언급한다. "좀비는 완전하게 자연적이고 기민하며, 수다스럽고 생기 있는 행동을 보여주는 인간이거나 혹은 인간이려고 한다. 하지만 사실 좀비는 전혀 의식을 가지고 있지 않으며 일종의 기계일 뿐이다. 좀비에 대한 철학적 관념의 전체 요점은 당신이 외적인 행동을 검토해서는 좀비를 정상적인 사람과 구별할 수 없다는 것이다."[4]

좀비가 외부의 통제를 받고 로봇처럼 행동할지라도 실제로 무언가를 느끼는 것처럼 생각하고 행동한다면, 속임을 당하는 것은 외부의 관찰자인 우리인가 아니면 스스로를 속이는 좀비 자신인가? 이 물음에 대한 답은 동시에 정신이 유전공학 시대에 어떤 의미를 가질 수 있는가 하는 물음에 대한 답일 수도 있다. 좀비는 실제로 아무런 현상적 경험을 하지 못하지만 그런 경험을 하고 있는 것처럼 행동하는 존재다. 우리의 현상적 경험이 '사물이 정말로 내게 그렇게 보인다it seems to me'라는 명제로 표현된다면, 좀비의 경험은 '사물이 나에게 그렇게 보이는 것처럼 보인다it seems to me to seem'로 서술될 수 있다. 좀비의 경우에서 볼 수 있는 것처럼 우리는 '외양seeming'과 '외양의 외양'을 구별할 수 없다. 현대의 생명공학이 외양의 저편에는 단지 뉴런처럼 자연과학적으로 설명될 수 있는 기제만이 있을 뿐이라고 주장한다면, 지젝은 모든 외양은 근본적으로 외양의 외양이라고 말한다.

외부의 존재가 현실인가 아니면 단순한 외양인가 하는 것은 지젝에게

---

4 Daniel C. Dennett, *Consciousness Explained*(New York : Little, Brown and Company, 1991), 73쪽.

는 별로 중요하지 않다. 우리는 외부를 환상을 통해 경험하기 때문에 외부는 항상 외양으로서 경험되는 것이다. 그러므로 지젝은 사물이 현상하는 방식은 그 사물의 존재 자체에 내재해 있다는 전통적 인식에 대해 "현상 그 자체가 본질적"이라고 주장한다. 그뿐만 아니라 "본질 자체가 현상에 내재하고 있다"고 말한다. "진정한 수수께끼는 사물들이 '실제로 무엇인가' 하는 것이 아니라 '실제로 어떻게 보이는가'라는 것이다." 이런 맥락에서 지젝은 "우리 모두가 자신이 좀비라는 것을 알지 못하는 좀비이며, 자신을 자의식적 존재로 지각하도록 스스로를 속이고 있는 좀비"라고 말한다. 만약 이것이 사실이라면, 우리는 존엄과 자유를 주장함으로써 유전공학을 반대할 수 없을 것이다. 우리는 단지 존엄과 자유를 가지고 있다고 스스로를 기만하는 존재이기 때문이다.

  그렇다면 이러한 인식은 인간이 외부의 통제에 의해 완전히 지배될 수 있다는 유전공학적 가능성 자체에 대해 어떤 의미를 가지고 있는가? 우리가 외부적으로 통제되더라도 과연 인간이라고 할 수 있는가? 지젝은 이 물음에 답하기 위하여 진화심리학자 핑커Steven Pinker가 예로 든 쾌락의 악순환에 사로잡힌 쥐를 끌어들인다.[5] 쥐 한 마리가 뇌에 이식되어 있는 전극으로 전자 자극을 보내는 지렛대에 도달하면, 그 쥐는 먹고 마시고 교미하는 기회조차 포기한 채 탈진해 쓰러질 때까지 지렛대를 격렬하게 누른다는 것이다. 쥐는 실제로 먹고 마시고 성교를 하지 않았지만, 쥐의 뇌가 먹고 마시고 성교를 한 것이다. 마약은 이렇게 우리의 뇌에 직접 영향을 미침으로써 작용한다. 마약은 우리의 뇌에 쾌락을 제공하는 도구인 감각들을 자극하는 수단이 아니라, 뇌 자체에 있는 쾌락 중추에

---

5 Steven Pinker, *How the Mind Works* (Harmondsworth : Penguin Books, 1998), 524쪽.

대한 직접적인 자극이다. 현대의 생명공학은 마약과 최음제를 쓰지 않고서도 뇌에, 유전자에 직접 영향을 줄 수 있지 않은가? 이래도 우리는 인간의 정신을 말할 수 있는가?

여기서 지젝은 쾌락 회로가 어떻게 생성되었는지에 관심을 기울일 것을 제안한다. 만약 과거 세대의 인간이 자신의 생존 기회를 증가시켜주는 어떤 패턴을 발견했을 때 쾌락을 느꼈다면, 현대의 인간은 이러한 패턴을 직접 만들어냄으로써 쾌락을 얻을 수 있다는 것이다. 본래 생존을 목적으로 하는 목표 지향적 행위의 부산물에 지나지 않았던 쾌락 경험이 목적 자체로 변한 까닭이 여기에 있다고 지젝은 말한다. 본래 번식을 달성하였을 때 부산물로 발생하였던 성적 쾌락이 이제 목적 자체가 되지 않았는가? 지젝은 바로 이러한 현상에서, 즉 본래는 수단이었던 것을 목적으로 만드는 욕망에서 인간적인 것을 발견한다. 그는 인간화가 결코 동물적 행위를 더 높은 목적에 예속시키는 것이 아니라고 주장한다. 그에 따르면 인간화는 오히려 "초점을 철저하게 좁히는 것, 즉 사소한 행위를 목적 자체로 승격시키는 것"이다. 다시 말해 우리는 더 높은 영적 잠재력을 발전시키기 위하여 먹고 번식하는 것이 아니라, 먹고 번식하는 행위 자체를 목적으로 승화시킨다고 할 수 있다. 이런 관점에서 보면, "우리는 같은 몸짓을 반복하고 거기에서 만족을 얻는 폐쇄 회로에 사로잡혀 있을 때 '인간'이 된다". 인간의 특성은 이처럼 처음에는 수단으로 계획되었던 것이 갑자기 절대적인 목표로, 궁극적인 욕망의 대상으로 승격된다는 데 있다.

이제 지젝의 관점은 분명해졌다. 유전공학이 인간의 정신적 능력을 물질주의적으로 객관화함으로써 우리에게서 인간적 잠재성을 빼앗아간다고 한탄할 필요가 없으며, 오히려 그러한 객관화가 가지고 있는 해방의 차원에 주목할 필요가 있다는 것이다. "우리의 능력들이 외부의 기계로 전환되면 될수록, 우리는 더욱더 '순수한' 주체로 등장한다." 왜냐하면 우리의 주체는 아무런 실체도 가지고 있지 않은 텅 빈 주체성으로 나타날 것이기 때문이다. 유전공학 시대에 우리가 직면하게 되는 것은 바로 이와 같은 "실체 없는 주체성"이라는 실재이다. 실체가 사라진 자리에 욕망만이 자리 잡고 있을지도 모를 일이다. 물론 지젝은 이러한 인식이 "미래 혹은 어떤 새로운 것에 관한 비전이 아니라 항상 이미 진행되고 있는 어떤 것, 즉 여기에 맨 처음부터 있던 어떤 것에 관한 통찰"이라고 단언한다. 그렇다면 유전공학은 우리로 하여금 실재와 대면하게 만듦으로써 이미 일어나고 있는 것을 성찰하게 만드는 계기를 제공할 뿐이다.

지젝은 결국 유전공학의 윤리적 결과에 관해서는 함구하고 있는 셈이다. 그의 세 가지 주장은 인간에 관한 정신분석학적 성찰을 반복할 뿐이다. 첫째, 인간의 자유와 존엄은 처음부터 있지 않았기 때문에 이것을 근거로 유전공학을 윤리적으로 통제할 수 없다. 둘째, 주체를 구성하는 것은 환상이다. 셋째, 인간은 환상을 통해 본래 수단이었던 것을 목적 자체로 만들 수 있기 때문에 인간적이다. 지젝은 이러한 주장을 바탕으로 "지성을 객관화하는 인공적 기계적 보충물들과 사회적 관계의 복잡한 그물망"에 주목하라고 제안한다. 그는 기존의 가치와 개념들로 도피할 것이 아니라 "이러한 새로운 조건들은 어떻게 우리로 하여금 자유, 자율성, 그리고 윤리적 책임성이라는 개념 그 자체를 변형시키고 재창조하도록 강요하는가?"라고 묻고 있지만, 이 물음에 대한 답은 시도하고 있지 않다. 어쩌면 이미 일어나고 있는 일을 우리의 상징적 질서 속에 위치하게 하는 것이 시급하기 때문일지도 모른다.

TECHNO HUMANITIES

인간과 기계의 융합

―휴머니즘, 포스트휴머니즘, 그리고 트랜스휴머니즘

자연은 인간의 기계 안에 새로운 기계를 만들어 놓았는데, 이 기계는 스스로 이념을 억제하고 또 그렇게 함으로써 새로운 이념을 만들 수 있다고 생각한다.[1]

—라 메트리

미래의 기계들은 그들이 설령 생물학적이지 않다고 하더라도 인간적일 것이다.[2]

—레이 커즈와일

호모사피엔스는 하나의 실체도 아니고 명료하게 정의된 종도 아니다. 이 문구는 오히려 인간적인 것의 인식을 생산하기 위한 기계이거나 인공물이다.[3]

—조르조 아감벤

1 La Mettrie, "Le système d'Épicure", *La Mettrie ; Oeuvres philosophiques* (Amsterdam, 1774), Vol. 3, 227쪽.

2 Ray Kurzweil, *The Singularity Is Near : When Humans Transcend Biology* (New York : Viking, 2005), 30쪽.

3 Giorgio Agamben, *Das Offene : Der Mensch und das Tier*, 37쪽.

1. 왜 인간과 기계의 융합이 문제되는가

오늘날 사람들의 입에 가장 많이 오르내리면서도 가장 이해하기 힘든 낱말 중 하나가 '융합'이다. 이 낱말을 들으면서 사회적 갈등과 그로 인해 요구되는 사회적 화해를 연상한다면, 시대착오적이라는 비난을 피하기 어려울 것이다. 융합이란 무엇인가? 융합은 일차적으로 우리 시대를 대변할 뿐만 아니라 시대를 이끌어가고 있는 과학기술 분야의 결정적 트렌드이다. 이제까지 분과 학문으로서 독립적으로 발달해온 과학과 기술이 서로 결합하여 새로운 기술을 창출하는 것이 융합이기 때문이다.

처음에는 과학기술 분야에 국한되었던 융합의 요청은 이제 점차 타 학문 분야로 확대되고 있다. 애플이 아이패드와 같은 창조적 상품을 만들어낼 수 있었던 것은 "기술과 인문학이 교차하는 지점에 있으려고 노력"하였기 때문이라는 스티브 잡스의 한 마디로 촉발된 인문학과 과학기술의 융합은, 그 방향과 방법의 모호성에도 불구하고 오늘날 당위로 여겨지고 있다. 세계화로 국가 간의 경계가 점점 더 무의미해진 것처럼 다양한 학문 및 기술 사이의 경계가 약화되고 있다는 사실은 의심의 여지가 없다. 이러한 융합의 '요청'이 첨단 과학기술의 발달로 말미암아 21세기에 들어와 더욱 강화된 것은 사실이지만, 인류 역사를 돌이켜보면 융합이 인류의 진화 과정에 수반된 보편적 '현상'이라는 점도 부인할 수 없다. 따라서 우리의 관심은 자연스럽게 융합의 현상과 방법보다는 그 목적으로 옮겨 간다.

오늘날 시대의 요청이자 사회적 구호로 자리 잡은 "융합 기술들"[4]을 통해 우리가 궁극적으로 얻고자 하는 것은 무엇인가? 이제까지 비판적인 거리를 유지하였던 인문학과 과학기술의 융합은 무엇을 지향하는가? 이제 인간에게 적용되고 있는 융합 기술은 우리 인간에게 어떤 의미를 갖고 있는가? 이 물음에 답하려면 우리는 우선 세 개의 영어 머리글자로 대변되는 GNR 융합 기술의 핵심을 이해할 필요가 있다. G는 인간 유전자를 해독하여 DNA 사슬과 특정한 인간의 성격을 결합하기 시작한 유전학genetics을 가리키고, N은 원자 및 분자 차원에서 물질을 조작하고 변화시킬 수 있는 나노 테크놀로지nanotechnology를 말하며, R은 인간을 생물학적 조건으로부터 완전히 해방시킬 수 있는 로봇공학robotics을 대변한다. 이러한 융합 기술들이 꿈꾸고 또 실제로 실현하고자 하는 것은 도대체 무엇인가?

융합 기술은 간단히 말해서 인간의 변화를 추구한다. 이 변화가 무엇을 의미하는지를 이해하려면 우선 융합 기술의 아방가르드들이 제안하는 미래의 비전에 진지하게 귀를 기울일 필요가 있다. "이 과정의 초기

---

4 Mihail C. Roco · William Sims Bainbridge (eds.), *Converging Technologies for Improvement of Human Performance : Nanotechnology, Biotechnology, Information Technology and Cognitive Science*(Dordrecht · Boston : Kluwer Academic Publishers, 2002).

단계에 여러분은 향상된 능력들을 향유할 것이다. 여러분은 개선된 건강을 소중히 여긴다. 여러분은 자신이 더 강해지고, 더 정력적이고, 더 안정된 것을 느낀다. 여러분의 피부는 더 젊고, 더 탄력적으로 보인다. 여러분의 무릎에 갖고 있는 사소한 질병은 치료된다. 여러분은 또한 대단히 명료한 정신을 회복한다." 과학철학자 닉 보스트롬Nick Bostrom은 〈내가 성장하면 왜 포스트휴먼이기를 원하는가?〉라는 매우 인상적인 제목의 논문에서 미래의 포스트휴머니즘을 이렇게 상상한다. 그의 상상은 아주 먼 미래에까지 뻗친다. "여러분은 막 170세 생일을 축하하였다. 그리고 여러분은 자신이 그 어느 때보다 강하다고 느낀다. 매일매일이 기쁨이다. 여러분은 전적으로 새로운 예술 형식들을 발명하였는데, 이 예술들은 여러분이 발전시킨 새로운 종류의 인지능력과 감수성을 이용한다."[5] 보스트롬은 이와 같이 현재의 인간이 최대한 얻을 수 있는 것을 훨씬 능가하는 능력을 "포스트휴먼 능력posthuman capacity"이라고 정의하면서, 미래의 융합 기술은 이러한 인간 능력을 향상시킬 수 있다고 믿는다. 이처럼 "현재의 인류가 진화 과정의 마지막을 대변하는 것이 아니라" 지속적으로 발전하는 인간 향상 기술을 통해 새로운 단계로 진입할 수 있다는 전제 아래, 미래의 포스트휴먼 존재 양식에 관해 논하는 학술적 태도와 운동은 종종 "트랜스휴머니즘"[6]으로 불린다.

트랜스휴머니즘은 한편으로 인간의 건강 수명을 늘리고, 노화를 획기

---

5 Nick Bostrom, "Why I Want to Be a Posthuman When I Grow Up", *Medical Enhancement and Posthumanity*, Bert Gordijn · Ruth Chadwick (eds.)(Dordrecht : Springer, 2008), 107 ~137쪽, 여기서는 111~112쪽. www.nickbostrom.com

6 Nick Bostrom et al., *The Transhumanist FAQ : A General Introduction*, Version 2.1(World Transhumanist Association, 2003). http://www.transhumanism.org/resources/faq.html.

적으로 제거하고, 지적 능력과 신체적 능력을 확장하고, 정서적 상태를 통제할 수 있는 심리적 능력을 향상시킬 수 있는 '인간 향상 기술human enhancement technology'을 발전시킬 수 있다고 확신한다. 다른 한편, 트랜스휴머니즘은 새로운 융합 기술이 근본적인 인간의 한계를 극복할 수 있기 때문에 이제까지 변화될 수 없는 것으로 여겨졌던 인간 본성마저 변화시킬 것이라고 주장한다. "왜 우리는 늙고 죽어야 하는가?"라는 도전적 질문을 제기함으로써 트랜스휴머니즘은 이제까지 생물학적 존재인 인간의 자연적 한계로 여겨졌던 죽음이라는 인간 조건마저 제거하려한다.[7]

융합 기술은 이제 인간의 삶과 인간 능력을 개선하는 데 만족하지 않고 인간 조건 자체를 변화시키려 한다. 건강하게 오래 살고 싶지 않은 사람이 있겠는가? 치매에 대한 공포가 확산되고 있는 오늘날 자신의 기억력과 사고 능력을 향상시키고 싶지 않은 사람이 과연 있겠는가? 기쁨과 행복에 필수적인 정서적 통제력을 원하지 않는 사람이 있는가? 닉 보스트롬의 말을 빌리지 않더라도 "새로운 능력을 얻고자 하는 인간의 욕망은 인류만큼이나 오래되었다".[8] 사람들은 항상 인간의 삶과 행복에 부과된 어떤 장애와 한계도 극복하려고 노력해왔다. 이런 상황에서 누가 감히 인간 능력을 획기적으로 향상시킬 수 있는 융합 기술을 반대하겠는가?

새로운 융합 기술이 단순히 인간 삶의 향상을 추구한다면 문제는 간단하다. 그러나 나노테크놀로지, 바이오테크놀로지, 로봇공학, 정보통신기술, 신경과학, 인공지능, 그리고 이와 유사한 과학이 결합한 새로운 융합

---

7 Simon Young, *Designer Evolution : A Transhumanist Manifesto*, 15쪽.

8 Nick Bostrom, "A History of Transhumanist Thought", *Journal of Evolution and Technology*, Vol. 14 Issue 1(April 2005). http://www.nickbostrom.com.

기술은 이제까지와는 전혀 다른 새로운 상황을 만들어냈다. 예컨대 유전공학 덕택에 우리 인간은 이제 스스로를 재설계할 수 있을 뿐만 아니라 다양한 한계에서 탈피하기 위하여 미래 세대를 다시 디자인할 수 있게 되었다. 이제까지 진화 과정에 예속되어 있다고 여겨졌던 인간이 이제는 진화 과정 자체에 개입할 수 있게 된 포스트휴먼 단계에 도달한 것이다. 포스트휴먼 시대의 인간은 더 이상 자연(본성)에 의해 통제되지 않고 오히려 자연(본성)을 통제하게 된다.

인간의 이성, 즉 과학과 기술에 의해 인간 한계를 극복할 수 있다고 믿는 트랜스휴머니즘은 우리에게 전혀 다른 종류의 철학적 질문을 던진다. 이제까지의 인류 역사에서 추구된 인간 능력 향상이 그래도 '인간 조건' 안에서 이루어졌다면, 새로운 융합 기술은 어떻게 그리고 어느 정도로 인간 조건을 극복하는가? 트랜스휴머니즘이 도달하고자 하는 '포스트휴먼posthuman'은 어떤 점에서 인간 조건을 '뒤로post'로 하고 있으며 또 어떤 점에서 여전히 '인간적human'인가? 새로운 융합 기술 덕택에 죽지 않는 인간을 인간이라고 할 수 있는가? 휴머니즘, 포스트휴머니즘, 트랜스휴머니즘 모두 공유하고 있는 휴머니즘은 무엇이며, 무엇이 과연 인간적인가?

이러한 질문의 생소함과 기괴함은 인간과 기계의 융합에서 가장 잘 드러난다. 트랜스휴머니즘이 추구하는 인간 향상 기술은 근본적으로 인간과 기계의 융합을 추구한다. 포스트휴머니즘의 초기 단계에는 인간과 기계의 융합이 점진적으로 이루어져 미세한 나노로봇으로 병든 두뇌의 부분을 고치는 정도에 불과할지 모르지만 궁극적으로는 인간 지능을 기계에 완전히 다운로드할 수 있는 수준까지 발전할 수 있다는 것이다. "미래의 기계들은 그들이 설령 생물학적이지 않다고 하더라도 인간적일 것"[9]이라는 미래학자 레이 커즈와일Ray Kurzweil의 말은 마치 공상과학 처럼 들린다.

그러나 우리가 트랜스휴머니즘의 도전을 진지하게 받아들이지 않는 다면, 인문학의 자율성을 지키기 위해 소위 말하는 정신의 영역에 인문 학의 영역을 국한함으로써 인류의 운명을 과학자와 기술자들에게 내맡 기는 결과를 초래할지도 모른다. 철학자들이 인간 본성에 관한 사변에 빠져 있는 사이, 과학자와 기술자들은 인간의 삶에 직접적으로 기여하 는 '인간 향상 기술'을 발전시킴으로써 인문학의 영토라고 할 수 있는 휴 머니즘마저 자신들의 영역으로 식민지화하고 있다. 이러한 상황에서 인 문학의 자율적 영역을 보존하려면 우리는 이제 트랜스휴머니스트가 추 구하는 급진적 인간 향상이 과연 인간 조건과 양립할 수 있는지, 진지하 게 논의해야 한다. 이러한 논의의 출발점은 두말할 나위 없이 '무엇이 인 간적인 것인가?'에 관한 휴먼 개념의 정의이지만, "나쁜 소식은 인간으로 존재한다는 것이 무엇을 의미하는가에 관한 합의가 없다는 점이다".[10]

우리는 이 나쁜 소식을 인문학을 위한 좋은 소식으로 전환하고자 한 다. 우리는 트랜스휴머니즘의 출발점을 적극 수용하여 인간이 기계와 함 께 그리고 기계를 통해 진화해왔다는 점을 적극 수용하고자 한다. 이런 전제 아래 휴머니즘과 포스트휴머니즘이 각각 '인간 본성'과 '인간적인 것'을 어떻게 해석하였는가를 재구성함으로써 인간 향상 기술의 한계를 해명하고자 한다.

---

9 Ray Kurzweil, *The Singularity Is Near*, 30쪽.

10 Nicholas Agar, *Humanity's End : Why We Should Reject Radical Enhancement*(Cambridge, Mass. : MIT Press, 2010), 19쪽.

2. 휴머니즘―인간이 기술을 통제한다

우리가 살고 있는 세계의 모습을 결정적으로 주조하는 것은 두말할 나위 없이 기술이다. 과학과 기술은 우리의 삶과 경험의 모든 영역을 관통한다. 우리는 콘크리트, 글라스와 메탈로 지어진 인공 상자 안에서 살고, 다양한 자동차로 움직이며, 인터넷과 휴대폰 같은 통신기구로 소통한다. 우리는 조명 기구, 에어컨디셔너와 같은 기계 장치를 이용해 날씨와 자연환경의 영향을 받지 않을 수 있는 생활 조건을 만들어간다. 우리가 기술 제품을 이용하고 기술적 생산 과정에 참여하는 일차적 경험 공간은 그 자체 지속적인 신기술 발전 과정과 결합되어 있다. 우리의 삶과 사회에서 차지하는 기술의 힘은 현저하게 증가하여 '자연적 생활 영역 biotope'과 사람들이 함께 살아가는 '사회적 생활 영역sociotope'은 점점 더 강력해지는 '기술적 생활 영역technotope'에 잠식당하고 있다.

현대의 인간은 기계 없이는 살 수 없다. 누가 이 사실을 부인하겠는가? 인류가 다른 동물과 본질적으로 구별되는 특성 중 하나가 바로 도구를 만들고 사용할 수 있다는 점이지 않은가. 그러나 인간이 근본적으로 '호모파베르'임에도 불구하고 철학은 좀처럼 기계와 기술을 성찰의 대상으로 삼지 않았다. 철학은 몸보다는 정신에, 기술보다는 사유에 우선성을 부여하였다. 간단히 말해, '호모사피엔스'는 항상 '호모파베르'보다 우위를 차지하였다.

기계를 만들 수 있는 능력이 획기적으로 발전된 계몽주의 시대에 들어와서야 기계와 기술은 비로소 철학적 성찰의 대상이 되었다. 전통 철학은 일반적으로 부분보다는 전체, 속성보다는 본성을 묻고, 기술적 대상의 기능과 작용보다는 인식의 이성적 주체와 구조를 중시한다. 우리가 과학기술의 시대에 살고 있음에도 여전히 이런 철학적 태도를 취한다면, 그것은 기술적 현상과 시대정신에 대한 철학의 회피 전략이나 접촉 공포에 지나지 않을 것이다.

그러나 이러한 전략이 더 이상 통하지 않을 정도로 과학과 기술의 힘은 강력해졌다. 기술과 기계가 우리의 삶을 전체적으로 주조할 뿐만 아니라 이제는——이제까지 철학과 인문학이 도피할 수 있는 마지막 보루였던——인간 본성마저 위태롭게 되었기 때문이다. 오늘날 대부분의 사람들은 기술이 단순한 도구 이상의 것이라는 사실을 잘 알고 있다. 전통적 기술이 개별적으로 설정된 실용적 목적을 실현하는 도구에 불과하였다면, 21세기의 융합 기술은 무한한 진보를 원하는 인류의 진화론적 도구가 되었다.

이런 맥락에서 한스 요나스는 호모파베르가 호모사피엔스에게 승리를 쟁취하였다고 말한다. "외부의 대상에 대한 호모파베르의 승리는 동시에——한때 그가 한 부분으로서 종사하곤 하였던——호모사피엔스의 내면적 질서에서도 승리를 의미한다."[11] 외부 세계에 대한 호모파베르의 승리는 오늘날 자연적인 것과 인공적인 것의 차이가 사라진다는 사실에서 잘 나타난다. 자연적인 것은 점점 더 인공적인 것에 흡수된다. 요나스가 말하는 것처럼 인간이 만든 제품들은 거꾸로 인간에게 그리고 인간을 통해 점점 더 영향을 미쳐 "총체적 인공물, 즉 인간이 만든 제품들의 세계는 새로운 종류의 자연(본성)을 발생시킨다".[12] 인문학이 기술과 기계에 대한 접촉 공포를 극복하고 진지하게 성찰해야 하는 것은 바로

---

11 Hans Jonas, *Das Prinzip Verantwortung*, 31쪽.
12 Hans Jonas, *Das Prinzip Verantwortung*, 33쪽.

기술에 의해 문제가 된 인간 본성 때문이다.

인간 본성이 과학기술에 의해 위협을 받았을 때 철학은 비로소 기술과 기계를 철학적 성찰의 대상으로 삼기 시작했다. 초기의 '고전적 기술철학'은 인간 행위의 본질이 과학기술의 발전과 함께 변화될 수 있다는 전제 아래 인간 행위의 변화된 본성을 성찰하였다. 고전적 기술철학을 태동시킨 마르틴 하이데거, 자크 엘륄Jacques Ellul, 한스 요나스 등과 같은 사상가들은 하나같이 기술의 위험을 지적하지만, 기술의 성격을 근본적으로 계몽주의적 휴머니즘의 틀 안에서 다룬다. 고전적 기술철학은 기술이 현재의 인류에게 위협적이라고 진단하지만 기술의 위험을 극복할 수 있는 힘이 휴머니즘에 있다고 믿는다.

그렇다면 고전적 기술철학은 기술의 위험을 어떻게 진단하는가? 고전적 기술철학이 초점을 맞추는 것은 휴머니즘의 토대라고 할 수 있는 인간 본성이다. 고전적 기술철학자들은 "기술문화의 발달을 수반하는 현실적 변화보다는 현대 기술을 가능하게 만든 역사적, 초월적 조건들을 생각하느라 정신없었다".[13] 고전적 기술철학자들은 대체로 기술의 기원을 기술적인 것보다는 정신적인 것, 즉 형이상학적 태도와 사유 방식에서 찾았다.

마르틴 하이데거는 기술의 문제를 형이상학적 문제로 전환한 대표적인 철학자다. 하이데거는 일반적 기술 현상보다는 기술의 본질에 초점을 맞추면서 고전적 기술철학을 대변하는 유명한 명제를 남긴다. "기술의 본질은 결코 기술적인 것이 아니다."[14] 기술의 본질은 인간과 세계의

---

13 Hans Achterhuis, "Introduction : American Philosophers of Technology", Hans Achterhuis (ed.), *American Philosophy of Technology : The Empirical Turn* (Bloomington · Indianapolis : Indiana University Press, 2001), 3쪽.

관계를 규정하고 해명하는 형이상학적 진리와 연관이 있다는 것이다. 이러한 진리는 우리가 세계와 어떤 관계를 맺는가를 결정하기 때문에 "기술의 본질은 근본적으로 위험"이라는 것이다. 그렇다면 우리는 이 위험에 어떻게 대처해야 하는가? "위험이 있는 곳에는 구원의 힘도 함께 자란다."[15] 그렇지만 하이데거가 인용한 횔덜린Friedrich Holderlin의 이 말도 그다지 큰 도움이 되지 않는다. 하이데거는 우리를 기술의 위험으로부터 구원해줄 힘이 인간에게보다는 인간을 초월하는 형이상학적 힘에 있다고 믿기 때문이다.

자크 엘륄도 현재의 문제는 과학기술에 의해 인류에게 일어날 수도 있는 위험을 평가하는 것이라고 말한다. 여기서 기술에 대한 철학적 평가는 정당한 인간 발전으로서 환영할 수 있는 것과 인간성을 말살하는 것으로서 거부해야만 하는 것을 구별하는 작업이다. 그렇지만 이러한 작업은 간단하지 않다. 왜냐하면 "기술technique은 기계와 테크놀로지, 즉 목적에 도달하기 위한 이런저런 절차"보다는 "합리적으로 도달할 수 있으며 모든 인간 활동의 영역에서 절대적 효율성을 갖고 있는 방법의 총체성"[16]을 의미하기 때문이다.

한스 요나스 역시 기술을 위험으로 받아들인다. 기술은 인간 행위의 본질을 변화시키며, 변화된 기술 행위는 이제까지 윤리적 고려의 대상에서 배제되었던 자연에 초점을 맞춘 새로운 윤리를 요청한다는 것이다. 훼손될 수 없는 것으로 여겨졌던 자연과 본성이 이제는 과학기술에 의해

---

14 Martin Heidegger, *Die Technik und die Kehre*, 5쪽.

15 Martin Heidegger, *Die Technik und die Kehre*, 28쪽.

16 Jacques Ellul, *The Technological Society*, xxv.

훼손될 수 있게 되었기 때문이다. 요나스는 이런 위험에 대처할 수 있는 방법으로 책임의 윤리를 요구하지만, 과학기술이 발전할수록 우리는 "사악한 종말에 더 가까워지고"[17] 있다는 점을 부인하지 않는다.

고전적 기술철학자들은 기술의 위험을 하나같이 형이상학적으로 해석한다. 우리는 이러한 태도를 기술의 힘을 직시하지 않는 '철학적 도피주의'라고 비난할 수도 있지만, 고전적 기술철학은 몇 가지 점에서 기술에 대한 철학적 사유를 근본적으로 변화시켰다. 첫째, 기술은 인위적으로 만들어진 대상들의 세계 이상이다. 인간이 만든 기술 제품들은 한편으로는 인간의 행위와 기능을 대체하고, 다른 한편으로는 인간의 능력을 확대할 수 있는 새로운 가능성을 창조한다. 둘째, 기술은 단순한 도구적 능력 이상의 것이다. 오늘날 이론적 사유와 기술적 행위를 구별하는 것이 무의미할 정도로 사유와 행위는 밀접하게 연관되어 있다. 기술적 인간은 자신이 인식하고 이해한 것을 적용해야 한다는 기술적 명법이 현대 사회를 지배하고 있다. 셋째, 기술의 효과는 개별적 인간의 의지와 작용을 넘어선다. 오늘날 문제가 되고 있는 기술 행위의 모든 위험은 인류 전체에 해당하기 때문에 집단적이다.

여기서 우리는 고전적 기술철학에서 이미 인간의 본성과 이에 토대를 두고 있는 휴머니즘에 대한 믿음이 흔들리고 있음을 간파할 수 있다. 그렇다면 인간은 기술을 더 이상 통제할 수 없는 것인가? 인간이 기술을 통제할 수 없다면, 인간의 본성마저 변화시킬 수 있는 기술의 시대에도 보존되어야 하는 '인간적인 것'은 도대체 무엇인가? 우리에게 위험으로 다

---

17 Hans Jonas, *Dem bösen Ende näher : Gespräche über das Verhältnis des Menschen zur Natur*(Frankfurt am Main : Suhrkamp, 1993), 10쪽.

가오고 있는 기술의 역사적, 형이상학적 근원에 대한 물음에 매달린 고전적 기술철학은 이 물음에 대한 대답을 제시하지 않는다. 단, 우리 인간이 기술을 통제할 수 있다는 휴머니즘의 믿음이 흔들리고 있음을 강력하게 암시할 뿐이다.

기술시대는 주지하다시피 인간이 기술을 통제할 수 있다고 전제한 휴머니즘과 함께 도래하였다. 그렇다면 휴머니즘의 종말의 씨앗은 이미 휴머니즘 안에 있었던 것은 아닌가? 인간이 기술을 통제할 수 있다는 믿음을 절대화하면 할수록 기술에 더욱더 예속된 것은 아닌가? 여기서 근대의 계몽주의적 휴머니즘을 대변하는 데카르트의 명제를 상기할 필요가 있다. 인간은 "자연의 주인이고 소유주"[18]이다. 인간을 자연의 주인으로 만든 것은 두말할 나위 없이 기술적 사유다.

근대의 휴머니즘은 우리가 자연에 내재하는 법칙을 인식하면 그 법칙을 통해 자연을 지배하고 통제할 수 있다고 전제한다. 이러한 전제로부터 발전한 것은 현대의 자연과학과 기술공학만이 아니다. 근대의 철학과 휴머니즘은 근본적으로 "기계적 관점sub specie machinae"에서 인간과 자신을 바라보는 기술적 사유에서 탄생하였다.[19] 우리가 자연의 법칙을 이해하고 인식한다는 것은 자연을 하나의 기계로 파악한다는 것을 말한다. 우리는 고전적 기계론의 원칙에 따라 만들어지고 기능하는 기술적 구조물을 기계라고 부른다.

자연을 하나의 기계로 보는 순간 우리는 이미 인간 자신도 기계로 파악한다. 계몽주의 시대 프랑스의 유물론적 철학자 라 메트리La Mettrie의

---

18 René Descartes, *Discours de la Méthode*(1637), 6장.

19 이에 관해서는 Arno Baruzzi, *Mensch und Maschine : Das Denken sub specie machinae*를 참조할 것.

"기계인간L'homme machine" 명제는 이를 잘 말해준다. "인간의 몸은 스스로 자신의 태엽을 감는 하나의 기계이다. 그것은 지속적 운동의 살아 있는 초상이다."[20] 인간은 기계이긴 하지만 스스로를 생산하는 독특한 종류의 기계라는 것이다. 우리에게 낯설게 느껴지는 이 명제를 만들어낸 것은 인간 이성을 절대화한 근대 휴머니즘이다. 인간을 자연의 소유주로 파악한 데카르트와 마찬가지로 영국의 철학자 홉스Thomas Hobbes 역시 인간의 몸을 기계적으로 파악하면서 우리는 우리가 만들 수 있는 것만을 이해할 수 있다고 주장한다.

이런 관점에서 보면 인간이 기계를 통제할 수 있다는 근대 휴머니즘은 인간 자체가 이미 기계라는 인식을 함축하고 있다. 우리는 기술 없이도 우리가 걷는다는 사실을 알 수 있을지 모르지만, 관절의 기계론적 작용을 인식할 때에만 어떻게 걷는지를 정확하게 이해할 수 있다. 우리의 몸도 기계이고 바깥의 자연도 기계라면, 자연에 대한 인식은 인간의 자기 인식과 다를 바 없다. 그렇다면 인간이 자연을 인식하기 위해 만든 기계는 인간이 되어가는 과정의 핵심적 요소이다. 인간은 기술과 기계를 통해 비로소 생물학적 인류hominitas에서 문화적 인류humanitas로 이행해간다. 이렇게 기술이 인간화 과정의 발단이라면 과연 우리가 발전시키고 보존해야 할 인간성은 도대체 무엇인가? 이 질문은 기술적 사유의 절대화를 추구하는 것처럼 보이는 트랜스휴머니즘에 의해 더욱 심각한 도전을 받고 있다.

---

20 La Mettrie, *Der Mensch eine Maschine* (Leipzig : Reclam, 1965), 41쪽.

3. 포스트휴머니즘—기술이 인간을 만든다

포스트휴머니즘은 문자 그대로 휴머니즘 이후의 시대를 꿈꾼다. 이러한 꿈이 단순한 사이언스 픽션이 아니라 GNR의 첨단 융합 기술을 통해 구체적으로 실현될 수 있다는 믿음이 최근 스스로를 트랜스휴머니스트라고 명명하는 학자 집단에 광범위하게 퍼져 있다. 이들은 다른 합리적 방법을 사용하면 인간 본성이 개선될 수 있다고 주장한다. 건강한 인간 수명을 늘리고 우리의 정신적, 신체적 능력을 확장하고, 우리의 심리적 상태와 정서를 통제할 수 있는 수많은 응용과학과 융합 기술이 엄청난 속도로 발전하고 있다는 사실을 감안하면 이러한 비전은 단순한 꿈을 넘어 실현될 수 있는 현실적 도전이 되었다. 닉 보스트롬은 인간에게 주어진 능력을 과학적, 기술적으로 향상시키는 것이 더 이상 사이언스 픽션의 영역에 머물러 있지 않다고 진단하면서, 이제 "문제는 '이것은 사이언스 픽션인가?'에서 '우리는 이것을 해야 하는가?'로 옮겨 갔다"[21]고 주장한다.

계몽주의 철학자 라 메트리가 꿈꾸고 사유하였던 '인간 기계'가 현실이 되고 있다는 것은 우리에게 무엇을 의미하는가? 오늘날 대부분의 사람들은 급속도로 발전하고 있는 기술 현상을 목도하면서 인간 기계가 실제적으로 실현될 수 있다고 믿는다. 대표적인 트랜스휴머니스트 레이 커즈와일은 "기술변화의 속도가 너무 빠르고, 그 영향이 너무 깊어서 인간

---

21 Nick Bostrom, "Introduction. Human Enhancement Ethics : The State of the Debate", N. Bostrom (ed.), *Human Enhancement* (Oxford · New York : Oxford University Press, 2009), 1~22쪽 중에서 12쪽을 참조할 것.

의 삶은 회복할 수 없을 정도로 변형될 것"[22]이라고 예측한다. 그뿐만 아니라 우리 인류의 역사는 가공할 속도로 발전하는 융합 기술 덕택에, 가까운 미래에 그 이전과 이후가 분명히 구별되는 특이점Singularity을 통과할 것이라고 주장한다.

현재의 우리 시대가 '휴머니즘humanism' 시대라면 그 이후의 시대는 당연히 '포스트휴머니즘posthumanism' 시대이다. 포스트휴먼은 건강 수명, 인지능력, 정서와 같은 일반적인 능력에서 새로운 기술적 수단을 통해 현재 획득할 수 있는 최대치를 훨씬 능가하는 능력을 보유한 존재로 정의된다. 극단적 인간 향상이 궁극적으로 도달할 수밖에 없는 존재 양식이 바로 포스트휴먼이라면, 트랜스휴머니즘은 이러한 기술적 비전이 가능하다고 생각하는 정신적 태도를 가리킨다. 여기에서 우리는 그 목적과 입장을 선명하게 드러낸다는 점에서 포스트휴머니즘이라는 용어를 통일적으로 사용하고, 트랜스휴머니즘이라는 용어를 사용할 때에는 다른 철학적 방향과 구별하기 위해 '기술적 트랜스휴머니즘'의 뜻으로 사용하고자 한다.

그렇다면 포스트휴먼은 어떤 점에서 여전히 휴머니즘이고, 또 어떤 점에서 포스트인가? 포스트휴머니즘이 과연 휴머니즘과 양립할 수 있는지를 묻는 전자의 질문은 다음 기회로 미루고,[23] 여기에서는 '포스트'에 초점을 맞춰 기술적 트랜스휴머니스트들이 포스트휴머니즘을 어떻게 정

---

22 Ray Kurzweil, *The Singularity Is Near*, 7쪽.

23 Nick Bostrom, "In Defense of Posthuman Dignity", Gregory R. Hansell · William Grassie (eds.), *H+/- : Transhumanism and Its Critics*, 55~66쪽. 닉 보스트롬은 포스트휴머니즘이 "세속적 휴머니즘과 계몽주의의 부산물"이라고 파악하면서 포스트휴먼 존엄이 휴머니즘의 맥락에서도 정당화될 수 있다고 주장한다.

당화하고 있는지를 살펴보고자 한다. 포스트휴머니즘의 강력한 근거는 인간 본성이 첨단 응용과학과 융합 기술에 의해 변형될 수 있다는 것이다. 간단히 말해, 전통 휴머니즘이 인간을 태어나는 존재로 이해하였다면, 포스트휴머니즘은 기술이 인간을 만든다고 전제한다. 포스트휴머니즘의 주장은 특히 두 측면에서 제기된다. 하나는 인간이 기계와 융합하여 전혀 다른 존재가 될 수 있다는 것이고, 다른 하나는 이런 포스트휴먼이 인간을 생물학적 한계로부터 해방시킨다는 주장이다.

우선, 포스트휴머니즘이 인간-기계의 융합 가능성의 근거로서 제시하는 것은 인공지능이다. 많은 사람들은 여전히 인공지능의 작업을 소위 말하는 '생각할 수 있는 컴퓨터'를 디자인하는 것쯤으로 여긴다. 그렇지만 인공지능의 목적은 단순히 지능적인 기계를 만드는 것이 아니라 우리 인간을 인공적으로 초지능적 존재로 만드는 것이다. 커즈와일은 강력한 신경 인공기관을 우리의 몸 안에 심음으로써 정신 능력을 향상시킬 수 있다고 상상한다. 컴퓨터와 인공지능이 발전하면 인간 두뇌의 뉴런과 시냅스가 할 수 있는 그 어떤 것이든 전기회로가 훨씬 더 잘할 수 있는 시대가 올 수 있다는 것이다. 이렇게 되면 우리의 생물학적 두뇌는 점진적으로 명예퇴직을 당하게 되고, 결국에는 마음이 두뇌에서 기계로 이전하게 된다.

만약 우리가 우리 자신을 컴퓨터 기계로 업로드하게 되면, 스스로를 과연 인간으로 파악할 수 있을까? 슈퍼지능을 가진 기계와 융합하게 되면, 우리는 더 이상 생물학적 존재가 아니다. 물론 이러한 비전은 두 가지로 해석될 수 있다. 하나는 인공지능이 인간을 슈퍼 지능을 가진 존재로 만든다는 것이고, 다른 하나는 인간은 더 이상 존재하지 않게 되고 슈퍼 지능을 가진 로봇으로 대체된다는 것이다. 커즈와일은 로봇이 우리를 대체하는 것이 아니라 우리 자신이 로봇이 된다고 강조한다. 그는 "우리가 설령 생물학적이지 않다고 하더라도 인간"이라고 강조하면서 "인간-기계 지능human-machine intelligence"이라는 꼬리표를 제안한다.

물론 휴먼에서 포스트휴먼으로의 이행은 돌이킬 수 없지만, 그 이행 과정은 미끄러지듯이 서서히 이루어진다. "만약 우리가 기술에 의해 변형된 인간을 더 이상 인간으로 보지 않는다면, 우리는 어디에서 그것을 규정할 수 있는 선을 그어야 하는가? 생체공학적 심장을 가진 인간은 여전히 인간인가? 신경학적 인공물을 가진 사람은 어떤가? 그의 두뇌 안에 열 개의 나노로봇을 갖고 있는 사람은 또 어떤가? 5억 개의 나노로봇을 가진 사람은 어떤가? 우리는 6억 5,000만 개의 나노로봇에서 그 경계선을 설정해야 하는가? 그 이하면 너희는 여전히 인간이고, 그 이상이면 너희는 포스트휴먼인가?"[24] 이러한 수사학적 질문을 통해 커즈와일이 의도하는 대답은 간단하다. 시작할 때는 인간이었지만 끝날 때는 포스트휴먼일 것이라는 것이다. 그 경계선을 설정하기는 어렵지만, 한 가지 분명한 것은 우리가 이미 휴먼에서 포스트휴먼으로 이행해가는 진화 과정에 진입하였다는 사실이다.

여기서 중요한 것은 우리의 마음을 과연 기계로 업로드할 수 있는지, 그것이 언제 어떻게 가능한지가 아니다. 커즈와일과 같은 기술적 트랜스휴머니스트들은 조만간 뉴런과 시냅스의 비밀이 밝혀짐으로써 인간 두뇌의 지적 능력이 해독될 것이고, 따라서 인간 두뇌의 전자적 인공 복제물을 생산할 수 있을 것이라고 예측한다. 이미 특정 영역에서 인간과 경쟁하고 있는 인공지능은 새로운 종류의 인간을 만들어낼지도 모른다. 새

---

24 Ray Kurzweil, *The Singularity Is Near*, 374쪽.

로운 응용과학과 융합 기술에 의해 만들어진 인간 종은 더 이상 '호모사피엔스'가 아니다. 그것은 '호모사이버네티쿠스Homo cyberneticus'이거나 '로보사피엔스Robo sapiens'이다.

포스트휴머니즘은 인간의 기계화를 통해 궁극적으로 인간의 생물학적 조건을 초월하고자 한다. 생물학적 존재인 인간 본성에 관한 입장은 포스트휴머니즘을 둘러싼 논쟁의 핵심 문제이다. 인간은 죽을 수밖에 없는 존재인가? 전통적 휴머니즘의 인간이 죽음을 문화적으로 극복하고자 하였다면, 포스트휴머니즘은 죽음을 기술적으로 극복하고자 한다. 이런 맥락에서 보면 포스트휴머니즘이 휴먼, 즉 인간적인 것을 극복할 대상으로 생각하는 것은 당연한 일이다. "인간적이다human —— 바로 이 말은 고통과 실패와 동의어다. '나는 단지 인간일 뿐이야', '인간적 곤경', '인간 조건의 비극', 이 말들은 모두 똑같은 진리, 즉 인간성humanity이란 치유되어야 하는 병적 상태라는 진리를 말해준다."[25]

휴머니즘이 인간의 사멸성에 토대를 두고 있다면, 포스트휴머니즘은 인간의 불멸성을 추구한다. 사이먼 영은 "죽음은 일종의 외설이며, 우리의 몸이 스스로 파괴되도록 프로그램화되어 있기 때문에 우리의 마음이 죽어야 한다는 사실은 분노를 불러일으킨다"고[26] 말한다. 우리의 몸이 수많은 첨단 인공물로 대체되고 우리의 마음을 이 기계로 업로드한다면, 우리는 영원한 삶을 향유할 수 있다는 것이다. "우리가 더 이상 자기 파괴를 요구하는 이기적 유전자의 노예가 되지 않는다면, 죽음의 궁극적 제거 자체는 호모사피엔스의 역사의 마지막 장이 될 것이다. 그리고 새

---

25 Simon Young, *Designer Evolution : A Transhumanist Manifesto*, 32쪽.

26 Simon Young, *Designer Evolution : A Transhumanist Manifesto*, 15쪽.

로운 종 '호모사이버네티쿠스'가 탄생할 것이다. 호모사피엔스가 자신의 이기적 유전자의 노예였던 곳에서 호모사이버네티쿠스는 자신의 운명의 조종자가 될 것이다."[27]

인간의 생물학적 조건을 초월하고자 하는 인간 능력 향상 기술은 치열한 논쟁을 야기하였다. 한편에는 인간에게 주어진 본성은 수정되거나 변형될 수 없다고 주장하는 생명 보수주의자들이 있고,[28] 다른 한편에는 인간 본성은 기술적으로 변화될 수 있다고 믿는 기술적 트랜스휴머니스트들이 있다. 이들의 논쟁은 대체로 두 가지 갈래로 진행된다. 하나는 인간 본성이 실제로 변화될 수 있는가 하는 사실적 차원이고, 다른 하나는 인간 본성으로부터 도출된 인간 존엄과 관련된 규범적 차원이다.[29] 생명 보수주의에 입각한 비판자들에 따르면 두 가지 차원은 밀접하게 연관되어 있어서 인간 향상 기술에 의한 인간 본성의 변형 가능성은 필연적으로 인간 존엄의 파괴로 귀결된다. 그렇기 때문에 후쿠야마는 기술적 트랜스휴머니즘을 "세계에서 가장 위험한 아이디어"[30]라고 규정한다.

포스트휴머니즘은 인간의 본성이 확정적으로 주어진 것이 아니라 끊임없이 변화하는 진화 과정에 있다고 주장한다. 원시시대의 사람들에게

---

27 Simon Young, *Designer Evolution : A Transhumanist Manifesto*, 22쪽.

28 포스트휴머니즘을 비판하는 대표적인 생명 보수주의자로는 후쿠야마, 카스, 샌델 등이 꼽힌다. Francis Fukuyama, *Our Posthuman Future : Consequences of the Biotechnology Revolution* ; Leon Kass, *Life, Liberty, and the Defense of Dignity : The Challenge for Bioethics* ; Michael Sandel, *Case Against Perfection : Ethics in the Age of Genetic Engineering*.

29 이에 관해서는 Allen Buchanan, *Beyond Humanity? The Ethics of Biomedical Enhancement* (Oxford · New York : Oxford University Press, 2011), 115쪽을 참조할 것.

30 Francis Fukuyama, "Transhumanism : The World's Most Dangerous Idea", *Foreign Policy*, No. 144(2004), 42~43쪽.

우리가 이미 포스트휴먼처럼 보일 것이라는 상상이 설득력이 있다면, 현재의 인류가 진화의 마지막 단계가 아니라는 포스트모더니즘의 주장은 쉽게 부인하기 어렵다. 기술적 트랜스휴머니즘은 첨단 과학과 융합 기술을 책임 있게 사용하면 우리는 결국 포스트휴먼이 될 수 있다는 주장도 반박하기 어렵다. 그것은 우리가 쉽게 상상할 수 있는 시간적 한계를 뛰어넘기 때문이다. 누가 천 년 뒤, 만 년 뒤의 인간이 지금의 인간과 똑같으리라고 주장하겠는가? 문제는 우리가 어떻게 과학과 기술을 합리적으로 적용하여 인간의 생물학적 진화 과정에 개입할 것인가 하는 것이다. 여기서는 이 문제를 상세히 다루는 대신 한 가지 사실을 확인하고자 한다. 우리가 생명 자체를 과학과 기술의 대상으로 삼음으로써 진화 과정에 이미 개입하고 있다는 사실을 인정한다면, 이러한 개입이 초래할 기술적, 생물학적, 사회적 결과에 대한 깊이 있는 평가와 성찰이 있어야 한다는 것이다.

이러한 성찰은 인간 향상 기술을 윤리적으로 규제할 규범적 척도를 전제한다. 포스트휴머니즘은 인간 (능력) 향상 자체를 규범적 척도로 삼는 것처럼 보인다. 많은 사람들이 건강하게 오래 살고 싶어 한다면 인간의 건강 수명을 늘리는 것이 인간 존엄에 기여하는 길이다. 노화와 질병 그리고 죽음이 인간에게 고통이라면, 인간을 이러한 고통으로부터 해방시키는 것은 좋은 일이다. 이에 반해 생명 보수주의자들은 인간의 본성은 주어진 것이라는 전제로부터 인간 행위를 윤리적으로 판단할 수 있는 규범적 척도를 도출한다. 이런 규범적 본질주의의 관점에 따르면 인간 본성을 해치거나 파괴하는 인간 향상 기술은 금지되어야 한다.

포스트휴머니즘을 둘러싼 논쟁을 지켜보다 보면 우리는 더욱 근원적인 질문을 던질 수밖에 없다. 우리 인간을 인간답게 만드는 것은 도대체 무엇인가? 우리에게 본질적으로 주어진 인간 조건은 어떤 것인가? 기술적 트랜스휴머니스트들이 주장하는 것처럼 우리에게 주어진 것을 극복하고 초월하려는 욕망만이 우리에게 주어졌는가? 자연과 문화, 주어진 것과 만들어진 것, 자연적인 것과 인공적인 것의 경계가 불투명해질수록, 이러한 질문은 더욱 강력하게 제기된다. 포스트휴머니즘은 이렇게 '인간적인 것'에 관한 거인들의 투쟁을 야기한다.

4. 트랜스휴머니즘―기술로 인간이 된다

휴머니즘과 포스트휴머니즘을 가르는 가장 핵심적인 기준은 인간 본성에 관한 상이한 해석이다. 휴머니즘이 대체로 우리 인간에게 주어진 인간 본성이 안정적이고 확고하다는 규범적 본질주의에 토대를 두고 있다면, 포스트휴머니즘은 인간의 본성이 과학과 기술에 의해 변화할 수 있다는 진화론적 입장을 표명한다. 두 입장은 언뜻 평행선을 달리고 있는 듯 보이지만, 우리 인간을 역사적 존재로 파악한다면 이 대립적 시각을 새롭게 평가할 수 있는 가능성이 열린다.

여기서 우리는 진화론적 생물학을 진지하게 생각하라는 포스트휴머니즘의 주장을 수용하면서 동시에 인간 행위를 이해하고 윤리적으로 판단하기 위해서는 비교적 안정적인 인간성 개념이 필요하다는 휴머니즘의 입장을 유지하고자 한다. 비록 인간 본성에 관한 본질주의적 입장을 취한다 하더라도 오늘날 인간이 진화해왔다는 경험적 사실을 부인하기는 쉽지 않다. 이 점에서 우리는 "인간은 아직 확정된 동물이 아니"[31]라는 니체의 견해를 따른다. 반면, 어떤 진화론자도 우리는 모두──역사적으로 의미 있는 일정 기간 동안 —— 인류에게 공통적인 보편적 성격을 갖고 있다는 점을 부인하지 않는다. 진화론자는 단지 현재 대부분의 사람들이 "고정적hard-wired"이라고 생각하는 성격들이 공통의 진화론적 과정의 결과라고 주장할 뿐이다.[32]

아리스토텔레스 이후 인간 본성은 대체로 모든 인간에게 공통적인 것으로서 인간을 다른 존재와 구별하는 성격들의 집합으로 이해되었다. 이러한 특성들의 집합은 역사적으로 형성되고 변화한다. 우리가 인간의 본성을 호모사피엔스로 이해할 때조차도 호모사피엔스는 역사적으로 다르게 해석되었다. 인간은 생물학적 존재이면서 동시에 문화적 존재이기 때문이다. 전통 철학이 인간과 자연 또는 천성nature과 교육nurture을 이원론적으로 파악한 것과는 다르게 인간의 현재 모습을 결정한 것은 생물학과 문화의 상호작용이라고 할 수 있다. 인간은 생물학적으로 고정되어 있는 것처럼 보이지만, 고도로 안정된 제도와 관습을 통해 형성된 문화는 우리의 성격에 깊이 심어져 본성이 되기도 한다. 만약 현재 대부분의 사람들이 어떤 성격들을 고정된 인간 본성으로 간주하면, 그것은 이성격들이 광범위하게 퍼져 있어 인간 행동을 이해하는 데 결정적 역할을 한다는 것을 의미한다.

현재 고정적인 것처럼 보이는 성격들이 역사적 진화 과정의 결과라면, 현재의 성격들도 미래에는 다르게 변할 수 있다는 점을 배제할 수 없다. 그렇다면 여기서 문제가 되는 것은 우리가 살고 있는 '현재의 범위와 의미'이다. 비교적 안정된 현재의 관점에서 역사적 변화를 부정하는 것만

---

31 Friedrich Nietzsche, *Jenseits von Gut und Böse*, III(62), KSA 5, 81쪽.

32 이에 관해서는 Steven Pinker, *The Blank Slate : The Modern Denial of Human Nature*(New York : Penguin Books, 2002)을 참조할 것.

큼이나 과거와 미래로 이어지는 무한한 시간의 관점에서 현재를 간과하는 것도 어리석은 일이기 때문이다. 이런 맥락에서 우리는 한편으로 인간의 본성이 고정되어 있다는 전통 형이상학적 견해를 포기하고, 다른 한편으로는 인간 본성과 연관된 특성들이 역사적 산물이기는 하지만 유의미한 일정 기간 지속된다는 점을 강조하고자 한다.[33]

물론, 인간 본성과 관련하여 과거에 일어났던 변화가 미래에도 일어날 것이라는 점은 의심의 여지가 없다. 이런 맥락에서 우리는 인간은 "동물적 유산과 포스트휴먼 사이에 있는 과도기 단계transitional stage"[34]에 있다는 포스트휴머니즘의 관점을 적극적으로 수용하면서도, 인간의 계획적인 디자인을 통해 이러한 이행 과정을 가속화하겠다는 기술적 진보 이데올로기는 거부하고자 한다. 인간은 기술과 함께 또 기술을 통해 문화적으로 진화해간다는 진화론적 관점에서 이러한 진화 과정과 인간의 기술/문화 행위를 성찰하는 태도를——기술적 트랜스휴머니즘과 구별하여——우리는 '철학적 트랜스휴머니즘'으로 명명하고자 한다.

철학적 트랜스휴머니즘은 첨단 응용과학과 융합 기술을 통해 인간존재를 새롭게 디자인할 수 있다는 포스트휴머니즘의 도전을 진지하게 받아들여 이러한 과학과 기술이 인간의 삶과 사회에 미치는 영향과 의미를 비판적으로 성찰하는 태도이다. 진화론이 시간적 발생과 역사성에 관한 학문이라는 점을 인정한다면, 우리는 진화론적 변형의 방향을 예측하는 것이 어렵다는 점도 수용해야 한다. 우리 모두가 현재 동의할 수 있는 것은 생물학적 존재만 진화하는 것이 아니라 기계 역시 진화하며 또 "기계

---

33 이에 관해서는 Allen Buchanan, *Beyond Humanity? The Ethics of Biomedical Enhancement*, 120쪽을 참조할 것.

34 Max More, "Extropian Principles 3.0."(1998), http://www.maxmore.com/extprn3.htm.

의 생성이 우리에게 달려 있는 것처럼 우리의 생성 역시 기계에 의존한다"[35]는 점이다.

우리가 기술로 인간이 되어간다는 전제에서 출발하는 철학적 트랜스휴머니즘은 포스트휴먼 존재 양식을 추구하는 첨단 과학과 기술의 도전에 다음과 같은 세 가지 관점에서 응대한다. 첫째, 인간 본성이 변화될 수 있다고 해서 '인간적인 것', '인간성'에 관한 이념이 중요하지 않은 것은 아니다. 인간과 자연, 인간과 기계, 인간과 다른 인간의 관계를 맺어갈 때 '이 관계를 어떻게 만들어갈 것인가' 하는 규범적 방향 설정의 문제는 여전히 중요하다. 인간성은 우리 모두가 소통과 합리적 토론을 통해 비로소 합의하고 만들어가야 하는 규범적 방향이다. 철학적 트랜스휴머니즘이 아감벤의 말에 주목하는 까닭이 여기에 있다. "호모사피엔스는 하나의 실체도 아니고 명료하게 정의된 종도 아니다. 이 문구는 오히려 인간적인 것의 인식을 생산하기 위한 기계이거나 인공물이다."[36]

둘째, 인간의 삶과 사회에 관한 모든 철학적-윤리적 성찰은 '현재'에 초점을 맞추기 때문에 현재 모든 사람에게 공통적으로 안정적으로 받아들여지고 있는 성격과 특성으로부터 출발한다. 이에 반해 포스트휴머니즘은 첨단 응용과학과 융합 기술의 발전을 가속화함으로써 미래로 도피하고자 한다. 우리가 설령 발전된 미래의 모습을 긍정적으로 예측하거나 또는—— 한스 요나스가 주장하는 것처럼—— 미래에 발생하게 될 공포를 미리 예측하기 위해 미래를 고려할 때에도, 궁극적 목적은 현재에 이

---

35 Andrew Pickering, "On Becoming : Imagination, Metaphysics, and the Mangel", Don Ihde · Evan Selinger (eds.), *Chasing Technoscience : Matrix for Materiality*, 96~116쪽 중 100쪽을 참조할 것.

36 Giorgio Agamben, *Das Offene : Der Mensch und das Tier*, 37쪽.

루어지는 행위의 판단과 조정이다.

셋째, 우리가 바람직하다고 생각하는 인간성을 실현하기 위해서도, 우리는 현재 우리의 삶에 의미 있다고 여겨지는 특성과 가치들로부터 출발해야 한다. 첨단 과학과 기술은 현재의 공상과학을 먼 미래에 현실로 만들지도 모른다. 우리는 모두 영생을 얻게 되고, 엄청난 인지력을 보유하고, 정서를 통제할 수 있는 포스트휴먼 로봇으로 살아갈지도 모른다. 생명이 유한하다는 사실을 알고 느낄 때, 우리는 모두 비교적 오랫동안 건강하게 살기를 원한다. 그렇지만 누가 과연 영원히 살기를 원할까? 과학과 기술이 삶의 의미를 성찰하는 대신 영생의 기술적 가능성만을 추구한다면, "급진적 향상은 우리의 삶에 의미를 부여하는 경험들로부터 우리를 소외시킬 수 있다".[37]

오늘날 과학과 기술은 사회로부터 분리되어 독자적으로 발전함으로써 포스트휴먼 단계를 향해 질주하는 것처럼 보인다. 대부분의 인문학자들은 과학과 기술이 그리는 미래의 비전에 경악하고, 그 속도에 망연자실한 것처럼 보인다. 그러나 기술적 진화 과정은 결코 진공 상태에서 이루어지지 않는다. 사회적 제도에서 결정되지 않는 기술적 과제도 없고 또 사회에 전혀 영향을 미치지 않는 기술적 산물도 없다면, 기술적 진화 과정 자체는 사회적으로 결정된다. 이 사회 안에서 인문학자도 함께 살아간다. 그들은 과학과 기술이 급진적으로 영향을 미치는 사회를 어떻게 하면 인간답게 만들 수 있는지 고민하며 성찰한다. 우리가 주어진 사회 안에서 상이한 방식으로 휴머니즘을 실현하고자 한다면, 두 학문을 멀어지게 만든 폐쇄적 독립성을 포기하고 사회적 이성을 되찾아야 하는 것은

---

37 Nicholas Agar, *Humanity's End*, 179쪽.

아닐까? 유령처럼 슬며시 다가오는 포스트휴머니즘의 도전을 바라보며 아도르노의 말을 떠올린다.

"우리가 오늘날 여기서 기껏 휴머니즘을 실제로 경험할 수 있는 형식 은 비인간성을 마주하고서도 놀라지 않는 의연함과 사상의 청렴성이다. 이 비인간성은 기술에 기인하지도 않고 개별적인 인간에 의한 것도 아니 다. 그것은 우리 모두를 전 세계에 묶어놓은 것의 운명이다."[38]

---

38 Theodor W. Adorno, "Über Technik und Humanismus", Hans Lenk · Günther Ropohl (Hrsg.), *Technik und Ethik* (Stuttgart : Reclam, 1987), 22~30쪽.

김상환,《예술가를 위한 형이상학―해체론 시대의 철학과 문화》(민음사, 1999).

김선희,《과학기술과 인간 정체성―인간, 자아, 젠더》(아카넷, 2012).

――,《사이버시대의 인격과 몸―사이버자아의 인격성 논의를 중심으로》(아카넷, 2004).

니체, 프리드리히, 〈비도덕적 의미에서의 진리와 거짓에 관하여〉,《비극적 사유의 탄생》, 이진우 옮김(문예출판사, 1997).

――,《차라투스트라는 이렇게 말했다》, 정동호 옮김, 니체전집 13(책세상, 2000).

리오타르, 장-프랑수아,《포스트모던적 조건―정보사회에서의 지식의 위상》, 이현복 옮김(서광사, 1992).

리프킨, 제레미,《바이오테크 시대》, 전영택·전병기 옮김(민음사, 1999).

마르크스, 칼,《경제학-철학 수고》, 김태경 옮김(이론과실천, 1987).

마르틴 하이데거,《기술과 전향》, 이기상 옮김(서광사, 1993).

미첼, 윌리엄,《비트의 도시》, 이희재 옮김(김영사, 1999).

벤야민, 발터, 〈기술복제시대의 예술작품〉,《발터 벤야민의 문예이론》, 반성완 옮김(민음사, 1983).

보드리야르, 장,《생산의 거울》, 배영달 옮김(백의, 1994).

――,《시뮬라시옹》, 하태완 옮김(민음사, 1992).

――,《유혹에 대하여》, 배영달 옮김(백의, 1996).

샤를, 크리스토프 외,《대학의 역사》, 김정인 옮김(한길사, 1999).

스프링거, 클라우디아,《사이버 에로스―탈산업 시대의 육체와 욕망》, 정준영 옮김(한나래, 1998).

슬로터다이크, 페터,《인간농장을 위한 규칙》, 이진우·박미애 옮김(한길사, 2004).

영, 킬벌리 S.,《인터넷 중독증》, 김현수 옮김 (나눔의집, 2000).

영상문화학회 창립준비위원회 편,《이미지는 어떻게 살고 있는가─영상문화학을
위하여》(생각의나무, 1999).

아리스토텔레스,《니코마코스 윤리학》, 최명관 역주 (서광사, 1984),

요나스, 한스,《책임의 원칙─기술 시대의 생태학적 윤리》, 이진우 옮김 (서광사,
1994).

이인식,《지식의 대융합─인문학과 과학기술은 어떻게 만나는가》(고즈윈, 2008).

_____ 기획,《기술의 대융합─21세기 창조의 원동력은 어디에서 오는가》(고즈윈,
2010).

이진우,〈멀티미디어 정보시대의 정신과 육체─사이보그의 인간학은 과연 가능한
가〉,《영상문화》창간호(2000. 6. 13).

_____,〈영상 인문학은 가능한가─이미지의 '실재성'과 '초월성'을 중심으로〉,《동
서문화》제32집 (계명대학교 인문과학연구소, 1999).

_____,〈한스 요나스의 생태학적 윤리학〉,《탈현대의 사회철학》(문예출판사,
1993).

_____,《한국 인문학의 서양 콤플렉스》(민음사, 1999).

_____ 엮음,《포스트모더니즘의 철학적 이해》(서광사, 1993).

_____ 외,《인간복제에 관한 철학적 성찰》(문예출판사, 2004).

최혜실,《모든 견고한 것들은 하이퍼텍스트 속으로 사라진다》(생각의나무, 2000).

_____ 엮음,《디지털 시대의 문화 예술. 통합의 가능성을 꿈꾸는 KAIST 사람들》
(문학과지성사, 1999).

푸코, 미셸,《성의 역사 1─앎의 의지》, 이규현 옮김 (도서출판 나남, 1990).

플라톤,《국가》, 박종현 역주 (서광사, 1997).

하버마스, 위르겐,《담론윤리의 해명》, 이진우 옮김 (문예출판사, 1997).

_____,《인간이라는 자연의 미래─자유주의적 우생학 비판》, 장은주 옮김 (나남출
판, 2003).

_____,《탈형이상학적 사유》, 이진우 옮김 (문예출판사, 2000).

하임, 마이클,《가상현실의 철학적 의미》, 여명숙 옮김 (책세상, 1997).

Achterhuis, Hans (ed.), *American Philosophy of Technology : The Empirical Turn*(Bloomington · Indianapolis : Indiana University Press, 2001).

Adorno, Theodor W., *Ästhetische Theorien*(Frankfurt am Main : Suhrkamp, 1973).

―――, "Über Technik und Humanismus", Lenk, Hans · Ropohl, Günther (Hrsg.), *Technik und Ethik*(Stuttgart : Reclam, 1987).

Agamben, Giorgio, *Das Offene : Der Mensch und das Tier*(Frankfurt am Main : Suhrkamp, 2003).

Agar, Nicholas, *Humanity's End : Why We Should Reject Radical Enhancement* (Cambridge, Mass. : MIT Press, 2010).

―――, "Liberal Eugenics", Kuhse, Helga · Singer, Peter (eds.), *Bioethics : An Anthology*(Oxford · Cambridge : Blackwell, 1999).

Allenby, Braden R. · Sarewitz, Daniel, *The Techno-Human Condition*(Cambridge, Mass. : MIT Press, 2011).

Apel, Karl-Otto, *Diskurs und Verantwortung : Das Problem des Übergangs zur postkonventionellen Moral*(Frankfurt am Main : Suhrkamp, 1988).

Arendt, Hannah, *Vita Activa oder Vom tätigen Leben*(München : Piper, 1959).

Bach, Kurt, "Imago", Boehm, Gottfried (Hrsg.), *Was ist ein Bild?*(München : Fink, 1994).

Baruzzi, Arno, *Mensch und Maschine : Das Denken sub specie machinae*(München : Wilhelm Fink, 1973).

Baudrillard, Jean, *In the Shadow of the Silent Majorities*(New York : Semiotext, 1983).

―――, *Photographies : Car l'illusion ne s'oppose pas à la réalité*(Paris : Descartes & Cie, 1998).

―――, *Simulacres et Simulation*(Paris : Galilée, 1981).

―――, *Simulations*(New York : Semiotext, 1983).

―――, *Symbolic Exchange and Death*(London · Thousand Oaks · New Delhi :

SAGE Publications, 1993).

_____, "Denn die Illusion steht nicht im Widerspruch zur Realität", Belting, Hans · Kamper, Dietmar (Hrsg.), *Der zweite Blick : Bildgeschichte und Bildreflexion* (München : Fink, 2000).

Bell, Daniel, *The Coming of Postindustrial Society : A Venture in Social Forecasting* (New York : Basic Books, 1973).

_____, *The Winding Passage : Essays and Sociological Journeys 1960~1980* (Cambridge, Mass. : Abt Books, 1980).

Belting, Hans, *Bild und Kult : Eine Geschichte des Bildes vor dem Zeitalter der Kunst* (München : C. H. Beck, 1990).

_____, "Idolatrie Heute", Belting, Hans · Kamper, Dietmar (Hrsg.), *Der zweite Blick : Bildgeschichte und Bildreflexion* (München : Fink, 2000).

_____ · Kamper, Dietmar (Hrsg.), *Der zweite Blick : Bildgeschichte und Bildreflexion* (München : Fink, 2000).

Benjamin, Walter, "Das Kunstwerk im Zeitalter seiner technischen Reproduzierbarkeit", *Gesammelte Schriften*, Tiedemann, Rolf · Schweppenhäuser, Hermann (Hrsg.), Bd. I/2, *Abhandlungen* (Frankfurt am Main : Suhrkamp, 1974).

_____, "Einbahnstraße", *Gesammelte Schriften*, Tiedemann, Rolf · Schweppenhäuser, Hermann (Hrsg.), Bd. IV/1, *Kleine Prosa, Baudelaire-Übersetzungen*, Rexroth, Tillmann (Hrsg.) (Frankfurt am Main : Suhrkamp, 1972).

Berger, Peter · Luckmann, Thomas, *Die gesellschaftliche Konstruktion der Wirklichkeit* (Frankfurt am Main : Fischer, 1966).

Best, Steven, "The Commodification of Reality and the Reality of Commodification : Baudrillard, Debord, and Postmodern Theory", Kellner, Douglas (ed.), *Baudrillard : A Critical Reader* (Oxford · Cambridge : Blackwell, 1994).

Bloch, Marc, *Les Rois thaumaturges : Étude sur le caractère surnaturel attribué à la puissance royale, particulièrement en France et en Angleterre* (Paris : Gallimard, 1983).

Boehm, Gottfried, "Die Wiederkehr der Bilder", Boehm, Gottfried (Hrsg.), *Was ist ein Bild?* (München : Fink, 1994).

Böhme, Hartmut, "Der Wettstreit der Medien im Andenken der Toten", Belting, Hans · Kamper, Dietmar (Hrsg.), *Der zweite Blick : Bildgeschichte und Bildreflexion* (München : Fink, 2000).

Bolter, Jay David · Grusin, Richard, *Remediation : Understanding New Media* (Cambridge, Mass. : MIT Press, 1999).

Borgmann, Albert, *Holding On to Reality : The Nature of Information at the Turn of the Millennium* (Chicago : University of Chicago Press, 1999).

Bostrom, Nick, "A History of Transhumanist Thought", *Journal of Evolution and Technology*, Vol. 14, Issue 1 (April 2005). http://www.nickbostrom. com.

―――, "In Defense of Posthuman Dignity", Hansell, Gregory R. · Grassie, William (eds.), *H+/- : Transhumanism and Its Critics* (Philadelphia : Metanexus Institute, 2011).

―――, "Introduction. Human Enhancement Ethics : The State of the Debate", Bostrom, N. (ed.), *Human Enhancement* (Oxford · New York : Oxford University Press, 2009).

―――, "Why I Want to Be a Posthuman When I Grow Up", *Medical Enhancement and Posthumanity*, Gordijn, Bert · Chadwick, Ruth (eds.) (Dordrecht : Springer, 2008). www.nickbostrom.com.

―――― et al., *The Transhumanist FAQ : A General Introduction*, Version 2.1 (World Transhumanist Association, 2003). http://www.transhumanism.org/ resources/faq.html.

Brody, Florian, "The Medium Is the Memory", Lunenfeld, Peter (ed.), *The*

Digital Dialectic : New Essays on New Media (Cambridge, Mass. : MIT Press, 1999).

Buchanan, Allen, *Beyond Humanity? : The Ethics of Biomedical Enhancement* (Oxford · New York : Oxford University Press, 2011).

Burnett, Ron, *How Images Think* (Cambridge, Mass. : MIT Press, 2005).

Clark, Andy, *Natural-Born Cyborgs* (Oxford · New York : Oxford University Press, 2003).

Cook, Deborah, "Symbolic Exchange in Hyperreality", Kellner, Douglas (ed.), *Baudrillard : A Critical Reader* (Oxford · Cambridge : Blackwell, 1994).

Daele, W. van den, "Die Moralisierung der menschlichen Natur und Naturbezüge in gesellschaftlichen Institutionen", *Kritische Vierteljahrsschrift für Gesetzgebung und Rechtswissenschaft*, 2(1987).

_____, "Die Natürlichkeit des Menschen als Kriterium und Schranke technischer Eingriffe", *WechselWirkung*, Juni · August(2000).

Daut, Raimund, *Imago : Untersuchungen zum Bildbegriff der Römer* (Heidelberg : Winter, 1975).

Dennett, Daniel C., *Consciousness Explained* (New York : Little, Brown and Company, 1991).

Descartes, René, *Von der Methode des richtigen Vernunftgebrauchs und der wissenschaftlichen Forschung(Discours de la Méthode)* (1637)(Hamburg : Felix Meiner, 1960).

Doyle, Richard, *On Beyond Living : Rhetorical Transformation of the Life Sciences* (Stanford : Stanford University Press, 1997).

Dworkin, Richard, *Life's Dominion : An Argument about Abortion, Euthanasia, And Individual Freedom* (New York : Vintage Books, 1994).

_____, *Sovereign Virtue* (Cambridge, Mass. : Harvard University Press, 2000).

_____, "Die falsche Angst, Gott zu spielen", *Die Zeit*, Nr. 38(16. September 1999).

Ellul, Jacques, *The Technological Society*, Wilkinson, John (trans.)(New York : Vintage, 1964).

Etzioni, Amitai, *The Active Society : A Theory of Societal and Political Processes* (London · New York : Collier-Macmillan ; Free Press, 1968).

Frank, Gustav · Lange, Barbara, *Einführung in die Bildwissenschaft : Bilder in der visuellen Kultur*(Darmstad : WBG, 2010).

Fukuyama, Francis, *Our Posthuman Future : Consequences of the Biotechnology Revolution*(New York : Picador, 2003).

———, "Transhumanism : The World's Most Dangerous Idea", *Foreign Policy*, No. 144(2004).

Gane, Mike, *Baudrillard : Critical and Fatal Theory*(London and New York : Routledge, 1991).

Gerhardt, Volker, *Der Mensch wird geboren : Kleine Apologie der Humanität* (München : C. H. Beck, 2001).

Gigliotti, Carol, "The Ethical Life of the Digital Aesthetic", Lunenfeld, Peter (ed.), *The Digital Dialectic : New Essays on New Media*(Cambridge, Mass. : MIT Press, 1999).

Grau, Oliver, *Virtual Art : From Illusion to Immersion*(Cambridge, Mass. : MIT Press, 2003).

Habermas, Jürgen, *Die Zukunft der menschlichen Natur : Auf dem Weg zu einer liberalen Eugenik?*(Franakfurt am Main : Suhrkamp, 2001).

———, *Technik und Wissenschaft als 'Ideologie'*(Frankfurt am Main : Suhrkamp, 1981).

Hansell, Gregory R. · Grassie, William (eds.), *H+/- : Transhumanism and Its Critics*(Philadelphia : Metanexus Institute, 2011).

Hansen, Mark B. N., *New Philosophy for New Media*(Cambridge, Mass. : MIT Press, 2004).

Hayles, N. Katherine, *How We Became Posthuman : Virtual Bodies in Cybernetics,*

A Literature, and Informatics (Chicago : University of Chicago Press, 1999).

_____ , "The Condition of Virtuality", Lunenfeld, Peter (ed.), *The Digital Dialectic* (Cambridge, Mass : MIT Press, 1999).

Heidegger, Martin, *Die Technik und die Kehre* (Pfullingen : Neske, 1962).

_____ , *Holzwege* (Frankfurt am Main: Klostermann, 1980).

_____ , *Nietzsche I* (Pfullingen : Neske, 1961).

_____ , *Vorträge und Aufsätze* (Pfullingen : Neske, 1978).

Heim, Michael, *The Metaphysics of Virtual Reality* (New York : Oxford University Press, 1993).

_____ , *Virtual Realism* (New York : Oxford University Press, 1998).

_____ , "The Cyberspace Dialectic", Lunenfeld, Peter (ed.), *The Digital Dialectic : New Essays on New Media* (Cambridge, Mass. : MIT Press, 1999).

James, William, *The Principles of Psychology* (1890) (New York : Dover, 1950).

Jauß, Hans Robert, "Über religiöse und ästhetische Erfahrung : Zur Debatte um Hans Beltings 'Bild und Kult' und George Steiners 'Von realer Gegenwart'", *Merkur*, Nr. 510/511 (München, 1991).

Jay, Martin, *The Denigration of Vision in Twentieth-Century French Thought* (Berkeley : University of California Press, 1993).

_____ , "Scopic Regime of Modernity", Foster, Hal (ed.), *Vision and Visuality* (Seattle : Bay Press, 1988).

Jobs, Steve, *Fortune* (January 27, 2010) : "The reason that Apple is able to create products like iPad is because we always try to be at the intersection of technology and liberal arts, to be able to get the best of both."

Johnson, Steven, *Where Good Ideas Come From : The Natural History of Innovation* (New York : Riverhead Books, 2010).

Jonas, Hans, *Das Prinzip Leben : Ansätze zu einer philosophischen Biologie*

(Frankfurt am Main : Suhrkamp, 1994).

————, *Das Prinzip Verantwortung : Versuch einer Ethik für die technologische Zivilisation* (Frankfurt am Main : Suhrkamp, 1984).

————, *Dem bösen Ende näher : Gespräche über das Verhältnis des Menschen zur Natur* (Frankfurt am Main : Suhrkamp, 1993).

————, *Technik, Medizin und Ethik : Zur Praxis des Prinzips Verantwortung* (Frankfurt am Main : Suhrkamp, 1985).

————, "Wekrzeug, Bild und Grab : Vom Transanimalischen im Menschen", *Philosophische Untersuchungen und metaphysische Vermutungen* (Frankfurt am Main : Suhrkamp, 1994).

Kamper, Dietmar, "Bildzwang : Im Gefängnis der Freiheit", Belting, Hans · Kamper, Dietmar (Hrsg.), *Der zweite Blick : Bildgeschichte und Bildreflexion* (München : Fink, 2000).

Kass, Leon, *Life, Liberty, and the Defense of Dignity : The Challenge for Bioethics* (San Francisco : Encounter Books, 2002).

Kellner, Douglas, *Jean Baudrillard : From Marxism to Postmodernism and Beyond* (Stanford : Stanford University Press, 1989).

Kluxen, Wolfgang, "Anerkennung des Menschen : Ethische Prinzipien und Abtreibung", Hoffacker, P. · Steinschulte, B · Fietz, P.-J. · Brinsa, M. (Hrsg.), *Auf Leben und Tod : Abtreibung in der Diskussion* (Bergisch Gladbach : Lübbe, 1991).

Kuhse, Helga · Singer, Peter (eds.), *Bioethics : An Anthology* (Oxford · Cambridge : Blackwell, 1999).

Kurzweil, Ray, *The Singularity Is Near : When Humans Transcend Biology* (New York : Viking, 2005).

La Mettrie, *Der Mensch eine Maschine* (Leipzig : Reclam, 1965).

————, "Le système d'Épicure", *La Mettrie : Oeuvres philosophiques* (Amsterdam, 1774), Vol. 3.

Latour, Bruno, *Iconoclash : Gibt es eine Welt jenseits des Bilderkrieges*(Berlin :
    Merve, 2002).

Lenk, Hans · Ropohl, Günter (Hrsg.), *Technik und Ethik*(Stuttgart : Reclam,
    1987).

Lunenfeld, Peter (ed.), *The Digital Dialectic : New Essays on New Media*
    (Cambridge, Mass. : MIT Press, 1999).

McLuhan, Marshall, *Understanding Media : The Extensions of Man*(New York :
    McGraw-Hill, 1964).

Mitchell, W. J. T., "The Pictorial Turn," *Artforum*, March, 1992, 89-94.

Mitchell, William, *City of Bits : Space, Place, and the Infobahn*(Cambridge, Mass. :
    MIT Press, 1995).

Mondzain, Marie-José, *Image, icône économie : Les Sources byzantines de l'im-
    aginaires contemporain*(Paris : Seuil, 1996).

Mumford, L., *Technics and Civilization*(New York : Harcourt, Brace and Com-
    pany, 1934).

Nietzsche, Friedrich, *Götzen-Dämmerung, Sämtliche Werke : Kritische Studien-
    ausgabe in 15 Bänden*, Bd. 6, Colli, G. · Montinari, M. (Hrsg.)(München :
    dtv ; Berlin · New York : de Gruyter, 1980).

_____, *Jenseits von Gut und Böse*, III(62), *Sämtliche Werke : Kritische Studien-
    ausgabe in 15 Bänden*, Bd. 5, Colli, G. · Montinari, M. (Hrsg.)(München :
    dtv ; Berlin · New York : de Gruyter, 1980).

_____, *Nachgelassene Fragmente 1869~1874*, VII(156), *Sämtliche Werke :
    Kritische Studienausgabe in 15 Bänden*, Bd. 7, Colli, G. · Montinari, M.
    (Hrsg.)(München : dtv ; Berlin · New York : de Gruyter, 1980).

Pickering, Andrew, *The Mangle of Practice : Time, Agency, and Science*(Chicago :
    University of Chicago Press, 1995).

_____, "On Becoming : Imagination, Metaphysics, and the Mangle", Ihde, Don ·
    Selinger, Evan (eds.), *Chasing Technoscience : Matrix for Materiality*

(Bloomington : Indiana University Press, 2003).

Pinker, Steven, *How the Mind Works* (Harmondsworth : Penguin Books, 1998).

———, *The Blank Slate : The Modern Denial of Human Nature* (New York : Penguin Books, 2002).

Robertson, John, *Children of Choice : Freedom and the New Reproductive Technologies* (Princeton : Princeton University Press, 1994).

Roco, Mihail C. · Bainbridge, William Sims (eds.), *Converging Technologies for Improvement of Human Performance : Nanotechnology, Biotechnology, Information Technology and Cognitive Science* (Dordrecht · Boston : Kluwer Academic Publishers, 2002).

Sandel, Michael, *The Case Against Perfection : Ethics in an Age of Genetic Engineering* (Cambridge, Mass. : Belknap Press of Harvard University Press, 2007).

Schrödinger, Erwin, *What Is Life? The Physical Aspect of the Living Cell* (Cambridge : Cambridge University Press, 1944).

Sloterdijk, Peter, *Regeln für den Menschenpark : Ein Atnwortschreiben zu Heideggers Brief über den Humanismus* (Frankfurt am Main : Suhrkamp, 1999).

Spaemann, Robert, "Habermas über Bioethik", *Deutsche Zeitschrift für Philosophie*, 49(2001).

———, "Kein Recht auf Leben? Zur Auseinandersetzung um den Schutz des ungeborenen Kindes", Hoffacker, P. · Steinschulte, B · Fietz, P.-J. · Brinsa, M. (Hrsg.), *Auf Leben und Tod : Abtreibung in der Diskussion* (Bergisch Gladbach : Lübbe, 1991).

Springer, Claudia, *Electronic Eros : Bodies and Desire in the Postindustrial Age* (Austin : University of Texas Press, 1996).

Tirosh-Samuelson, Hava, "Engaging Transhumanism", Hansell, Gregory R. · Grassie, William (eds.), *H+/- : Transhumanism and Its Critics*

(Philadelphia : Metanexus Institute, 2011).

Toffler, Alvin, *Powershift : Knowledge, Wealth and Violence in the 21st Century* (New York : Bantam Books, 1990).

Touraine, Alain, *La société post-industrielle* (Paris : Denoël, 1969).

Virilio, Paul, *Die Sehmaschine* (Berlin : Merve Verlag, 1989).

Welsch, Wolfgang, *Unsere postmoderne Moderne* (Weinheim : VCH · Acta Humaniora, 1988).

Wullen, Moritz, "Mythos Babylon", Wullen, Moritz · Schauerte, Günther (Hrsg.), *Babylon : Mythos & Wahrheit. Eine Ausstellung der Kunstbibliothek Staatliche Museen zu Berlin mit Unterstützung der Staatsbibliothek zu Berlin* (München : Hirmer ; Berlin : SMB · Staatliche Museen zu Berlin, 2008).

Young, Simon, *Designer Evolution : A Transhumanist Manifesto* (Amherst, N. Y. : Prometheus Book, 2006).

테크노
인문학

인문학과 과학기술, 융합적 사유의 힘

펴낸날 초판 1쇄 2013년 10월 20일
         초판 3쇄 2017년 3월 30일

지은이 이진우
펴낸이 김현태

펴낸곳 책세상
주소 서울시 종로구 경희궁길 33 내자빌딩 3층(03176)
전화 02-704-1251(영업부), 02-3273-1334(편집부)
팩스 02-719-1258
이메일 bkworld11@gmail.com
홈페이지 www.bkworld.co.kr
등록 1975. 5. 21. 제1-517호

ISBN 978-89-7013-853-4 93100

이 도서의 국립중앙도서관 출판시도서목록(CIP)은 서지정보유통지원시스템 홈페이지(http://seoji.nl.go.kr)와
국가자료공동목록시스템(http://www.nl.go.kr/kolisnet)에서 이용하실 수 있습니다.(CIP제어번호 : CIP2013020656)